Nancy Mellon

Der Phantasie eine Stimme geben

Die Kunst des kreativen Erzählens

Nancy Mellon

Der Phantasie eine Stimme geben

Die Kunst des kreativen Erzählens

AURUM VERLAG

Die englische Originalausgabe erschien 1992 unter dem Titel
»Storytelling and the art of imagination« im Verlag Element Books
Ltd., Longmead, Shaftesbury, Dorset.

Ins Deutsche übersetzt von Katharine Cofer.

Die Deutsche Bibliothek - CIP-Einheitsaufnahme
Mellon, Nancy:
Der Phantasie eine Stimme geben: die Kunst des kreativen Erzählens
/ Nancy Mellon. [Ins Dt. übers. von Katharine Cofer]. - Braun-
schweig : Aurum-Verl., 1993
Einheitssacht.: Storytelling and the art of imagination <dt.>
ISBN 3-591-08347-X

1993
ISBN 3-591-08347-X
© 1992 Nancy Mellon
© der deutschen Ausgabe Aurum Verlag GmbH, Braunschweig
Gesamtherstellung: Chemnitzer Verlag und Druck GmbH,
Werk Zwickau

Dieses Buch widme ich in liebevoller Dankbarkeit dem
verstorbenen Adam Bittleston und Gisela Bittleston, meiner
Familie sowie den vielen Einzelpersonen und Familien,
denen ich im Leben begegnet bin und die mir geholfen haben,
meinen Weg zu finden.

Im November 1991

Danksagung

Ich bin vielen inspirierenden Menschen zu Dank verpflichtet, die mit der Bewegung der internationalen Waldorfschulen verbunden sind.

Inhalt

Einleitung

Dieses Buch soll helfen, die Weisheit von Geschichten in Ihr Alltagsleben zurückzuholen. In jedem von uns liegt ein Schatz an Vorstellungskraft. Diese Kraft schlummert oft wie betäubt im verborgenen, doch wenn wir die Bilder wachrufen können, die unsere erzählerische Phantasie bevölkern, wird uns eine immer tiefere und strahlendere Lebendigkeit zuteil. Auch wenn wir durch Rückschläge aller Art entmutigt werden, kommen wir durch den uralten Prozeß des Geschichtenerzählens mit einer Stärke in Berührung, die wir möglicherweise vergessen haben, mit einer Weisheit, die vielleicht nachgelassen hat oder gar verschwunden ist, und mit Hoffnungen, die sich verdunkelt hatten. Wir kommen auch mit Freuden und Vergnügen in Berührung, die wir in zunehmendem Maße professionellen Unterhaltern überlassen haben. Vor allem bekommen wir durch das Geschichtenerzählen so etwas wie Liebe und Mut zum Leben: Im Prozeß des Erfindens einer wunderschönen Geschichte wird ein neuer Geist geboren, der uns hilft, den großen Abenteuern unseres Lebens zu begegnen und anderen Menschen jeden Alters weise Ermutigung mit auf den Weg zu geben. Jeder Geschichtenerzähler, jede Geschichtenerzählerin sammelt und ordnet lebendige innere Bilder, hinter denen universale, ordnende Prinzipien lebendig sind. Dieses Buch zeigt Ihnen, wie Sie diese lebenspendenden Muster anzapfen können. Es soll eine Ergänzung zu den Geschichten- und Märchensammlungen sein, die Sie bereits kennen oder noch zu entdecken haben und von denen einige am Ende des Buches angeführt sind.

Das Lesen von herrlichen Geschichten und Märchen aus früheren Zeiten versetzt Sie in die Lage, Ihre eigenen Geschichten zu erzählen und zu schreiben. Eine originelle Geschichte zu erfinden und zu erzählen, ist aber eine ganz andere Erfahrung, als in Büchern bereits formulierte Geschichten vorzulesen oder nachzuerzählen. Seit einigen Jahren habe ich das Privileg, mit Eltern, zukünftigen Eltern, Lehrern, Bibliothekaren und Menschen in

9

den heilenden Berufen zusammenzuarbeiten. Gemeinsam haben wir für uns selbst, für die Kinder in unserem Leben und für uns gegenseitig die Kunst des Geschichtenerzählens ins Leben zurückgerufen. Ob ich damit beschäftigt war, alte Geschichten und Märchen zu erforschen oder in den von mir geleiteten Seminaren und Workshops zum Thema Geschichtenerzählen anderen beim Erfinden neuer Geschichten zu helfen, immer war es mein Ziel, jene lebenspendenden und Veränderung schaffenden Energien zu erwecken, die uns durch die Schwierigkeiten hindurchhelfen können, denen wir in unserem Leben begegnen. Jeder Einzelheit einer Geschichte, der Figuren, der Landschaft, der Stimmung, die darin heraufbeschworen wird, der Handlung können wir in unserem Körper, in unseren Gefühlen, in den Strukturen unserer Gedanken nachspüren. Wenn wir die Realität jedes einzelnen Elements einer Geschichte als Aspekt unseres Selbst erleben, ganz gleich, wie großartig oder erbärmlich oder phantastisch diese Realität auch sein mag, werden wir in jedem Fall eine belebende Erfahrung machen. Indem wir allen Ereignissen und allen Personen unserer Geschichten ein erwachsenes Bewußtsein entgegenbringen, wächst entsprechend das Gefühl für unsere eigene Identität und unsere Beziehung zu einer Fülle von Dingen und Menschen.

Wie sieht eine aktive, gesunde Phantasie aus? Meine Erfahrungen sowohl mit Erwachsenen als auch mit Kindern haben mir gezeigt, daß die Phantasie der Menschen im späten zwanzigsten Jahrhundert oft verkümmert, verängstigt, verschroben, zwanghaft ist; und doch, sofern ihr die entsprechende Führung, Inspiration und Ermutigung zuteil wird, kann sie, sogar urplötzlich, gesund und strahlend werden. Durch die weisen, alten Elemente der Phantasiewelt gefestigt, können wir uns auf den reichen Energien ihrer Themen und Bilder treiben lassen und damit spielen, wie es die Träumer und die Dichter tun. Die kraftvollen Themen und Bilder und die Sprache alter Erzählungen wirken in unserer vom späten zwanzigsten Jahrhundert geprägten Psyche wie gute Nahrung, die Körper und Seele vor Entzücken aufwallen lassen. Durch Stimme und Gestik, durch das Wohlwollen und die Weisheit, die er uns erschließt, läßt der Prozeß des

Geschichtenerzählens an sich tief in unserem Innern eine gesunde Atmosphäre des schöpferischen Abenteuers entstehen.

Dieses Buch soll verschiedenen Bedürfnissen gerecht werden. Jedes seiner kurzen, anregenden Kapitel mit den darin enthaltenen Beispielen soll kleine Impulse setzen, um Sie – vielleicht trotz großer innerer Widerstände – zu ermutigen, sich voll Freude und Staunen einem Leben zuzuwenden, das von Liebe und dem weisen Umgang mit der Macht getragen ist. Vor allem soll es ein Leitfaden für den Umgang mit jenen inneren Gesten, Energien, Landschaften und Figuren sein, die gelegentlich aus den tiefen Quellen der Phantasie hervorbrechen. Es ist ein Buch für zu Hause, für die Schule, für den therapeutischen Rahmen, für jeden, der eine bewußteres, sinnvolleres und positiveres Verhältnis zur manchmal überwältigenden und verwirrenden Welt der Phantasie sucht. Es wird Ihnen helfen, diese Welt besser abzugrenzen und sie auf persönliche und positive Art zu erleben.

In diesem Buch sollen keine bestimmten Handlungen vermittelt werden. Es gibt bereits zahlreiche Bücher, die uns die großen alten Geschichten und Märchen nahebringen – sie zusammenfassen, analysieren und aus verschiedenen Perspektiven interpretieren. Die Methode, die hier angewandt wird, besteht vielmehr darin, Seite für Seite den Pulsschlag verschiedener großer alter Märchen zu ertasten, um den gleichen schöpferischen Pulsschlag im Leser wachzurufen. Infolgedessen kann eine größere persönliche Integrität im Prozeß des Lesens, Erzählens und Erschaffens erfahren werden. Die meisten der hier erwähnten Geschichten, Märchen und Mythen stammen aus europäischen Quellen, doch ihre Themen sind auch in vielen anderen Sprachen und Ländern anzutreffen, gefiltert durch den Genius der Zeit und der dort ansässigen Menschen.

Das letzte Ziel dieses Buchs ist es, das Erschaffen von frischen, gesunden, neuen Geschichten zu fördern, die uns helfen können, den Herausforderungen unserer Zeit zu begegnen. Gesunde und hilfreiche Geschichten sprudeln spontan aus uns hervor, ganz gleich, wo wir sind, immer dann, wenn wir uns nicht dagegen sperren. Das Erschaffen einer gesunden, geistreichen Geschichte, die die Wahrheit des Augenblicks trifft, ist ein Prozeß, der uns von tief in unserem Innern heraus belebt und ein Gefühl des Staunens und der Freude erweckt, das uns auf unseren manchmal überwältigenden und verwirrenden Reisen stärkt.

Zu Beginn meiner Berufstätigkeit als Lehrerin, als ich eine Reihe von unterschiedlichen Fächern an verschiedenen Orten unterrichtete, wünschte ich mir oft, eine fahrende Geschichtenerzählerin zu sein. Dann käme alles, was ich tat, zusammen und würde sich auf freudige Weise in einer einzigen Rolle vereinigen. Zu der Zeit wurde das Geschichtenerzählen in Amerika keineswegs mit der gleichen begeisterten Anerkennung aufgenommen, wie es früher einmal gewesen war. Außerdem war ich schüchtern und zurückhaltend. Mehrere Jahre lang stand ich also vor Klassen mit Kindern und jungen Erwachsenen und brachte ihnen in der Hauptsache Bücher und den Umgang mit Sprache näher, anstatt Geschichten zu erzählen.

Eines Tages erlebte ich eine große Überraschung. Man bat mich, eine lebhafte Klasse eine Stunde lang zu beschäftigen, weil ihre Lehrerin krank war. Wie sollte ich sie nur ruhig halten? Ich hatte gerade genug Zeit, um etwas zum Vorlesen auszusuchen. Da es der Namenstag des irischen Nationalheiligen Saint Patrick war, suchte ich ein paar Geschichten des irischen Dichters W.B. Yeats aus. Ich machte den Mund auf, um zu lesen, und da kam ein authentischer irischer Akzent heraus, der mich selbst in Staunen versetzte. Ich las weiter; die Kinder hörten der Geschichte, die ich ausgesucht hatte, und meiner ungewohnten Stimme ebenso fasziniert zu wie ich selbst. Die Worte sangen durch mich hindurch. Mein Herz hatte sich weit geöffnet. Am Ende der Stunde schloß ich das Buch, und meine irische Stimme war weg. Dieses Erlebnis war für mich eine große Offenbarung. Ich fragte mich, wieviele kulturelle Urmuster in der Wurzel meiner Zunge steckten und nur darauf warteten, im Gesang einer Geschichte hervorzusprudeln.

Während ich in den darauffolgenden Jahren immer mehr lernte, mir selbst zuzuhören, konnte ich auch den verborgenen Stimmen der Kinder und Erwachsenen aus vielen Ländern und Kulturen, die in meinen Unterricht kamen, immer besser zuhören. Es machte mir einen Riesenspaß, ihnen dabei zu helfen, die

Gedichte, Geschichten und Diskussionsbeiträge zu befreien, die in ihnen steckten. Erzähl uns deinen Traum! Erzähl uns deine Erinnerungen! Beschreibe, wen du liebst und wie die Wahrheit schmeckt!

Zu guter Letzt entdeckte ich die Waldorfpädagogik, und das war meine eigentliche Einweihung in eine uralte Tradition. Im Pädagogikunterricht meiner Ausbildung als Waldorflehrerin lernte ich, daß es meine Pflicht ist, eine großartige Geschichte gut zu erzählen. Die Geschichte nicht nur als Teil meines intellektuellen Repertoires zu kennen, sondern sie auch wie ein lebhaftes Kind bis in die Zehenspitzen zu spüren. Die Phantasie nicht mehr nur für eine Aktivität zu halten, die der Vergangenheit angehört, sondern auch für eine Notwendigkeit des Alltags. Bald würde ich jeden Tag Geschichten erfinden und erzählen müssen, die den hohen Maßstäben der besten Waldorfpädagogen und -pädagoginnen genügten. Nach dieser schöpferischen Methode begann ich, meine eigene sporadisch aufflackernde Imagination zu stärken und in neue Bahnen zu lenken, um den Bedürfnissen der Kinder, die ich unterrichtete, gerecht zu werden. Mit der Zeit glaubte ich immer mehr, daß der Auftrag des Geschichtenerzählers ebenso tiefgründig ist wie der Auftrag all derjenigen, die damit betraut sind, menschliches Leben zu lenken und zu verwandeln. Ich erkannte die Arbeit des Geschichtenerzählers als uralte Disziplin und als Auftrag, zu dem jeder berufen ist.

Eines Tages begegnete ich im Verlauf meiner Ausbildung als Waldorfpädagogin in England einem der Menschen, die mein Leben grundlegend verändert haben. Gisela Bittleston sollte meine Lehrerin im Fach Puppenspielen und gleichzeitig die Lehrerin meiner Seele werden. Ich begegnete ihr zum ersten Mal in einem leuchtenden, kleinen Juwel von Theater, wo sie in einem rumänischen Puppenspiel, *Der weiße Wolf*, sprach und mit hohem Vibrato sang. Diese wunderschöne Geschichte handelte von einem verzauberten weißen Wolf, dessen sanfte Geliebte bis zu den entferntesten Sternen reisen mußte, um das Licht zu finden, mit dem sie ihn in den wahren Prinzen zurückverwandeln konnte, der er war. Es war eine Geschichte über die bedingungslose Entschlossenheit des menschlichen Geistes zur Selbstverwandlung. Dieses universale Thema berührte in diesem Moment meine Seele zutiefst.

So begann meine Beziehung zu Märchen, denn als Kind hatte ich, wie viele Angehörige meiner Generation, kaum Interesse oder Freude an Märchen gehabt. Heute erzähle ich gern, wie »unamerikanisch« ich die Prinzen und Prinzessinnen aus Märchenbüchern fand. Mir ist sehr wohl klar, welchen Widerstand wir empfinden können, wenn wir die Charaktere und Landschaften betrachten, die in diesem Buch geschildert werden. Doch während ich in vielen Puppentheateraufführungen mit meinen Händen und meiner Stimme Figuren darstellte, die meine »demokratische«, skeptische, verstandesmäßige Einstellung zurückwiesen, eröffnete sich mir ein neues Leben! Indem ich mich für großartige, neue Möglichkeiten in der Kinderpädagogik öffnete, hatte ich auch mit der Umerziehung meines eigenen »inneren Kindes« begonnen. Meine Atmung vertiefte sich.

Durch meine Freude an der Arbeit mit der Schönheit und Wahrheit hinter volkstümlichen Erzählungen und Märchenbildern erschloß ich mir nach und nach bisher ungekannte Zustände des Geistes und des Herzens. Meine Stimme streifte durch archetypische Energien, durch viele verschiedene Kulturen und Stimmungen der Seele. Indem meine Stimme den Tonfall einer traurigen Königin, eines verzauberten Prinzen, einer bösen Hexe, einer eifrigen Prinzessin oder eines mächtigen Schamanen annahm, entdeckte ich verlorene und noch nicht entwickelte Anteile meines Selbst.

Ich war zur dankbaren Puppenspielerin geworden, die von hinter den roten Vorhängen ihres Puppentheaters Geschichten aufführte. Ich konnte winseln und weinen! Ich konnte aus der Tiefe meiner Seele singen, weil die Königin sich nach einem Kind sehnte oder weil das schöne Kind in der Geschichte singen mußte. Ich konnte wie eine schrecklich Hexe oder wie ein Zauberer lachen, und ich konnte mit einem klangvollen Wort einen bösen Zauber brechen. Ich war so begeistert, daß ich vielen anderen Menschen das Puppenspiel beibrachte, damit auch sie die Erfahrung machen konnten, sich in eine Geschichte hineinzufühlen und deren Geschenke zu empfangen.

14

Nach einer Weile stellte ich fest, daß ich im Laufe der vielen Stunden, die ich mit Geschichten aus der ganzen Welt zugebracht hatte – während ich das Licht für die verschiedenen Szenen einstellte, mit vielen unterschiedlichen jungen und alten Menschen Handpuppen und Requisiten bastelte, die Gesten und den Tonfall immer mehr verfeinerte – auf irgendeine Weise die Fähigkeit erlangt hatte, neue Geschichten zu erfinden. Ich war keine schüchterne Seele mehr; ich hatte unermeßlich viel neuen Atem, neues Verständnis und neuen Sinn gefunden. Ich erfand Geschichten für die Kinder, die ich unterrichtete, und ich wurde zu Festen als Geschichtenerzählerin eingeladen. »Markus braucht eine Geschichte zu seinem fünften Geburtstag, weil er so gern fliegen möchte, daß wir Angst haben, er könnte sich von einer Klippe stürzen.« »Serena will mehr als alles andere auf der Welt ein Prinz sein, und sie wirkt so besserwisserisch und dramatisch. Wenn sie nur eine Geschichte über sich selbst hören könnte.« »Joseph greift seine Schwester an, als wäre sie ein bewaffneter Wächter.« Immer und immer wieder verblüfft und den Kindern zuliebe zu neuen schöpferischen Leistungen inspiriert, erkannte ich, daß mein alter Traum in Erfüllung ging: Ich saß bei Familien und in Klassenzimmern im Mittelpunkt und hörte mir selbst zu, wie ich Geschichten als Heilmittel erschuf.

Heute erlebe ich die Arbeit mit Geschichten als ein Werkzeug zur Selbstverwandlung. Durch Geschichten gebe ich Anweisungen zur Selbstheilung. Heutzutage wird viel über die Heilung des »inneren Kindes« gesprochen. Für die therapeutische Wirkung von Geschichten spielt das Alter keine Rolle: Das »göttliche Kind« und der »alte Weise« leben in jedem von uns. Die spontane Weisheit, die mit den Kern eines jeden Menschen verwoben ist, ist die Quintessenz des Lebens. Diese Weisheit ist es, die wir im Prozeß des Geschichtenerzählens anzapfen. Er ist wie ein Gebet; er kräftigt und stärkt uns. Natürlich müssen wir uns jedem Widerstand stellen, auf den wir bei dieser Rückkehr zu unserem Kern treffen. Gibt es Schmerz, Trauer oder Alpträume, die zu schrecklich wären, als daß sie in einer Geschichte erzählt werden könnten? Gibt es Ängste oder Verwirrungen, die zu tief wären, als daß eine Geschichte sie umfassen könnte?

Geschichtenerfinder sind letztendlich Andächtige, die alle irdischen Gefühle annehmen und sie wie weise Kinder in die Sphären des Glücks hineinbefördern. Ich lade alle ein, in meinen großen, runden Korb voller archetypischer Gestalten zu greifen und, mit Hilfe der Puppen, die Bestrebungen und Dramen ihres inneren Lebens in Szene zu setzen. Oder, in einem Kreis fürsorglicher und schöpferisch tätiger Menschen, um eine Kerze gruppiert, spontan eine Geschichte aus ihrer eigenen, weisen Phantasie heraus zu spinnen und zu erzählen. Oder in Zweiergruppen dazusitzen und sich gegenseitig Geschichten zu erzählen, als ob das eigene Überleben davon abhinge.

Da ich mich selbst dagegen sperrte, Geschichtenerzählerin zu werden, weiß ich die Kräfte zu schätzen, die in Ihnen schlummern, wenn auch ganz im verborgenen, die aber mit positiver Bestätigung und ein bißchen Anleitung wachsen und gedeihen können. Wenn es Zeit für eine Geschichte ist, sage ich mir selbst und auch anderen: Atme tief ein, tauche hinein und höre nicht auf zu schwimmen; das Wasser wird dich tragen. Oder tanze, fliege. Oder spring in den Vulkan. In der Welt der Geschichten wird alles wieder heil.

KAPITEL I

Anfang und Ende

Erzähl deine Mär und laß die Trödelei.
Geoffrey Chaucer: *Canterbury-Erzählungen*

EIN GESCHICHTENFEUER

Das Lagerfeuer, das Herdfeuer, um das sich von jeher Menschen aller Altersgruppen, den langsamen Lauf von Sonne, Mond und Sternen betrachtend, versammelt haben, um Behaglichkeit und Wärme zu spüren, ist ein Bild unseres inneren Selbst. Auch wir tragen in uns einen Ort der Wärme und des Lichts. Um diesen Brennpunkt herum versammeln sich Gefühle, Bilder und Worte. Indem wir uns beharrlich in der Nähe dieser inneren Flamme aufhalten, wird alles, was sich auf deren heilendes Licht zubewegt, von ihm gewärmt und erleuchtet – ganz gleich, ob wir diese Dinge nun als uns freundlich oder feindlich gesonnen erleben.

Wie jeder Mensch sind auch Sie Ihrem Geburtsrecht nach ein Geschichtenerzähler oder eine Geschichtenerzählerin. Sie kommen mit einem unermeßlichen Fundus an persönlichen und universellen Themen auf die Welt. Es ist wichtig, daß Sie sich öffnen, um den großen Reichtum an Bildern zu empfangen, der in Ihnen lebendig ist. Richten Sie in Ihrem Innern eine Feuerstelle ein und lassen Sie diese zu einem Schutzkreis werden, in dem die Weisheit Ihres Herzens aufflammen und weiterbrennen kann. Bitten Sie darum, daß alle, die sich an Ihrem Herdfeuer versammeln, das vom Himmel, von den Landschaften und von den Wasserläufen in Ihrem Innern gespeist wird, mit gutem Willen kommen, um in der Wärme des Feuers an den Wahrheiten Ihrer Bilder teilzuhaben. Mögen alle, die zum Zuhören kommen, mit offenem Herzen das empfangen, was innerhalb der gesicherten Grenzen Ihrer Geschichtenwelt erschaffen wird.

Bevor ich anfange, eine Geschichte zu erzählen, zünde ich, selbst am Tag, eine Kerze an. Vielleicht möchten Sie Votivkerzen in durchsichtigem oder farbigem Glas verwenden, da sie von innen heraus leuchten. Manchmal kann man durch die Wahl der richtigen Kerzenfarbe eine bestimmte Atmosphäre verstärken, wie etwa Grün für Frische, Rosa für liebevolle Zartheit, Rot für Mut. Sie könnten auch für die Hauptfiguren einer Geschichte je eine Kerze anzünden. Einmal wurde ich um die Weihnachtszeit herum eingeladen, in einem Raum voller Erwachsener mit Säuglingen und Kleinkindern eine Geburtstagsgeschichte zu erzählen. Bei dieser Gelegenheit sang ich leise, während ich eine Reihe von kleinen, weißen Kerzen anzündete, die ich vorher auf den Ast einer Silberbirke gesetzt hatte. Die Kinder blieben während der ganzen Geschichte ruhig, ihre Augen fasziniert auf die sieben kleinen Flammen gerichtet.

Einmal war ich in einem Haus zu Gast, das für das Geschichtenerzählen im Kreis der Familie geradezu ideal war. Seinen Mittelpunkt bildete ein offener Kamin. Auf der einen Seite stand in unmittelbarer Nähe das Fußende des großen Ehebettes, auf der anderen Seite die Wohnzimmercouch; indem man die raumteilenden Vorhänge wegzog, konnte man aus dem ganzen Haus einen einzigen, großen Raum machen. Die Mutter der Familie, die das Haus auch entworfen hatte, hatte sich immer gewünscht, den häuslichen Herd wirklich als Mittelpunkt ihrer Wohnung zu haben. Ganz gleich, welcher Raum für das Geschichtenerzählen gewählt wird: Jeder, der zuhört, wird zur Erschaffung der Geschichte beitragen.

Sitzen Sie still vor einer lebendigen Flamme. Lassen Sie die Geschichte dieses Feuers an Ihrem inneren Auge vorüberziehen: die langen Jahre draußen im Freien, in denen der Baum heranreifte, der nun als Feuerholz brennt; den Flug der Bienen, die das Wachs für die Kerze herstellten; den winzig kleinen Funken, der es zu seinem jetzigen Leuchten brachte. Möge die Geschichte der

äußeren Flamme Sie nach innen führen, damit Sie die Geschichte des Lichtes, der Wärme erspüren, die Sie in sich tragen.

Neues Leben atmen

Anfänge sind wie eine Geburt: Sie bergen Leere und offene Räume. Sie bieten einen Ort wärmender Empfänglichkeit, an dem das neugeborene Kind sicher ankommen kann. Die Zeit der Stille, bevor eine Geschichte erzählt wird, ist eine äußerst heilige Zeit. Sie schafft zwischen Ihnen und Ihren Zuhörern eine Verbindung zur schöpferischen Kraft des Universums. Es verändern sich das Zeitgefühl und der Atem. In diesem Augenblick können wir die Weisheit anrufen und sie auf natürliche Weise von der Erde und vom Himmel in uns einströmen lassen. Unser Atem hilft uns, uns über die Barrieren der bloßen Vernunft und der meßbaren Zeit hinwegzusetzen. Er führt uns über eventuelle Ängste oder uns blockierende Widerstände hinaus in die erlösenden Kräfte der Imagination. Atmen Sie in die Stille hinein, bevor Sie auch nur ein Wort sagen. Indem Sie Ihr vertrautes, äußeres Leben ausschließen, wird sich Ihnen eine innere Vision eröffnen. Spüren Sie den lauschenden Raum des Zuhörens in Ihrem Herzen und das Gefühl der Erwartung in Ihren Gliedern und im Bauch. Ihre Geschichte ist ein heranreifendes »Kind« des Universums. Diese Vorstellung wird Ihnen helfen zu wissen, wie Sie das, was sich nun nach seinen eigenen Gesetzmäßigkeiten entfaltet, in Empfang nehmen sollen. Manche Geschichten kommen zunächst als Fehlgeburt auf die Welt, aber unter Umständen kehren sie zu einem späteren Zeitpunkt mit verstärkter Kraft wieder, und all ihre Lebensgeister sind intakt und funktionieren perfekt. Sie werden Ihrer eigenen Geschichte als Hebamme dienen, ihr helfen, ans Licht zu kommen und sich in der Welt zu zeigen.

Während Sie sich vorbereiten, eine Geschichte zu erzählen, könnten Sie auf einer einfachen Holz- oder Blockflöte eine Melodie spielen oder mit den Fingern über eine Lyra oder ein anderes Zupfinstrument streichen. Durch Glocken, Klangschalen oder

Gesang kann man auch die Atmosphäre läutern. Das Anstimmen einfacher musikalischer Muster läßt eine Atmosphäre pulsierender Erwartung entstehen. Indem Sie die Atmosphäre auf die Geschichte einstimmen, machen Sie auch den Raum frei, innerhalb dessen die Geschichte zu schwingen beginnt. Je lebendiger und frischer die Atmosphäre ist, die Sie um sich herum erschaffen, desto lebendiger werden die Bilder Ihrer Geschichte, wird die Musik Ihrer Wörter sein.

Eine mit mir befreundete Geschichtenerzählerin wohnt auf einer Anhöhe, die früher zum Indianergebiet gehörte. Ihr Wohnzimmer hat sie mit einer erstaunlichen Sammlung von Musikinstrumenten ausgestattet. Für jede Geschichte, die sie erzählt, sucht sie das passende Instrument aus; manchmal verwendet sie im Lauf einer Geschichte auch mehrere Instrumente. Obwohl sie immer klagt, daß sie nicht genug zum Üben kommt, haben ihre Zuhörer viel Freude an der Verschmelzung ihrer Stimme mit den harmonischen Klängen und am wohltuenden Anblick der Instrumente, die in ihrem Schoß liegen oder um sie herum aufgebaut sind. Thea leidet chronisch und ernsthaft an Asthma, doch hat das Spielen, Singen und Erzählen von Geschichten ihr Tausende von Stunden geschenkt, in denen sie ganz normal atmen konnte. Auch Sie können eventuelle Blockaden der Stimm- oder Atemwege auflösen, indem Sie sich ins Geschichtenerzählen vertiefen.

Summen und atmen Sie. Pfeifen Sie und atmen Sie dann langsam ein. Singen Sie einen klaren Ton und sitzen Sie dann in der Stille; hören Sie auf die Luft um sich herum, die nun verändert ist.

Richten Sie einen Platz in Ihrer Wohnung ein, sei es ein Regal oder ein ganzes Zimmer, an dem Sie Ihre Bücher und Musikinstrumente und alles, was Sie fürs Geschichtenerzählen brauchen, aufbewahren können.

Zu Beginn einer jeden Geschichte werden Sie eine oder mehrere Hauptfiguren vorstellen müssen. Ob weiblich oder männlich, jung oder alt, von menschlicher Gestalt oder nicht, verkörpern die zentralen Personen einer Geschichte die Qualitäten des jugendlichen Übermuts und der Zuversicht. Sie ziehen los, wenn auch zögernd, mit anderen oder allein, fernen Horizonten entgegen. Die Energie Ihrer Geschichte wird Bilder entstehen lassen, die Ihre Protagonisten über den Schutz des »väterlichen Schlosses« und die Grenzen des »mütterlichen Herds« hinaustragen: ein tiefer Atemzug, der uns ein neues, unbekanntes, größeres Gefühl dafür erschließt, wer wir eigentlich sind. Jenseits des Atemzuges von »Es war einmal...« und »Vor langer, langer Zeit und an einem weit entfernten Ort« liegt der Atemzug, der uns einlädt, uns in die Geheimnisse der menschlichen Identität hinauszuwagen. Die Protagonisten einer Geschichte können viele verschiedene Formen annehmen; aber ob sie nun adelig oder aus dem einfachen Volk, zögernd oder entschlossen, stark oder schwach, männlich oder weiblich, tierisch, menschlich oder göttlich sind – ihr übermütiger Abenteuergeist weckt den unseren.

Fordern Sie den Geschichtenerzähler in sich dazu auf, Sie so akzeptieren, wie Sie in diesem Augenblick sind, und Ihnen darüber hinaus all das zu offenbaren, was Sie sonst noch sind. Sämtliche Charaktere in Ihren Geschichten, und seien sie noch so seltsam, absonderlich oder mächtig, sind Ihrem höchsten Selbst auf sichere Weise bekannt. Ihre Geschichte wird an Schwung gewinnen, wenn Sie erkennen, daß Sie Teil des ganzen Evolutionsflusses auf unserer Erde sind und daß die Figuren Ihrer Geschichte geführt und beschützt werden, ebenso wie Sie in den Geheimnissen Ihres Schicksals von einer Weisheit geführt und beschützt werden, die größer ist als Ihre eigene.

Wann immer ich das Privileg habe, als Hebamme für die Geschichten anderer zu fungieren, bitte ich sie, sich in Paaren oder Dreiergruppen hinzusetzen. Manchmal gebe ich Leuten, die erst anfangen, das Geschichtenerzählen als eine Möglichkeit zu entdecken, um sich selbst und andere besser kennenzulernen, zunächst eine weise, alte Geschichte, die sie sich gegenseitig laut vorlesen können, oder ich stelle ihnen eine Reihe von Puppen zur Verfügung, mit denen sie spielen können, während ich ihnen laut vorlese. Bald sind sie soweit, daß sie mit ihren eigenen, spontan erfundenen Geschichten beginnen können. Eine Frau, die sich gerade von einer ernsthaften Krankheit erholte und die in ihrer Kindheit mißbraucht und mißhandelt worden war, nahm sich kürzlich die Zeit, um von ihren Erlebnissen beim Geschichtenerzählen zu berichten:

Ich weiß nicht, wie ich den Reichtum mitteilen soll, den ich beim Geschichtenerzählen empfinde. Am ersten Tag mußte ich weinen, als Sie die Anweisungen gaben, und dann strömte eine Geschichte einfach spontan aus mir heraus. Ich war absolut verblüfft. Ich hatte Märchen nie gemocht, hatte sie auch nie gelesen. In der Woche davor konnte ich die Erzählung, die Sie uns gaben, kaum lesen. Aber das Erzählen meiner eigenen Geschichte war etwas völlig anderes. Ich wußte, daß es die Geschichte meines Lebens war. In vier Minuten hatte ich den Geist meines gesamten Lebens eingefangen, so, wie es sich in dem Moment für mich anfühlte.

Nachdem ich diese Geschichte erzählt hatte, ging eine Veränderung in mir vor, die es mir erlaubte, meinen eigenen Grenzen zu vertrauen, und plötzlich war ich bereit, M. die Schlüssel zu meiner Wohnung zu geben. Die Veränderung erfolgte sehr schnell, aber nicht auf einer bewußten Ebene. Jede darauffolgende Geschichte schien eine ähnliche Veränderung einzuleiten. Wenn ich eine Geschichte erzähle, spreche ich offensichtlich aus dem Herzen heraus. Ich fange mit einem Gefühl des Vertrauens an und höre zu, während die Geschichte aus mir herausströmt. Wenn ich manchmal nicht weiterkomme, warte ich einfach, oder manchmal bringe ich, wenn es passend erscheint, durch eine meiner Figuren Bestürzung zum Ausdruck. Ich achte sehr stark darauf, nicht selbst zu urteilen, sondern zuzulassen, daß mir die Geschichte offenbart wird. Diese Geschichten entstammen einem Ort in mir, den ich auf andere Weise nicht erschließen kann.

Denken Sie an belebende Momente in Ihrem Leben, in denen Sie Zögern und Angst überwunden haben und zu einem Abenteuer aufgebrochen sind. Das ist die Stimmung, die Sie heraufbeschwören sollen, wenn Sie eine Geschichte erzählen.

Erfinden Sie spontan, innerhalb von zwei oder drei Minuten ein paar Figuren für eine Geschichte. Ob Sie Ihre Beschreibung laut sprechen oder sie niederschreiben, achten Sie in jedem Fall darauf, daß Sie sich nicht mit Urteilen und Analysen einschränken. Geschichtenerzählen ist ein spannendes Abenteuer.

Das Benennen

Als Geschichtenerzähler dürfen Sie sich auf dem Gebiet der Namen völlig frei bewegen. Wie Eltern, die für die Kinder, die in ihr Leben kommen, Namen finden und dem formellen Namen manchmal noch besondere Kosenamen beifügen, können Geschichtenerzähler aus der ganzen Welt der Klänge schöpfen, um Namen für ihre Figuren und die Orte, die sie bewohnen, zu finden. Manchmal wird dargestellt, wie den Eltern oder Hütern eines Kindes von einem Engel ein Name überbracht wird. Namen können in Träumen übermittelt werden oder auf Wasser oder Stein erscheinen. Selbst die »gewöhnlichsten« Namen können Geheimnisse bergen und mit einem tiefen und zarten Gefühl von Ehrfurcht ausgesprochen werden.

Der Klang »Ah« verleiht einem Namen ein Gefühl der Öffnung: Ananda, Ali Baba, Aliöscha, Anselm, Fatima, Hans, Bambino. Der mutige Klang »Oh« beschwört ein absolutes Eingebettetsein herauf: Ozean, Oase, Om. »Uh« vermittelt ein Gefühl starken Staunens und vielleicht eine Spur Angst. Der Klang »Ie« in einem Namen weist auf eine Figur mit einem starken Gefühl für die eigene Identität hin. Eine verspielte, lebensfrohe Figur braucht einen ähnlich verspielten Namen aus schnellen kleinen Silben. Eine willensstarke und heftig fühlende Figur braucht starke Konsonanten wie »k«, »t«, »p« oder »f«. Eine sanfte Gestalt zieht Klänge an, die weich und fließend sind: »b«, »n«, »m« und »l«.

Namen, die die Eigenschaften einer bestimmten Person oder eines bestimmten Ortes reflektieren, entstehen innerhalb eines ganz natürlichen Prozesses. Es gibt Bücher mit langen Listen von sinnträchtigen Namen aus der ganzen Welt, die man kaufen oder in Bibliotheken einsehen kann. Der Index eines Atlasses kann zur Erfindung neuer Ortsnamen anregen. Solche Quellen können uns ein größeres Selbstvertrauen und ein größeres Bewußtsein für unser Geburtsrecht vermitteln: Dinge zu benennen und durch Namen zu erfahren, wer wir sind und wo wir in uns selbst und im Verhältnis zu anderen stehen. Die Fähigkeit, Namen zu entdecken und zu bewahren, ist einzig und allein dem Menschen gegeben.

Sie sind mit dem Universum der Klänge verbunden; Sie können hören, wie es in Ihnen mitschwingt. Namen pulsieren im Licht des Tages und im Dunkel einer Sternennacht. Sie entströmen allen Dingen und allen Wesen. Als Geschichtenerzähler haben Sie große Möglichkeiten, sie zu entdecken, indem Sie Ihre eigenen Phantasieräume bewohnen. Alle Namen, die es gibt, und Namen, die bisher nie ausgesprochen wurden, liegen innerhalb Ihrer Reichweite, während Sie Ihre Geschichten erfinden.

Wenn eine Gruppe zusammengekommen ist, um gemeinsam das Geschichtenerzählen zu entdecken, fordere ich die Teilnehmer oft auf, sich nicht mit ihrem gewöhnlichen Namen vorzustellen, sondern mit einem Namen, den sie auf der Stelle erfinden. Es ist eine interessante Erfahrung, sich selbst einen neuen und liebevollen Namen zu geben. Viele Menschen wünschen sich schon lange, mit einem anderen Namen angesprochen zu werden, hatten aber noch nie die Gelegenheit oder waren nicht ausreichend motiviert, um den Namen zu ändern, den sie bei der Geburt erhielten. Diese Namen, wie auch jene, die für die Charaktere in einer Geschichte erfunden werden, sind oft sehr bemerkenswert. Sie fließen so natürlich heraus. *Sidera, Desertina* und *Schehan* sind drei, die ich erst kürzlich hörte und die die wahre Essenz einer Person einzufangen scheinen.

Horchen Sie tief in Ihr Herz und in Ihre Seele hinein und entdecken Sie einen neuen Namen oder eine Reihe neuer Namen für sich. Vielleicht möchten Sie auch einen neuen und klangvollen Namen für andere Menschen finden, die Ihnen wichtig sind. Erfinden Sie einen Namen für das Reich Ihrer Herzenswünsche, den Ort, an dem Ihre tiefsten Sehnsüchte in Erfüllung gehen können. Finden Sie auch einen Namen für den Ort, an dem Sie sämtliches unerwünschtes »Gepäck« zurücklassen können, das Sie in Ihrem Herzen und Ihrem Geist herumschleppen.

STIMMEN

In Ihnen und in jedem von uns liegt die Fähigkeit verborgen, der Wahrheit der Winde, der Felsen, der Blumen und der Wolken – der Wahrheit sämtlicher Geschöpfe der Erde und aller Menschen eine Stimme zu geben. Um dazu in der Lage zu sein, müssen Sie zunächst Ihre Fähigkeit zum Zuhören erschließen und diese dann weiter ausbauen. Wir alle haben die Fähigkeit, anderen auf allen Ebenen zuzuhören. In den Geschichten vieler Länder werden Menschen manchmal plötzlich auf magischem Wege in die Lage versetzt, besser als sonst die Stimmen von Vögeln, Tieren oder dem Wind zu hören und zu verstehen. Sie werden vielleicht sogar befähigt, die Ausstrahlung von Sonne, Mond oder Sternen zu hören und klare Botschaften und Weisungen von ihnen zu empfangen.

Solche Geschichten erinnern uns daran, daß jedem Lebewesen eine tiefere Bedeutung innewohnt und daß die ganze Welt zu uns spricht, wenn wir nur zuhören und verstehen können. Innerhalb der sicheren Grenzen einer Geschichte hilft uns eine Gestalt, deren Fähigkeit zuzuhören stark erweitert ist, uns auf das Potential unseres eigenen Gehörs zu besinnen. Die Verhärtungen und Verkrustungen, die wir als Schutz gegen den Lärm unserer modernen Zivilisation unweigerlich aufgebaut haben, können zumindest vorübergehend aufgeweicht werden. Indem sich Ihr

Gehörsinn erweitert, erweitern sich tendenziell auch alle Ihre anderen Sinne, darunter auch Ihr Sinn für sich selbst und Ihre Beziehung zum All.

Indem Sie sich jedem klangvollen Augenblick Ihrer Geschichte öffnen, ermöglichen Sie es Steinen, Bäumen und Insekten – die die Landschaft Ihrer Vorstellungswelt bewohnen – über sich zu sprechen. Steine können rhythmisch vom Grund ihres Daseins auf dieser Erde erzählen. Pflanzen können singen und mit heller Stimme in Ihre Geschichtenwelt einladen. Tiere können von ihren Bedürfnissen sprechen und ihre Hilfe anbieten. Winde können aus der Tiefe der Jahreszeiten heraus ihr Lied singen. Was gibt es überhaupt, was in einer Geschichte nicht anfangen könnte, zu singen oder zu sprechen? In dieser Zeit des verkümmernden Sprech- und Hörvermögens ist es wichtig, daß Sie in sich selbst und in Ihren Figuren neue und weiterreichende Fähigkeiten des Hörens erschaffen.

Manche Menschen öffnen sich der Phantasie hauptsächlich über das Gehör; bei anderen erfolgt dieser Prozeß über das Sehen, die Bewegung oder die Berührung. Der Geschmack- und der Geruchsinn sind ebenfalls Tore zum inneren Erleben. Kürzlich hatte ich das Privileg, dem Gesang einer etwa fünfzigjährigen Frau zu lauschen, die zusammen mit zwei anderen Menschen spontan eine Geschichte erfunden hatte. Am Anfang war ihr wunderschöner Gesang fast nicht zu hören gewesen, und dennoch strömten die Worte und die Melodie in einem reinen Fluß über ihre Lippen. Aus dem Inneren ihres Herzens heraus sang sie leise weiter. Der Mann, der ihr gegenüber saß, hielt zärtlich eine Puppe, die er G.K. genannt hatte. Er erklärte uns, daß die Buchstaben für *Göttliches Kind* stünden, sagte aber auch, daß das Kind von einer »Drahtmutter« großgezogen worden war, die keinen Sinn für die wirklichen Bedürfnisse des Kindes gehabt hatte. Dieses Kind erweckte das Mitgefühl der singenden Frau. Als unsere gemeinsame Zeit zu Ende ging, bat ich Sie, ihr Lied nicht zu vergessen. Sie blickte mich zweifelnd und traurig an. Ich sagte: »Vergessen Sie es nicht, allen verletzten Kindern zuliebe. Sie können es für den Rest Ihres Lebens singen.« Da strahlte sie über das ganze Gesicht. Später erzählte sie, daß sie anschließend

26

zusammen mit dem Mann, den sie liebte, barfuß in einem Bach gestanden und lange frei gesungen habe.

In den Tiefen der Phantasie werden Tiefen des Klangs und der Sprache erschlossen. Ich habe oft über die wunderschönen Worte und Formulierungen gestaunt, die beispielsweise aus Kindern hervorsprudeln können, deren Alltagssprache eher barsch und einsilbig klingt. Einmal hatte ich in einer meiner Märchenspielgruppen eine zehnjährige Quasselstrippe, die sich mit leerem Blick auf ihrem Stuhl lümmelte und unentwegt schnatterte. Ich fragte mich, ob sie überhaupt würde mitmachen können. Als wir dann anfingen, sagte ich noch resoluter als sonst: »Jetzt kann sich eure Alltagsstimme ausruhen, und eure Erzählstimme kann in den Vordergrund treten. Ihr könnt eure Stimme schön sein lassen.« In ihrer Geschichte wurde dieses Mädchen zu einer Prinzessin von erlesener und natürlicher Höflichkeit, die den Respekt ihrer Mutter, der Königin, erheischte. In ihrer Geschichte über königliches Mitfühlen erholte sie sich eloquent von dem hysterischen Schnattern, das sie von ihrer wirklichen Mutter gelernt hatte. Plötzlich saß sie mit geradem Rücken da, und ihr Blick erhellte sich. Als die Geschichte zu Ende war, wußten wir alle über die wahre Prinzessin Bescheid, die still in ihr lebte.

Die Öffnung unseres Sprachzentrums gehört mit zum Kraftvollsten, was wir für uns und andere tun können. Bücher über Gesang und Stimmbildung sind ein Gewinn für jede Büchersammlung.

Erfinden Sie ein kleines Lied mit sehr einfacher Melodie, über irgend jemanden oder irgend etwas, den oder das Sie liebhaben. Egal, was Sie dabei über sich »denken«, singen Sie das Lied auf jeden Fall mindestens siebenmal, bis es zu einer Art kleinem Mantra wird. Akzeptieren Sie Ihr kindliches Selbst, das gern Worte wiederholt und es genießt, sich mit den eigenen, liebevollen Klängen zu umgeben.

Beginnen Sie eine Geschichte damit, daß die Menschen die Fähigkeit verloren haben, zu sprechen und zu singen. Lassen Sie die Hauptfigur losziehen, um diese

Fähigkeit wiederzufinden, und lassen sie sie dabei von Sonne, Mond, Wind und Wasser und von einer Vielzahl von Geschöpfen, die sich ihrer erbarmen, Unterstützung erfahren.

ANFANG

In den Sphären der Phantasie kann man seine volle Größe, Stärke und Vitalität ausleben. Die Verwicklungen des Alltags – Arbeit, Freizeit und Erholung – mögen uns manchmal wie Sackgassen vorkommen. In der erzählten Welt hingegen herrscht das Gefühl einer Bewegung vor, die nach Erfüllung und Erlösung strebt. Wenn Ihnen dieser positive Schwung abhanden gekommen ist und Sie sich in Ihrer Lebenskraft eingeschränkt fühlen, kann Ihnen die »Es war einmal eine Zeit«-Stimmung, welche den meisten großen alten Geschichten und Märchen zueigen ist, einen frischen Eintritt in die Zeit ermöglichen. *Es war* vermittelt ein Gefühl der Unmittelbarkeit. *Einmal* hebt die erzählte Welt in den Bereich der Phantasie. *Eine Zeit* führt Sie und Ihre Zuhörer sowohl vorwärts als auch rückwärts, bis Sie an einem Punkt schöpferischer Stille ankommen, von wo aus sich die Ereignisse der Geschichte entfalten können. Sie sind imstande, eine Geschichte zu erschaffen, die eine erfrischende Wirkung hat auf Zeit und Raum, auf Ihr Gefühl für das Leben und dafür, wer Sie sind. Als Geschichtenerzähler sind Sie an der Erschaffung des pulsierenden Lebens beteiligt.

Wenn ich mit Menschen einzeln und in Gruppen arbeite, gebe ich einfache, positive Empfehlungen. Ich weiß, daß alle Anwesenden an der Gruppe teilnehmen, um sich einer Herausforderung zu stellen. Wenn jemand lange zögert, bevor er oder sie mit einer Geschichte beginnt, sage ich:

»Ihr Atem wird Sie vorwärtstreiben, ganz gleich, wo Sie sich in Ihrer Geschichte befinden. Falls Sie meinen, Sie könnten keinen Anfang finden, ist das ein besonders kostbarer Augenblick. Man spürt den stärksten Widerstand gerade dann, wenn man kurz vor der größten Entdeckung steht. Atmen Sie durch! Beginnen Sie, machen Sie weiter und fahren Sie fort bis zum Schluß!«

Bald pulsiert die Luft mit neuen Anfängen und in einer erwartungsvoller Atmosphäre voll schöpferischer Freude. Man hört Kichern und Gelächter; Verwirrung und oft auch Tränen kommen auf und ebben wieder ab. Wenn wir mit liebevoller Phantasie aus unserem tiefsten Kern heraus sprechen, wird uns ein Gefühl der Erlösung zuteil. Manchmal wurde das spontane, kindliche Selbst, dessen Seele naturgemäß eloquent ist, viele Jahre lang unterdrückt. Ich arbeite ausgesprochen selten mit jemandem, der nicht irgendwann während des Geschichtenerzählens einmal geweint hätte. Ich achte diese Tränen. Früher oder später führt die Trauer meist zu einem großen Lächeln der Zufriedenheit oder sogar zu tosendem Gelächter – und auch zu Tränen der Freude.

Bevor ich mich durch das Geschichtenerzählen selbst entdeckte, war ich viele Jahre lang eine Stoikerin gewesen und hatte nur selten Gefühle gezeigt. Jetzt besitze ich eine Sammlung von Taschentüchern in verschiedenen Farben und Mustern, die ich in einem handgeflochtenen Korb an jenem Ort in meiner Wohnung aufbewahre, an dem sich Menschen zum Geschichtenerzählen versammeln. »Freude und Leid sind fein miteinader verwoben«, schrieb der große englische Dichter William Blake. Während ich diese Taschentücher wasche und bügle, erinnere ich mich der verschiedenen Tränen, die sie benetzten. Manchmal bitte ich Leute, die schon länger nicht geweint haben, ihre Taschentücher eine Zeitlang an einem besonderen Ort aufzubewahren, damit sie sich an dieses Hervorquellen ihrer Gefühle erinnern und es in Ehren halten. Diejenigen, die sich zunächst am stärksten von dieser Idee abgestoßen fühlen, sind unter Umständen später am dankbarsten.

Lesen Sie die Anfangsworte von sechs oder sieben weisen alten Erzählungen laut vor, vielleicht aus einer der Geschichtensammlungen, die am Ende dieses Buches angeführt sind. Wählen Sie als Ausgangspunkt für Ihre

eigene Geschichte einen dieser Anfänge aus. Es folgen
einige Beispiele:

*Es war einmal ein Königssohn, der eine Braut hatte, die
er sehr liebte.*

*Es war einmal ein wunderbarer Musiker, der in einem
Wald umherirrte und über alle möglichen Dinge nach-
dachte, und als es nichts mehr gab, worüber er nachdenken konnte, sagte er:* »*Die Zeit vergeht für mich immer
schleppender hier im Wald. Ich will mir eine liebe
Gefährtin herholen.*«

*Es war einmal eine alte Königin, die krank war und zu
sich sagte:* »*Das ist wohl mein Sterbebett, auf dem ich
hier liege.*«

*Es war einmal ein Mädchen, das den ganzen Tag nur
webte und spann.*

ENDE

Die allermeisten der weisen, alten Geschichten und Märchen
gehen glücklich aus. Was haben Sie davon, wenn Ihre Geschichten mit einer positiven Note enden? Hoffnung ist Nahrung und
Brennstoff zugleich: Ihre geistigen Nährstoffe kreisen in uns, aus-
gehend vom evolutionären Mittelpunkt unseres Universums.
Weise Geschichtenerzähler haben schon immer aus diesen Quellen geschöpft. Sie hatten den Auftrag, Trost und Hoffnung zu
spenden, gleich geweihtem, singendem Wasser oder Wein, der
bei königlichen Festen oder an den bescheidenen Altären des
häuslichen Herds und des Dorfbrunnens ausgeschenkt wurde.
Ihre Aufgabe bestand darin, den Geist all ihrer Zuhörer zu stärken und zu fördern, ganz gleich, welches Stadium der Entwicklung oder des Glaubens sie erreicht hatten. Heute können wir die
gleichen heilenden Muster aufgreifen, die in den Herzen früherer
Geschichtenerzähler wohnten, die vor allem dort Zuhörer fanden, wo die traditionelle Religion ihre Anziehungskraft verloren
hatte. In der weisen alten Kunst des Geschichtenerzählens ist ein

»Happy-End« etwas Heiliges. Es bereinigt alte Trauer und belohnt alle Strapazen. »Und sie lebten glücklich bis an ihr Ende« kommt einem triumphierenden Finale gleich. Es ist, als wäre eine Knospe in einem freudigen Tanz mit dem offenen Himmel zu einer Blume aufgebrochen.

Ein archetypisches Happy-End verbindet zwei Themen. Das erste ist die wahre Liebe, die gefunden wurde und nun im ganzen Land gefeiert wird. Wenn zwei Seelen sich vereinen, womöglich nach großem Leid und nach der Überwindung vieler Hindernisse, ist es für unser kindliches Selbst zutiefst befriedigend zu wissen, daß die Verbindung »bis an ihr Ende« dauern soll oder sie zumindest »heute noch leben, wenn sie nicht gestorben sind«. Wenn am Ende eines gewöhnlichen Märchens der Narr oder ein anderer Reisender bzw. eine Reisende zum »König« oder zur »Königin« mit einem reichen Erbe geworden ist, fühlt sich jener Aspekt unseres Selbst angesprochen, der jenseits allen materiellen Besitzes das Selbst als überaus weisen Herrscher in unserem eigenen Reich zu erleben sucht.

Der klassische Märchen-Schluß liefert uns einen goldenen Wegweiser für unsere letztendliche Entfaltung zum weisen, gefestigten Herrscher. Das Eheglück, das er beschreibt, sagt uns, daß wir alle eins und ewig sind, wenn wir wahre Liebe erleben. Wir haben die Freiheit, unser Leben in Kummer, Trauer, zynischem Rückzug, Ironie und Verbitterung zu beenden. Oder wir können danach trachten, uns über all das emporzuheben und zu einem umfassenden Gefühl des Feierns zu gelangen. Als Geschichtenerzähler haben Sie das Privileg, immer wieder aus den Quellen der Weisheiten zu schöpfen, die auch die großen Weltreligionen nähren. Auf besondere Weise, durch tiefe Prägungen in Ihrer Phantasie, können Sie Vertrauen in Ihren Auftrag auf dieser Erbe gewinnen.

In der Mehrzahl der weisen, alten Erzählungen wird durch das Happy-End ein Problem gelöst. Manchmal ist die Lage eine sehr verzwickte. Eine ungewöhnlich spirituelle Frau, die ich vor drei Jahren kennenlernte, schreibt seither an einer Reihe von Geschichten, in denen zwei Kinder, die sich verirrt haben, nach ihren Eltern, dem König und der Königin, suchen. Ab und zu bespricht sie die jüngste Folge mit mir. Kürzlich führte die Handlung die beiden Kinder, die sich unsichtbar gemacht hatten, in einen dunklen Wald. Dort fanden sie einen König mit seiner Königin, umgeben von vielen Jägern. Doch die Kinder fanden bald heraus, daß es sich um gefährliche Betrüger handelte, die sich mit königlichen Gewändern verkleidet hatten.

In den drei Jahren, in denen diese Frau ihrer Phantasie erlaubt hat, zu ihrem eigenen Wohl ihr sehr einsames »inneres Kind« auf diesen Abenteuern zu begleiten, hat sie sich eine Reihe von Geschichten für Kinder mit Problemen ausgedacht. Als Schulpsychologin hat sie solche Kinder, deren Klassenkameraden und deren Familien daran teilhaben lassen können. Bald zeigte der Rektor der Schule, an der sie arbeitet, wie auch eine Reihe von begeisterten und dankbaren Eltern, ein positives Interesse an ihren Geschichten.

Wählen Sie einen der untenstehenden Schlüsse aus, die, oft zu ihrer großer Überraschung, von Menschen wie Ihnen erfunden wurden. Erzählen Sie aus Ihrer eigenen Phantasie heraus eine Geschichte, die zu diesem Schluß führt.

Und auf dem Felsen, unter dem Rosenbusch der alten Frau versteckt, saß vergnügt ein kleiner Elf, ein Bein über das andere gekreuzt, und schaute dem bunten Treiben zu.

Sie kam aus dem Wasser und legte sich im gleißenden goldenen Licht ins Gras. Sie sah all die Früchte in den Bäumen und viele grüne Vögel, die dort zwitscherten. Sie sah Menschen, die über die Wiese gelaufen kamen. Sie ging auf die Menschen zu. Diese traten an sie heran, nahmen ihre Hände und umarmten sie.

»Ich glaube, wir haben heute viel gelernt«, sagte er. Sie umarmten sich und tanzten lange zwischen Dunkel und Licht.

Nachdem sie das Schloß von Spinnweben und Räubern befreit hatten, wurden der Prinz und die Prinzessin

König und Königin des Landes. Schließlich wurde die Herrschaft wiederhergestellt, und ich glaube, daß sie heute noch dort leben.

KAPITEL 2

Bewegung und Richtung

> Liebende treffen sich nicht am Ende irgendwo. Sie sind
> schon die ganze Zeit ineinander.
>
> Rumi

GESCHICHTENMUSIK

Wenn Sie Geschichten erzählen, können Lebenskräfte, die in
Ihnen schlummern mögen, wieder an Stärke und Rhythmus
gewinnen. Die Melodien vieler Stimmungen können die Welt
Ihrer Geschichten zum Klingen bringen. Sie haben einen natürlichen Sinn für Koordination, der aus Ihren Muskeln und Gliedern aufsteigt. Ganz gleich, wie verkrampft und ungeschickt Sie
sich in Ihrem Alltagsleben geben mögen, tief in Ihnen ist das
Wissen darüber gespeichert, wie Sie sich mit herrlicher Lebendigkeit bewegen können. Durch feste Zielvorstellungen und Ordnungsprinzipien in einem Erzählmuster verankert, werden Sie
sich von einem starken Gefühl von Ordnung und Zielstrebigkeit
getragen fühlen, als würden Sie sich innerhalb einer musikalischen Komposition bewegen. Ihre Sprache wird einen eigenen
Rhythmus und einen eigenen Tonfall annehmen. Widerstehen Sie
dem Impuls, die weisen, alten, wohlbekannten Erzählformen
auch nur ein bißchen verulken, verspotten oder ins Lächerlich-
Sentimentale ziehen zu wollen, und deren reiche, gesunde Lebendigkeit wird aus den ursprünglichen Quellen für Sie hervorsprudeln.

Hören Sie bewußt auf die innere Musik der großen alten
Erzählungen und statten Sie anschließend Ihre eigenen Geschichten mit einem ähnlichen thematischen Fluß und kontrapunktischen Duktus aus. Wie klassische Symphonien markieren auch

34

klassische Märchen die Zeit auf majestätische Weise. Im Märchen *Schneewittchen* aus der Grimmschen Sammlung der Kinder- und Hausmärchen zum Beispiel können wir viele wichtige Elemente der erzählerischen Struktur erkennen. Am Anfang wird ein Thema eingeführt: Sehnsucht, Geburt und Tod. Als das Kind geboren wird, stirbt die gute Königin. Dieser Tod bildet den Abschluß des wunderschönen Anfangsabschnittes. Die Stiefmutter verkörpert das Gegenthema; ihr Stolz wird zu Neid und mörderischer Eifersucht, vor der das Kind gerettet werden muß. Der mittlere Teil der Geschichte handelt von dem schönen Kind, das unter dem Schutz der sieben Zwerge heranwächst, deren Natur von der Kraft und Robustheit der Berge geprägt ist, in denen sie leben. Die Grausamkeit der Stiefmutter dringt ein in diese Welt, bis die Harmonie der sieben tüchtigen Arbeiter an ihrer Macht fast zerbricht. Im Schlußteil kommt ein fürstlicher Liebhaber, dessen starke, klare Liebe die eisige Kälte der Versklavung Schneewittchens durch die eifersüchtige Königin dahinschmelzen läßt, und führt Schneewittchen, mit dem Segen der Zwerge, in die Welt der Menschen zurück.

Eine unschuldige Natur stößt auf Widrigkeiten; Hilfe kommt; dann wechseln sich Widrigkeiten und Hilfe solange ab, bis schließlich die Auflösung in Form von Liebe und Erfüllung erfolgt. Es besteht ein tiefer Zusammenhang zwischen diesem grundlegenden Erzählrhythmus und unserem menschlichen Herzschlag, bei dem sich ein vollständiger Kreislauf aus drei regelmäßigen Expansionen und Kontraktionen zusammensetzt. Eine Geschichte, ob sie nun lang oder kurz ist, kann man als symphonisches Wortgemälde betrachten, das durch die Kammern eines sich freudig erweiternden Herzens kreist. Das Tempo einer Geschichte kann ebenso vom Erzähler entdeckt und gesteuert werden, wie ein Musikstück von einem Musiker entdeckt und interpretiert wird. Erzählt man eine Geschichte im *largo*-Tempo, so kann man eine Stimmung melancholischer Katharsis heraufbeschwören, während *allegro moderato* ein Gefühl lebhaften Gleichgewichts vermittelt. Ein rasches Trippeln auf der Zunge – ganze Geschichten oder auch nur Teilabschnitte, *vivace, molto vivace* oder *furioso* erzählt – spricht die schnellen, quicklebendigen Energien im Erzähler wie auch im Zuhörenden an. Schweigepausen zwischen einzelnen Wörtern oder Episoden können in einer Geschichte genauso eloquent sein wie in einem Musikstück. Jede Erzählung kann innerhalb der in ihr abgesteckten Grenzen von verschiedenen Themen und Tempi beherrscht sein, die Zunge, Herz und Geist mit einer kontrapunktischen Reise durch die Sphären der Zeit erfreut. Die musikalischen Muster des menschlichen Herzens bilden das Fundament für die kraftvollsten und schönsten Geschichten, die je auf dieser Erde erfunden und erzählt wurden. Indem Sie mit Ihrem Puls und Ihrem Herzschlag in Verbindung bleiben, wird der Atem, mit dem Sie Ihre Geschichtenmusik zum Ausdruck bringen, mit Wärme und fließenden Rhythmen aufgeladen sein. Diese werden die Geschichte auf natürliche Weise vorantreiben. Wenn Sie Ihre Geschichte vom Herzen aus erzählen, stehen Sie mit fundamentalen Prinzipien in Verbindung, die in der Sprache Ihrer Geschichte und in allen harmonischen Formen lebendig sind.

Ganz gleich, was Ihr Lieblingsinstrument ist: Erzählen Sie ein altbekanntes Märchen gänzlich in Form einer spontanen musikalischen Komposition. Vielleicht werden Sie anschließend die dabei entstandene Musik notieren wollen.

Musik erschließt sowohl Bilder als auch die Macht der Sprache. Bitten Sie die Teilnehmer einer Erzählgruppe, ihr Lieblingsinstrument mitzubringen, oder bieten Sie eine Reihe von Instrumenten an, von denen sie sich eines aussuchen können. Jedes Instrument kann eine Gestalt, eine Landschaft oder einen Ort in der Geschichte oder aber einen »Zauberspruch« darstellen. Fordern Sie die Gruppe auf, eine spontane Geschichte ausschließlich durch die Interaktion der Instrumente zu gestalten. Dabei können auch ganz einfache Instrumente wie Kastagnetten, Triangel oder Trommel mit Pfeifen, einfachen Akkorden auf der Gitarre und/oder Gesang zusammen erklingen. Fordern Sie die Gruppenmitglieder auf, ihre musikalische Geschichte zu üben, bis sie sie auswendig können, um sie dann anderen vorzuspielen. Vielleicht werden die Zuhörer erraten wollen, wovon die Geschichte handelt, oder vielleicht faßt jemand aus der Gruppe nach der musikalischen Darbietung die Geschichte in Worte.

Wenn Sie ein Gefühl dafür bekommen möchten, wie gut Sie als Geschichtenerzähler in der Lage sind, die Geschwindigkeit und den Rhythmus Ihrer Worte selbst zu regulieren, können Sie dieselbe Geschichte in verschiedenen Tempi erzählen.

Versuchen Sie, sich selbst eine ganze Geschichte vorzusingen, wie ein ungehemmtes Kind in einem wunderschönen Garten, das nur die Bienen, Ameisen und Bäume als Zuhörer hat. Eine ältere Frau erzählte mir einmal, daß sie das Gefühl hatte, mit einem Band um den Hals durch das Leben gegangen zu sein, das ihre Atmung ständig einschränkte. In Ihrer Geschichte mag ein Eisenband, das Ihr Erzählerherz oder Ihren Hals einengte, plötzlich aufbrechen.

HINABSTEIGEN

Während Sie Ihre Geschichte erfinden, werden Sie womöglich von einem plötzlichen oder nachhaltigen Drang, in die Tiefe zu graben, überrascht werden. Oder Sie werden vielleicht das Gefühl haben, wie Alice durch einen bereits existierenden Schacht ins »Wunderland« hinabzufallen. Wenn Sie diesen Abstieg machen, werden Sie auf tiefere Stufen des irdischen Lebens und Ihres Selbst treffen. Der Drang nach unten kann an unheilvolle Feuer oder in die Dunkelheit führen, in Höhlen, in denen Juwelen der Weisheit und der Kraft verborgen liegen. Die Wächter dieser Tiefen werden Sie möglicherweise durch ihr Äußeres und ihr Verhalten erschrecken. Sie werden vielleicht auf wilde Tiere, Drachen und schattenhafte Ungeheuer stoßen, die Ihnen mit Prüfungsfragen, Losungsworten, Spiegeltricks und geheimnisvollen

Fallen auflauern und vielleicht nur mit den Mitteln der Magie zu besänftigen sind.

Bei Ihrem Abstieg in die Märchen- oder Geschichtenwelt werden Sie vielleicht Kobolde und Zwerge entdecken – die traditionellen Geister der unterirdischen Sphären. In den Erzählungen des schottischen Autors George MacDonald findet Curdie solche Gestalten in den Bergwerken Schottlands. Die magnetische Leuchtkraft ihres mit Juwelen ausgeschmückten Lebensraums ist ein Hauptthema der germanischen Mythen, die teilweise von Richard Wagner vertont wurden. Im Kerker einer alten Burg mögen Sie auf einen edlen Gefangenen treffen, etwa den alttestamentarischen Daniel, der wegen seiner Fähigkeit, Träume richtig zu deuten, in einer Löwengrube festgehalten wurde. Sowohl griechische als auch altamerikanische Mythen erzählen von einem Mädchen, das in das Schattenreich unterhalb der Erdoberfläche hinabsteigt und dort die Geister jener trifft, die verstorben und begraben sind. Als unterirdische Abenteurerin wird das Mädchen in die Bräuche des Totenreichs eingeweiht. Es wird zur Königin gekrönt und übernimmt die Rolle der Helferin und Führerin für jene Seelen, die, sobald sie bereit sind, von ihrer strahlenden Weisheit berührt, ins Reich des Lichts und der frischen Luft zurückkehren können. George MacDonald schrieb von einzigartig gütigen Helferinnen in der Unterwelt, die leuchtende Kronen, Gewänder und Schuhe trugen. Diese machtvollen weiblichen Gestalten waren in der Lage, Kinder, die sich in der Unterwelt verirrt hatten, sicher wiederzufinden und ihnen zu helfen. Oder vielleicht treffen Sie auf einen Mönch, der unaufhörlich betet, obwohl in ihm und um ihn herum Feuer von sagenhafter Farbenpracht und unglaublicher Intensität brennen.

Der Mut, sich in die Welt der Geschichten hinabzubegeben, führt in verschiedene Richtungen zugleich - ähnlich wie sich Nerven und Blut in unserem Körper ganz fein in verschiedene Richtungen verästeln. Eine Geschichte kann die tiefsten Schichten unserer zirkulierenden, sich ständig erneuernden Kräfte ansprechen. Diese verbinden uns mit einigen der tiefgründigsten Realitäten in der Welt außerhalb unseres Selbst sowie mit unserem eigenen Willen, zu leben, zu sein und neues Leben in uns und um uns herum zu zeugen. Wenn einer Figur in einer Geschichte Mahnungen und Talismane mitgegeben werden, bevor sie sich auf die Reise in diese Welten aufmacht, wird sie, sofern sie weise ist, die Hilfe annehmen. Tollkühne und unachtsame Figuren laufen Gefahr, von Ungeheuern aufgefressen, verzaubert oder von Hexen oder Teufeln eingesperrt zu werden. In solchen Fällen muß eine Möglichkeit gefunden werden, die Verbindung zum Licht und zur Ordnung der Oberwelt neu herzustellen. Sie haben die Fähigkeit, in die dunkelsten Winkel Ihrer Willenskraft, Ihres Mutes und Ihrer Erneuerung herabzusteigen. Als Erzähler und Schöpfer von Geschichten begegnen Sie Ihrer eigenen Macht, Leben zu schenken und es wieder zu nehmen, zu leben und zu sterben, zu herrschen und sich zurückzuziehen. Die ganze Geschichte des Todes ist Ihr Vermächtnis und ebenso das unermeßliche Meer von Geburt und Leben auf der Erde. Indem Sie immer wieder von neuem Ihren Abstieg und Ihren Wiederaufstieg akzeptieren, wird das Licht auch in Ihre dunkelsten Winkel leuchten. Die Bilder, die von dort in Ihre Gedanken und Gefühle hochsteigen, werden Ihnen die Tiefen der menschlichen Natur offenbaren. Wer oder was auch immer aus Ihren Tiefen an die Oberfläche dringt, kann in Ihre Geschichten einbezogen werden.

Die folgende Geschichte für ein Puppenspiel stammt von drei Mädchen, die kurz vor der Pubertät standen. Ich habe sie aufgeschrieben, so gut ich konnte, als ich erkannte, wie herrlich sie war. Die Aufgabe lautete, eine Geschichte über jemanden zu erfinden, der befreit werden mußte, und am Ende der Geschichte einen Anlaß zum Feiern zu haben. Jede Gruppe hatte eine Stunde, um sich eine Geschichte auszudenken, die sie später den anderen vorspielen sollte. Eines der Mädchen war eine ziemliche Nörgeltante, aber im Lauf der Geschichte änderten sich ihre Stimmung und ihr Tonfall aufs eindrücklichste. Ich versichere, daß ich außer der ursprünglichen Aufgabenstellung die Geschichte in keiner Weise beeinflußt oder mit den Kindern einstudiert habe. Allerdings hatte ich einen sehr sicheren Rahmen abgesteckt, innerhalb dessen die Tiefenphantasie der Kinder arbeiten konnte.

Das Bühnenbild bauten sie aus Stühlen, die sie auf einen langen Tisch stellten, und verschiedenen Seidentüchern in wunderschönen Farben. In einem umgekippten Stuhl war oben die Kammer der Königin dargestellt. Direkt darunter lag ein dunkler Raum, der mit schwarzen und lilafarbenen Tüchern ausgeschlagen war. Diese beiden Räume waren durch die seidene Andeutung einer Wendeltreppe miteinander verbunden. Auf der einen Seite war ein Wald in gedeckten Grün- und Lavendeltönen. All dies erklärte das Mädchen, das die Geschichte erzählte, bevor sie mit dem Puppenspiel begannen.

Die Prinzessin beginnt mit einer großen, ausladenden Geste.
»Das ist der Palast, in dem meine Mutter über alle herrscht.«
»Du darfst dich überall umsehen, mein Schatz«, sagt die Königin, »aber du darfst nicht in die unteren Kammern gehen.«
»Danke, Mutter.« Das Mädchen steigt die lange, lange Wendeltreppe hinab.
»O, wer stöhnt da so verzweifelt?« Ich muß die Anweisungen meiner Mutter mißachten, um dieser armen Seele zu helfen. »Darf ich Euch behilflich sein?«
»Helft mir! Rettet mich!«
»Ich werde tun, was in meiner Macht steht. Ich kehre in die oberen Kammern zurück, um herauszufinden, was ich tun muß.«
»Meine Tochter«, rügt die Königin.
»Aber Mutter, ich bin doch diesem liebenswürdigen, einsamen Wesen zuliebe nach unten gegangen.«
»Über deine Strafe sprechen wir später. Jetzt mußt du zu derjenigen gehen, die allen verwirrten und ungehorsamen Prinzessinnen Rat gibt. Sie ist wahrheitsliebend und ungefährlich.«
Also ging die Prinzessin mitten durch einen dunklen Wald. Die Nebel lösten sich überall dort auf, wo sie vorbeiging. Sie kam in das Dorf einer weisen Indianerfrau.
»Ich brauche Euren Rat«, sagt die Prinzessin und beschreibt ihren Abstieg in die dunkle Kammer und den Geist, den sie dort unten nach ihr rufen hörte. Die weise Indianerfrau willigt ein, sie zu begleiten.

»Prinzessin, du hast einen weisen und gütigen Wunsch geäußert. Ich bin froh, daß es in dieser Welt voll gieriger Seelen noch einige von deiner Sorte gibt. Ich darf diesen armen Geist nicht länger leiden lassen. Wir müssen versuchen, ihn zu befreien.« Und so reisten sie sicher durch den Wald; die Nebel lösten sich überall dort auf, wo sie vorbeigingen.

»Das ist der Palast, in dem meine Mutter über alle herrscht«, sagt die Prinzessin wieder. »Sie ist immer sehr mit ihren königlichen Aufgaben beschäftigt.« Sie gehen hinein, um der Königin von ihrem Vorhaben zu berichten.

Die Königin erlaubt ihnen großzügig, einen Versuch zu wagen. »Geht jetzt.« Dann macht sie sich an ihre königlichen Aufgaben.

»Wir müssen jetzt gehen und den Geist befreien.« Die Prinzessin und die weise Indianerfrau steigen die lange, lange Wendeltreppe zur unteren Kammer hinab.

»Helft mir! Helft mir! Rettet mich!« stöhnt der Geist herzergreifend.

Die weise Frau befragt den Geist und hört seine Geschichte. Es ist der Geist einer Frau, die einem guten Volk angehört hatte. Andere aber waren gekommen und hatten sie nach unten gezogen, bis sie ohne auch nur ein einziges Beweismittel in den Kerker gesperrt wurde und dort bei den frei herumlaufenden Ratten bleiben mußte, bis sie starb. Sie ist eine von vielen, die allzu streng gerichtet wurden, wie es uns allen ergehen kann.

»Hilf mir, diesen armen, unruhigen Geist zu befreien, der den Schatten der Verletzung auf seinen Schultern trägt«, fordert die weise Indianerfrau die Prinzessin auf. Sie singen zusammen.

»Geh. Du hast meinen Segen. Die Sterne sind nicht sehr bescheiden. Geh hin und tu', was die Sterne tun.«

Dann, nachdem sie einige Tücher über die Spitze eines Zeigestabs gehängt hatte, sagte die Erzählerin:

»Das ist ein Stern, der viele Farben der Wärme und der Güte in sich trägt. Zeige dich nicht erkenntlich, sondern fliege fort, um den Sternen zu begegnen. Wir danken dir.« Der Geist trat aus

der dunklen Kammer ins Licht und wurde in den Stern aufge-
nommen. »*Danke! Danke!*« *Die weise Indianerfrau und die*
Prinzessin steigen die lange, lange Wendeltreppe wieder hinauf
und teilen der Königin mit, was sich dort unten ereignet hat. Die
Indianerin fragt, ob die Prinzessin mit ihr in ihr Dorf zurückkeh-
ren dürfe, um an einem besonderen Fest teilzunehmen.
   »*Obwohl wir sehr klein sind, stehen wir uns sehr nahe*«*, sagte*
die weise Frau von ihrem Dorf. »*Wir werden ein Tanzfest mit*
sämtlichen Farben an unseren Köpfen und unseren Füßen und in
unserem singenden Atem abhalten.«
   Die Königin erlaubt ihrer Tochter, mit der weisen Frau mitzu-
gehen, und sitzt während des Tanzfestes ruhig in ihrer oberen
Kammer.

Eine tiefe Befriedigung erfüllte uns alle, als diese Geschichte zu
Ende war. Die Mädchen hatten einen wunderbaren und kraftvollen Wandel herbeigeführt. Es war ein großes Ereignis gewesen.

> **Beschwören Sie im Geist ein Gefühl von etwas Höherem
> und von etwas Niedrigerem herauf. Stellen Sie sich vor
> oder fühlen Sie hin, wer diese gegensätzlichen Räume
> bewohnt. Wodurch sind oben und unten miteinander
> verbunden? Schicken Sie jetzt Ihre Hauptfigur in die
> Tiefe und finden Sie einen Weg, wie Sie die unteren und
> die oberen Ebenen Ihrer Geschichte miteinander verbin-
> den können.**
>
> **Stellen Sie sich einen weisen Führer oder eine weise
> Führerin vor, die Ihre Figur in ein unbekanntes Reich
> führen kann und zu deuten versteht, was diese dort vor-
> findet.**

AUFSTEIGEN

Wenn Sie mit Gesten und Bewegungen im erzählten Raum experimentieren, kann es ebenso sein, daß ein Drang nach oben Sie,
ob auf Flügeln, auf Lüften oder einem Zauberteppich, weit über

Ihr normales Selbst hinausträgt. Die Fähigkeit, nach oben zu steigen, verbindet Sie mit Licht, Freude und weitläufigen, unbekannten Bereichen, die in Ihre körperliche Gestalt eindringen und die mächtigen Bewegungen von Sonne, Mond und Sternen in Sie hineinreflektieren. Die Energiezentren Ihres Körpers, die Ihr jeweiliges Tun bestimmen, stellen Bereiche dar, durch welche die Figuren Ihrer Geschichte aufsteigen können. Der sexuelle Bereich kann beispielsweise durch kraftvolle Bilder ausgedrückt werden: Kinder, geborene wie auch ungeborene, romantische Impulse, Ängste und Eifersüchte, ein Sinn für das Leben und für den Tod. Eine unglückliche Episode im magnetischen Reich des Hungers mag einer Episode aus Dantes Inferno gleichen. Wenn Sie zusammen mit Ihrer Hauptfigur in das Reich des Herzens reisen, spüren Sie unter Umständen Freude und Wärme. Auf einmal kann die Szene durch Schönheit verwandelt und von einem friedlichen rosigen oder goldenen Licht durchflutet erscheinen.

Wenn das Halszentrum erreicht ist, kann die Fähigkeit, die Wahrheit auszusprechen, plötzlich erwachen. Jemand, der sonst still und schweigsam ist, kann auf einmal seine Stimme erheben und das aussprechen, was bisher niemand zu sagen imstande war; Worte der Ermutigung, der Erkenntnis, des liebevollen Annehmens mögen hervorsprudeln. Oder Stimmen aus den entferntesten Winkeln Ihres ganzheitlichen Selbst mögen erklingen und in den verschiedensten Sprachen sprechen. Eine Sängerin verwandelt sich vielleicht plötzlich zur Überraschung aller in eine Erzähl-Poetin und leuchtet »alltägliche« Dinge und Erfahrungen mit liebevollen Worten aus. Wenn Sie weiter hinaufklettern, können Sie Ihr nachdenkendes, integrierendes Energiezentrum erreichen und von dort aus in die höchsten Sphären spiritueller Vision und Wahrheit gelangen, in denen die Fähigkeit, Dinge wahrzunehmen und zu unterscheiden, sich zum Licht des sich ständig erweiternden Bewußtseins öffnen mag. Die Figuren einer Geschichte, die von einer Sphäre zur anderen wandern oder in sie hineintauchen müssen, spiegeln deren Wahrheiten wider.

Beim Geschichtenerzählen können Sie beides erleben: das Entzücken, mit weiser Führung nach oben zu steigen, und die möglichen schlimmen Folgen des achtlosen Abstiegs in unbekannte

Tiefen. Sie tragen sowohl das Gleichgewicht als auch die Unordnung in sich. Wenn Sie keinen Weg finden, um wieder herunterzuklettern, können die Höhen ebenso bedrohlich sein wie die Tiefen. Wie kann man diesen Drang nach oben meistern? Die sprichwörtliche Prinzessin im Turm hat es bitter nötig, gerettet und in eine heilsame Umarmung herabgeführt zu werden. Das Dilemma der *Lichtprinzessin* in einer Geschichte von George MacDonald besteht darin, daß sie nicht aufhören kann, frei in der Luft zu schweben. Die Türme und Zinnen einer Burg können ein belebendes Gefühl von Macht, Stolz und Feierlichkeit zum Ausdruck bringen, doch ein Zauberer, der hoch oben in seinem Schutzturm eingemauert ist, muß einen Weg hinunter in die Welt der Normalsterblichen finden. Der Flug des Ikarus zeigt uns, wie gefährlich es ist, zu hoch und zu schnell hinausfliegen zu wollen. Die Erbauer des Turms von Babel wollten mit ihrem Bau den Himmel berühren, indem sie ihn Höhen erreichen ließen, die Steinen bis dahin verwehrt worden waren; die Folge war die babylonische Sprachverwirrung.

Eine amerikanische Mutter skandinavischer Abstammung schrieb während eines Workshops eine kraftvolle Geschichte, die so anfing:

Es lebte einmal eine kluge junge Prinzessin, die sehr gern sang und tanzte. Am allerliebsten aber hörte sie den Vögeln im Wald zu, wie sie ihre wohlklingenden Melodien sangen, denn wenn sie sie hörte, träumte sie von fernen Ländern. Sie ließ sich lange Zöpfe wachsen, die tanzten, wenn sie tanzte und träumte. An den Zöpfen trug sie Schleifen. Sie trug gern fließende Röcke, die der Winde bewegte, so daß sie aussahen wie die Flügel der Vögel über den Bäumen. Ihre Augen waren leuchtend blau, wie das Meer, das in der Sonne glitzert. An den Füßen trug sie die weichsten roten Schuhe, die man sich nur vorstellen kann; sie gaben ihren Füßen Schutz, aber das weiche Leder fühlte sich an ihrer Haut an wie Samt.

Nun geschah es einmal, als sie draußen neben ihrer Lieblingstrauerweide saß und den Vögeln zuhörte, daß ein besonders schöner weißer Vogel ihre Aufmerksamkeit auf sich zog. Sie

fühlte sich von dem Vogel angezogen, hatte den starken Wunsch,
ihm nachzulaufen, und erhob sich, um dies zu tun. Der Vogel
flog über Wiesen und steinige Felder bis an den Rand eines dun-
klen Waldes. Die Prinzessin wußte nicht, daß sie in den Wald
geraten war, sie merkte nur plötzlich, daß sie den wunderschö-
nen Vogel aus den Augen verloren hatte und es inzwischen dun-
kel geworden war. Die Schleifen an ihren Zöpfen flogen nicht
mehr im Wind. Sie wußte nicht, was sie tun sollte, da sie den
starken Wunsch hatte, bei dem Vogel zu sein. Sie begann zu wei-
nen.

In den darauffolgenden Abenteuern wird die kleine Prinzessin in
seltsame Gegenden geführt. Später sagte die Frau über die
Bedeutung dieser Geschichte für ihr Leben:

»Ich habe jetzt eine Möglichkeit, das Vermächtnis, das mir mitgegeben wurde, auf sehr positive Weise zu begreifen. Ich kenne
einen Weg, ihm mit kreativen Gedanken zu begegnen und nicht
zusammenzubrechen oder mich verleiten zu lassen, mein Schicksal zu beklagen. Es ist wahrhaftig eine Befreiung, zu wissen, daß
ich die Freiheit habe, mich von einem erschreckenden Ort weg-
zubegeben. Ich habe die Möglichkeit, nach einem tieferen Sinn
zu suchen und Geschehnisse miteinander in Einklang zu bringen.
Ich kann Symbole betrachten, und wenn ich sie verstehe, bereitet
mir das eine große Erfüllung. Das Mädchen mit den Zöpfen
macht einen Prozeß durch; es war nichts, was einfach über
Nacht geschehen wäre. Die Geschichte zeigt mir, daß ich die Fähigkeit besitze, meinen eigenen Weg zu finden. Ich habe keine
Angst mehr davor. Vorher hatte ich Angst – ich war schüchtern.
Die Geschichte führte mich auf eine Ebene, die mir Ermutigung
gab, als hätte meine spirituelle Seite einen Schuß Selbstvertrauen
bekommen. Es ist wie ein warmes, tröstliches Bett, das einen in
einer kalten Nacht empfängt. Auf einer sehr tiefen Ebene, deren
Existenz ich vorher nicht einmal erahnte, fühlte ich mich spirituell getröstet. Die Erfüllung bestand darin, selbst die Geschichte
zu werden, als würde mich jemand in ein herrlich warmes Feder-
bett hüllen. Die ganze Zeit fühlte ich mich gänzlich umsorgt.«

Eine andere Mutter, die am selben Workshop teilnahm, schaffte es nicht, sich von dem erfundenen Baum zu befreien, auf den sich ihr Protagonist im Laufe der Geschichte gerettet hatte. Sie mußte viele Wochen lang an seinem Abstieg arbeiten. Als der Held ihrer Geschichte schließlich einen Weg fand, sich aus seinem verzauberten Baum zu befreien, der sich für sie »richtig« anfühlte, war sie vollkommen glücklich.

Erzählen Sie eine Geschichte, in der die Hauptfigur die Dinge mit ungewöhnlicher Klarheit, wie von oben, sieht und das, was sie sieht, sehr deutlich zum Ausdruck bringt. Was ergeben sich daraus für Folgen? Lesen Sie »Des Kaisers neue Kleider«.

Erfinden Sie eine Reihe von Charakteren, die es nicht schaffen, auf den Boden zu kommen, bis sie genau im richtigen Augenblick genau die richtige Hilfe erhalten.

Kreisläufe

Kinder und Erwachsene, die sehr stark an einer Geschichte Anteil nehmen, wollen sie immer wieder hören. Durch Wiederholungen werden Energiemuster aufgebaut, und diejenigen, die bereits in uns existieren, werden verstärkt. Gesunde Muster verbinden uns mit den fließenden Gesetzmäßigkeiten, aus denen unsere ganze Erde, das Sonnensystem und die Welten jenseits davon zusammengesetzt sind und durch die sie aufrechterhalten werden. Eine kreisförmige Reise durch genau das gleiche Gebiet dient in einer Geschichte dazu, unser Orts- und Zeitgefühl zu beleben. Ob groß oder klein, ob weitläufig oder auf den Umfang eines kleinen, grünen Hügelchens oder eines unterirdischen Zauberraums beschränkt, derjenige, der immer wieder durch diesen Raum kreist, gewinnt an Vertrautheit und Kraft. Das zuverlässige Kreisen von Sonne, Mond und Sternen am Geschichtenhimmel flößt Vertrauen ein, während sich andere, weniger wohlgeordnete Entwicklungen vollziehen. Die Beständigkeit der Jahreszeiten, die der Reihe nach für Samen, Wurzel, Stamm,

46

Blatt, Blüte und Frucht sorgen, vermittelt ein tiefes Gefühl von Frieden und Ordnung, wenn große und schreckliche Ereignisse von verwundbaren Abenteurern konfrontiert werden müssen. Wie im Grimmschen Märchen *Von dem Machandelboom* hilft uns überall dort, wo in einer Geschichte ein wahres Bild der stetig dahinrollenden Gesetzmäßigkeit der Dinge herausgearbeitet werden kann, ein zartes Gefühl der Verwunderung und Geborgenheit, all den Gefahren mutig entgegenzutreten, die da noch im Verborgenen lauern.

Pflanzen wachsen in festen, stetigen, kreisförmigen Rhythmen spiralförmig nach oben. Unsichtbare Wachstumsmuster im Menschen streben in regelmäßigen Abständen nach oben. In alten Märchen findet man manchmal einen Hügel, der seine Geheimnisse nur dann preisgibt, wenn man ihn vorsichtig umschreitet und immer wieder bestimmte Worte in einer bestimmten Reihenfolge wiederholt. Auf den ersten Blick mag der Hügel trügerisch gewöhnlich oder gar langweilig erscheinen. Doch wenn das erforderliche Ritual richtig durchgeführt wird, erscheint eine Tür, und dann kann das, was darin eingesperrt war, hinter jenen verzauberten Schranken hervortreten.

In der Weisheit der Märchenphantasie mag uns das Auf- und Abwickeln von Zaubersprüchen über genau festgelegte Bewegungen und Klänge an die unsichtbaren Kreise erinnern, in denen wir uns auch in unserem Leben bewegen und dabei alte Gewohnheiten aufgeben, um für neue Platz zu machen. Wenn wir sie aufmerksam und mit dem richtigen Bemühen angehen, können die kreisenden Energiefelder, die in uns verborgen sind, als Schönheit, Güte und Wahrheit frisch erblühen. Indem Sie die Wahrheit des menschlichen Lebenszyklus fest in sich verankern, können Sie aus diesem Bewußtsein der Kreisbewegungen des Lebens heraus Kreise von unterschiedlichsten Dimensionen erschaffen. Die Geschichte Ihres Lebens hängt mit dem Kreisen von Erde, Sonne, Mond und Sternen zusammen. Die Uhr des Lebens hat ein rundes Gesicht, das den unaufhörlichen Ablauf von Tagen, Wochen, Monaten und Jahren anzeigt. Sie können Ihre Geschichtenwelt sanft in die verschiedenen umgebenden Realitätsschichten eintauchen und die Muster Ihrer Geschichte mit fester Hand aus deren komplexer und dennoch tröstlicher Geometrie zusammensetzen.

Erzählen Sie eine Geschichte über einen »altmodischen« Uhrmacher, der das runde Räderwerk seiner Uhren zusammensetzt und deren Gesichter gestaltet. Füllen Sie die Geschichte mit Kreisen und Kurven. Erzählen Sie von seinem Gefühl für das Kreisen der Sonne am Himmel bei Tag und das Kreisen von Mond und Sternen am Nachthimmel. Genießen Sie während der ganzen Geschichte ein tiefes Gefühl von Achtung und Interesse für die unermeßlichen und doch winzig kleinen Bewegungen der Zeit.

Denken Sie ein magisches Ritual aus, das man durchführt, indem man sich eine bestimmte Anzahl von Malen dreht und Worte in einem bestimmten Rhythmus wiederholt. Bauen Sie dieses Ritual zu einer dazu passenden Geschichte aus.

Erzählen Sie eine Geschichte, in der sich der Kreislauf der vier Jahreszeiten im Verlauf der Abenteuer Ihrer Hauptperson dreimal vollzieht.

WEGGEHEN UND ZURÜCKKEHREN

Ebenso wie der Heimkehrinstinkt eine Vielzahl von traditionellen Mythen und Märchen prägt, kann er auch Ihre eigenen Geschichten prägen. Zwar bietet wahrscheinlich weder das ferne Ziel noch die Heimkehr vollkommene Sicherheit, und doch können Sie bewirken, daß sich die Handlung Ihrer Geschichte in einem eindeutigen, linearen Rhythmus entfaltet: zunächst eine große Ausweitung, auf die unweigerlich eine Zusammenziehung und Rückkehr zum Ausgangspunkt folgt. Die Geschichten, die in der frühen Kindheit am beliebtesten sind, bieten ein sicheres Nest der Geborgenheit. Odysseus, Theseus, Rotkäppchen sowie die Mädchen, die Frau Holle besuchen, begeben sich alle auf eine abenteuerliche Reise und kehren dann wieder nach Hause zurück. Nach ihrem Ausflug in den dunklen Wald werden Hänsel und Gretel wieder von ihrem Vater in die Arme geschlossen. Die liebe Mili kehrt nach vielen Jahren wieder zu ihrer Mutter zurück. Ein Tor öffnet sich in einen stillen Garten; altbekannte Haustiere bellen oder trällern. Ein Reich wartet auf seine Herrscher; ein Dorf wartet auf die Güte des Helden oder der Heldin. In solchen Geschichten warten die Orte, von denen die Hauptfiguren ausziehen, und die Menschen, die zu Hause geblieben sind, zuversichtlich, sogar ungeduldig auf deren Rückkehr.

In den Curdie-Geschichten von George MacDonald kann die Prinzessin, sobald sie Curdie und die in seinem Dienst stehenden Helfer gefunden hat, ihrem Vater, dem König, und dem ganzen Königreich Gesundheit und Ordnung wiederbringen. Nachdem er im fernen Kolchis eine mächtige Geliebte und das goldene Vlies erobert hat, kehrt Jason auf dem Seeweg nach Hause zurück, um über sein eigenes Land zu herrschen. Abenteurer wie Rip Van Winkle oder Odysseus, die nach langen Jahren zurückkehren und die Dinge zu Hause sehr verändert vorfinden, trachten danach, kraft ihrer Liebe alles wieder ganz neu aufzubauen. Solche Geschichten zentrieren uns in unserem Herzen und erinnern uns mit jedem Pulsschlag daran, daß dieselben schöpferischen Ordnungsprinzipien, von denen wir ins Leben getrieben werden, uns im Augenblick des Todes wieder sicher nach Hause führen werden.

Als Geschichtenerzähler werden Sie merken, daß jeder Herzschlag ein Teil Ihres gesamten Lebensrhythmus ist. Ihr Kommen und Gehen ist Teil des lebendigen Herzschlags des Universums. In diesem weitläufigen, lebendigen Kontext können Sie die rhythmischen Reisen der Figuren in Ihren Geschichten genießen. Warme, regelmäßige Herzschläge wecken die Lust am Abenteuer und schenken Vertrauen in das Leben. Indem sich Ihr Herz weitet, ziehen Sie aus, um sich mit der Welt um Sie herum zu vereinigen. Indem Sie zur systolischen Entspannung zurückkehren, erleben Sie einen nach innen gerichteten Frieden.

Ich war zutiefst berührt, als ich zum ersten Mal Eltern kennenlernte, die sich jeden Abend Zeit nahmen, um mit ihren Kindern zusammenzusein. Sie hatten ein sehr schönes Ritual zum

Schlafengehen entwickelt. Die ganze Familie nahm gemeinsam daran teil. Diese glücklichen Kinder hatten abwechselnd die Möglichkeit, sich in die Arme ihres Vaters oder ihrer Mutter zu kuscheln. Beide Eltern halfen jedem Kind, sich an den Tagesablauf zu erinnern. Vielleicht begannen sie mit dem Abendessen, erinnerten sich an eine grüne Fliege und die weiße Milch auf dem Eßtisch beim Mittagessen und dann an einen komischen Besucher am Vormittag. Sie kehrten die chronologische Reihenfolge des Tagesablaufs um, bis die Kinder sich daran erinnerten, wie sie morgens geborgen in der eigenen Wohnung aufgewacht waren. Auf dieses einfache Ritual des Erinnerns folgte ein Gebet, um den Kindern Vertrauen in die Natur des Menschen und die Güte der Welt einzuflößen. Dieses Ritual vermittelt ein Gefühl von Ordnung, Wärme und Nähe und verstärkt den gemeinsamen Sinn für Erinnerung, Vertrauen und Liebe.

In Waldorfkindergärten wird der Geburtstag der Kinder mit einer Variante der folgenden Geschichte gefeiert, die in jedem Lebensstadium an den Teil unseres Selbst angepaßt werden kann, der Kind bleibt.

Es waren einmal oben im Himmel ein kleiner Engel und ein großer Engel, und der kleine Engel, der schaute immer gern in die Wolken hinab. Eines Tages lief er zum großen Engel und fragte:
»Was ist der große, runde Ball, den man da sieht?«
»Das ist die Erde«, sagte der große Engel.
»Kann ich dort hingehen?«
Am nächsten Tag spielte der kleine Engel wieder in den Wolken, und dieses Mal sah er Berge und Flüsse und Täler, und es war alles so wunderschön, daß er wieder zum großen Engel lief und fragte:»Darf ich zur Erde hinunter?«
Der große Engel sagte:»Nein, es ist noch nicht Zeit.«
Während der kleine Engel schlief, hatte er einen Traum. (An dieser Stelle beschreibt der Lehrer oder die Lehrerin sorgfältig die Eltern des Geburtstagskindes.)
Der kleine Engel fragte zuerst die Frau:»Willst du meine Mutter sein?«

Und die Frau sagte: »Ja.« *Dann sah der kleine Engel einen Mann, der neben ihr stand, und fragte ihn:* »Willst du mein Vater sein?«

»Ja«, antwortete der Mann. Dann wachte der kleine Engel aus diesem Traum auf, lief wieder zum großen Engel und erzählte ihm den Traum.

Der große Engel sagte: »Das ist der Traum, den alle kleine Engel haben, die zur Erde hinunter wollen.«

Der kleine Engel fragte: »Darf ich jetzt gehen?«

»Nein, du mußt warten, bis der Mond neun Kreise um die Erde gezogen hat.« Der große Engel brachte den kleinen an einen besonderen Ort. Dort zogen sie zusammen neun Kreise. Als sie damit fertig waren, bildete sich ein Regenbogen, der vom Himmel zur Erde führte, und der kleine Engel gab dem großen Engel seine Flügel zurück, und als der kleine Engel aufwachte, blickte er direkt in die Augen der Frau und des Mannes, die er in seinem Traum gesehen hatte.

Eine Mutter, die im dritten und vierten Lebensjahr ihres Sohnes weite Strecken im Auto zurücklegen mußte, erfand ein Geschichtenmuster, das ihnen beiden eine große Hilfe war. Wenn ihr Kind mittags oder abends einschlafen sollte, erzählte sie ihm eine Geschichte über einen Jungen, dessen Leben dem ihres Sohnes sehr ähnlich war. Sie begann jede Episode genau gleich:

Es war einmal ein Junge, der hieß Sandy. Er hieß Sandy, weil er sandfarbenes Haar hatte. Er forschte gern und ging viel auf Abenteuer. Er lebte in einem Haus auf der anderen Straßenseite vom Meeresstrand, ein kleines Stück die Straße hinauf.

In all diesen Abenteuern ließ sie, wie sie sagte, »ihrer Phantasie freien Lauf«.

Einmal lud ein alter Fischer Sandy auf sein Boot ein und erzählte ihm alles übers Fischen aus seiner Perspektive.

Einmal erforschte Sandy eine Wiese und entdeckte, daß er, wenn er ganz still war, die Tiere hören konnte. Ein Kaninchen sprach sogar mit ihm.

»Es war sehr interessant, das Resultat dieses Prozeßes zu beobachten. Ich versuchte immer, eine Geschichte auf der Grundlage einer Erfahrung zu erzählen, die wir gerade gehabt hatten oder unmittelbar darauf haben sollten. Wenn wir zum Beispiel irgendwo zu Besuch hinfuhren, wurde das eine Sandy-Geschichte.«

Obwohl ihr Sohn inzwischen elf ist, bittet er manchmal immer noch um »einen Sandy«. Als die Mutter kürzlich einmal mit ihrer Sandy-Einleitung begann, fiel der Sohn in einen tiefen Schlaf. Nach einer Weile wachte er auf und fragte: »Was ist denn passiert?« Sie meinte, daß er mit elf ungern zeigen wollte, wie stark sein Wunsch war, die alte Geborgenheit und Wärme ihres Geschichtenrituals noch einmal zu spüren.

Ein lebhaftes Kind von fünf Jahren schlafwandelte und weinte jede Nacht, nachdem es mit seiner Familie in ein anderes Viertel derselben Stadt gezogen war. Als die besorgte Mutter des Jungen mich um Rat bat, erfanden wir gemeinsam eine Geschichte, die sie dem Kind vor dem Schlafengehen erzählen konnte. Sie handelte von ihrem alten Haus. In der Geschichte knarrt und verfällt das Haus, als die Familie auszieht. Als aber die neue Familie freudestrahlend ankommt und warme Essensdüfte vom Küchenherd hochsteigen, ist das Haus getröstet und hält die neue Familie friedlich in seinen »Armen«. Die Geschichte wirkte wie ein Zauber.

Entwickeln Sie durch das Erzählen Ihrer eigenen, originellen Geschichten einen Sinn für sichere Rückkehr. Erfinden Sie eine Geschichte über einen Menschen oder ein anderes Wesen, das seine geliebte Heimat verläßt und nach langer Zeit, den Kreis schließend, dorthin zurückkehrt und alles unverändert vorfindet. »Eine lange Zeit« mag für ein Kind etwas anderes bedeuten als für einen Erwachsenen, doch jeder von uns erlebt in Verbindung mit einer Rückkehr Staunen und Trost.

Erfinden Sie eine Geschichte über einen Menschen oder ein anderes Wesen, das seine geliebte Heimat verläßt und nach langer Zeit auf dem gleichen Weg wieder

zurückkehrt und die Heimat kaum wiedererkennt. Vielleicht wollen Sie sich auch vorstellen, daß Ihre Hauptfigur einen oder mehrere ihrer Sinne verloren hat, etwa ihr Sehvermögen oder ihr Gehör. Das mag ihre Fähigkeit zum liebevollen Wiedererkennen noch zusätzlich beeinträchtigt haben.

KAPITEL 3

Landschaften der Geschichtenwelt

O geneigter Leser! Ihr wollt in jedem Ding eine
Geschichte finden.
Wordsworth: *Simon Lee*

BERGE

Klippen, Felsspitzen und Berggipfel in Ihrer Geschichtenwelt mögen Sie an Ihre Lebensreise zu »höheren« Zielen erinnern. Wenn
wir klettern, schlägt unser Herz schneller und unsere Glieder
fühlen sich stärker und kräftiger. Ideale erheben unseren Geist
und unser Herz zu neuem Leben und neuer Liebe und lassen
unsere Energie aufwallen. Ein erhabener Lehrer mag hilfreiche
Botschaften und Geschenke übermitteln. Doch in vielen alten
Erzählungen sitzt auf dem Berggipfel ein zutiefst verzweifelter
Liebender, der dorthin verbannt oder verzaubert wurde, bis seine
wahre Liebe ihn entdeckt und aus seinem Kummer und seiner
Einsamkeit befreit. In der volkstümlichen Überlieferung Europas
wird ein solcher Berg der Einsamkeit manchmal wie aus Glas
dargestellt: mit glatten Seiten, unmöglich zu besteigen ohne
magische Hilfe. Nur auf den Flügeln der Sehnsucht, durch einen
geheimnisvollen alchimistischen Prozeß und mit vollkommener
Beharrlichkeit kann die wahre Liebe den Geröllhaufen am Fuß
des Berges überwinden und die seltsamen, glasigen Hänge besteigen. Vielleicht ist es ein Adler, der seine verlorene Liebe mittels
einer goldenen Kette oder eines Mantels und Stiefeln aus geläu-
terten Sehnsüchten nach oben befördert. Dieser mythische Berg
leuchtet, und sei es auch noch so schwach, in jedem Menschen.
Er muß oft auf dem Wege großer Anstrengungen und harter Prüfungen gesucht werden.

54

Manchmal verbergen solche Berge auch Zauberreiche wie Schangri-la, die jenseits der normalen Schwere alles Irdischen liegen und bisweilen von Reisenden entdeckt werden. Die erzählerische Phantasie, die näher an den »himmlischen Leibern« reist, berichtet vielleicht von Steinen, die wie Blumen im Licht verklärt sind, bernsteinfarben, smaragdgrün, aquamarin, voll übernatürlicher Lumineszenz. Reisende, die auf Bewohner dieser Zauberreiche treffen, mögen einer brillanten, subtil strahlenden Weisheit, Schönheit oder Kraft begegnen. Durch diese himmlischen Eigenschaften werden sie erneuert, erquickt, inspiriert, in Staunen versetzt und verwandelt und anschließend unter Umständen beauftragt, diese Eigenschaften auf die vertraute, irdische Ebene zu bringen. Berge können aber auch einfach nur Hindernisse darstellen, die es zu überwinden gilt, ein weiteres Erschwernis, eine weitere Unannehmlichkeit, mit denen Ihre Figuren auf ihrem Weg zu einem ferneren Ziel fertig werden müssen.

Auf Ihrer Suche nach dem erhabenen Glück können Sie große Höhen sowohl als Freunde als auch als Feinde erfahren. Sie können Sie weiter nach oben führen oder nach unten zurückwerfen. Ganz gleich, wie man ihnen begegnet, sie stellen in jedem Fall eine Herausforderung dar. Wächter von Felsen und Bächen, Bewohner von Höhlen, Bergwesen, sie alle teilen Ihnen ihre Gegenwart über Ihr inneres Hören und Ihre Aufmerksamkeit mit, während Sie sich zusammen mit den Figuren Ihrer Geschichte den Höhen stellen.

In einem meiner Kurse erzählten sich eine hart arbeitende Sekretärin und eine genauso hart arbeitende Sozialarbeiterin, die sich vorher nicht gekannt hatten, gegenseitig ihre Geschichten. Die Sozialarbeiterin erfand eine Figur, die »mit tiefer, dampfiger, schwüler Stimme« den Blues sang. Sie bat mich, ihr meine »Weise Frau«-Puppe auf die eine Hand und meine »Weiser Alter Mann-«Puppe auf die andere Hand zu stecken, für den Fall, daß sie sie brauchte. Wir spürten alle, daß etwas Wunderschönes passieren würde. Sie drapierte sich und ihre Puppen in blaue Tücher und steigerte sich in die Stimmung der Depression hinein, in die sie immer vor dem Urlaub verfiel. In ihrer Kindheit hatte sie in einer großen und sehr zerrütteten Familie die Mutterrolle übernommen. Die Sekretärin, der es gefallen hatte, in ihrer eigenen Geschichte die Unterstützung der anderen zu erfahren, überwand nach und nach ihre Skepsis und erwärmte sich immer mehr für die Rolle des Prinzen, die ihr zugedacht worden war. Sie gestaltete ein wunderschönes, fürstliches Gebirge aus bunt gefärbten Seidentüchern. Die Weise Frau und der Weise Alte Mann riefen nach dem Weisen Weißen Vogel, und bald war die Blues-Frau hoch in ein seidenes Tal im Gebirge des Prinzen gezaubert worden. Dort stellte sich der Prinz gänzlich in den Dienst der Blues-Frau. In der Sprache der Poesie malte er viele lebhafte Bilder davon, wie sie glücklich und zufrieden werden könnte. Am Ende der Geschichte speisten und tanzten die Blues-Frau und der Prinz freudig auf einer imaginären Alpenwiese voll goldener Blumen. Danach waren beide Frauen erstaunt und erfrischt. Sie gestanden sich selbst und einander ein, daß sie jeden Tag nach der Arbeit nach Hause gingen und dort zusammenbrachen und selten etwas Schönes für sich taten. Nach diesem Geschichtenabenteuer waren die erschöpfte Sekretärin und die erschöpfte Sozialarbeiterin in der Lage, gute Vorsätze zu fassen, um in Zukunft während ihrer Freizeit viel besser für sich zu sorgen.

Ein Paar, das ziemliche Probleme hatte, miteinander zu kommunizieren, beschloß, es mit dem Geschichtenerzählen zu versuchen. Eines Tages suchten sie sich eine Reihe ungewöhnlicher Puppen aus, mit denen sie spielen wollten. Aus Tüchern erschufen sie einen großen, rot- und purpurfarbenen Berg. Auf der einen Seite dieses imaginären Berges richtete sich die Frau mit ihrer Hexenpuppe ein. Sie erhob territoriale Ansprüche und verlangte, von niemandem gestört zu werden. Eine freundliche, männliche Puppe kam pfeifend um den Berg gelaufen und erklärte, er habe das Land neben ihrem Besitz gekauft und habe das Recht, dort zu leben. Sie sagte dem Mann, er solle sie in Ruhe lassen. So ging der Dialog zwischen seinen reizenden Erklärungen und Einladungen und ihrer hartnäckigen Abwehr hin und her. Nach einer Weile lud er sie ein, mit ihm zusammen zu einer Geschichtenerzählerin zu gehen, die auf der anderen Seite des Berges lebte. Obwohl die Hexe sagte, sie gehe nie irgendwo hin, willigte sie schließlich sehr zögernd ein, ihn dorthin zu begleiten. Die seltsame, spontane Geschichte, die diese »Geschichtenerzählerin auf der anderen Seite des Berges« erzählte, half ihnen auf dramatische Weise, ihre Situation wieder ins Lot zu bringen.

Ein Junge war von Bergwerken und vom Schürfen fasziniert. Kurz vor seinem neunten Geburtstag beschlossen seine Eltern, die damit beschäftigt waren, die Welt des Geschichtenerzählens zu erforschen, die ganze Geburtstagsfeier ihres Sohnes als Bergwerksabenteuer zu gestalten. Sie teilten die Geburtstagsgäste in drei Gruppen auf und gaben jeder Gruppe eine Karte, die den Weg zu einem Ort im Freien zeigte, an dem die Kinder nach Schätzen oder Edelsteinen graben konnten. Während der Feier gaben sie ihrem Sohn die Rolle des Königs und schmückten einen Thron für ihn aus. Nachdem das Schürfen erfolgreich abgeschlossen worden war, saß er auf seinem Thron und nahm die Schätze entgegen. An einem Abend vor dem Geburtstag, als die Familie noch mit den Vorbereitungen beschäftigt war, fragte die Mutter den Jungen, was er neben dem Feldspat, dem Katzengold und dem Eisenkies, die sie den Kindern als kleine Geschenke mitgeben wollten, seinen Gästen noch schenken könnte. »Ob ein König vielleicht den Schatz erkennen kann, der in seinen Leuten steckt?« fragte sie. Das inspirierte den Jungen auf ungewöhnliche Weise. Er schrieb für seine königlichen Untertanen innere Schätze auf. Je mehr er schrieb, desto mehr wurde er inspiriert. »Er ist kein Kind, das viel von seinem inneren Selbst preisgibt«, sagte die Mutter. »Aber jedesmal, wenn er für seine Freunde ein Schatz-Geschenk aussprach, war es wie das Gold, das aus dem Mund der Prinzessin fällt.« Er schrieb seine Schätze mit goldener Tinte auf purpurfarbenes Papier, rollte das Papier zusammen und band ein goldfarbenes Band darum. »Die Liebe in dir dauert ewig.« »Du wirst immer gute Freundschaften mit anderen haben.« »Du wirst Freude in deinem Herzen tragen.« »Der Humor ist dein Führer durchs Leben.« »Wenn du Geduld hast, wirst du immer belohnt werden.« »Die Stimme Gottes wird dein Führer sein.« »Du wirst der Menschheit dienen.«

Die vierzehn Sprüche wurden in den königlichen Korb des Geburtstagskindes gelegt. Jeder Gast wählte einen Spruch und las ihn der Gruppe vor. »Natürlich«, sagte die Mutter, »paßte jeder Spruch genau auf den, der ihn gewählt hatte!« Diese wunderschön organisierte Feier vermittelte jedem, der daran teilnahm, ein Gefühl der Geborgenheit. Die Mutter und der Vater waren als Köchin und Geschichtenerzähler Mitglieder des königlichen Haushalts. In dieser gesunden, phantasievollen Atmosphäre beschwörten sie die natürliche Achtung und die nachhaltige Dankbarkeit jedes einzelnen Kindes herauf.

Denken Sie sich in Ihrer Phantasie einen Berg aus, den Sie gern besuchen würden. Welche ist seine Hauptfarbe? Wer und/oder was wohnt an diesem Ort? Wie kommt man dorthin? Was gibt es dort für einen Schatz? Spinnen Sie um diesen Berg eine Geschichte. Stellen Sie sich zwei oder drei Riesen oder andere Wächter vor, die am Fuß dieses Berges stehen und übertrumpft oder verstanden werden müssen, bevor die Höhen und Tiefen des Berges gefahrlos ausgekundschaftet werden können.

Suchen Sie sich einen Geschichtenstein, vielleicht einen Rosenquartz, Turmalin oder Türkis. Ganz gleich, was für ein Stein es ist, erspüren Sie, welche Eigenschaften er verkörpert. Heutzutage gibt es viele Bücher, die sich mit den unterschiedlichen Eigenschaften vieler Arten von Steinen und Kristallen befassen. Gestalten Sie in Ihrer Vorstellung eine Geschichte über das Gebirge, in dem dieser Stein lag, bevor er in Ihren Besitz gelangte.

Teiche, Seen und Binnengewässer

Wasser kann in Ihren Ohren und auch in den Ohren Ihrer Zuhörer geheimnisvolle Obertöne zum Klingen bringen und dabei ein Gefühl des Staunens und der strömenden Erfrischung vermitteln. Das Geräusch von Wasser, wie es durch Moos, Gräser oder Kies plätschert oder tost oder aus kleiner oder großer Höhe herabstürzt, vertieft das Zuhören. In der zarten Atmosphäre, die einen Wasserlauf umgibt, teilt ein Vogel einem Reisenden in einer

Geschichte vielleicht das mit, was er wissen muß, um in Gnade weiterkommen zu können. Vielleicht lassen sich durch den Lärm von Wasser und Wind hindurch Feenstimmen hören, die in einer Mondnacht im Gesang verschmelzen. Bei rauherem Wetter mag sich ein Troll von entsetzlicher Größe und entsetzlichen Gewohnheiten von unter einem Felsen oder einer Brücke aufbäumen und dem erschrockenen Reisenden seine Bedingungen für den Durchgang nennen.

Während der Held oder die Heldin, allein oder mit anderen zusammen, auf der Suche nach sich selbst ist, wird er oder sie vielleicht plötzlich von einer Quelle oder vom sanft wogenden Wasser eines Sees erquickt; vielleicht taucht ein sprechender Fisch an die Oberfläche. Nach ihrer Feuerprobe können Hänsel und Gretel erst zu ihrem Vater zurückkehren, nachdem sie auf dem Rücken einer weißen Ente über einen geheimnisvollen, kühlenden See geflogen sind. Falls es den Reisenden ins Wasserreich hinabzieht, entdeckt er dort womöglich neue Strömungen, die ihn weiter nach innen und nach vorn tragen, oder vielleicht wird er durch rätselhafte Verzauberungen in den wässrigen Tiefen festgehalten, bis er schließlich befreit wird und weiterziehen kann. Wassernixen und Meerjungfrauen oder Wassergeister können plötzlich erscheinen. Ein wildes Meer aus blutrotem oder stürmisch-dunklem Wasser muß vielleicht überquert werden, um in ein Märchenland voller furchterregender Ungeheuer zu gelangen, die dem Fortschritt des Reisenden hinderlich oder auch hilfreich sein können. Zu guter Letzt kann ein Held oder eine Heldin, die sich auf die Suche nach den »Wassern des Lebens« gemacht hatten, auf einen reinen Strom erquickender Flüssigkeit stoßen.

In Ihren Geschichten mögen Gewässer von unterschiedlicher Tiefe, Größe und Form auftauchen. Indem Sie Ihre Figuren an dieses Element anpassen, werden sie entsprechend tief, fließend, zart, mächtig werden. Sie können spüren, wie die verschiedenen Stimmungen und Persönlichkeiten jener wässrigen Orte in der Geschichtenwelt Ihre eigenen inneren Flüssigkeiten widerspiegeln, die Sie ständig erquicken und erneuern. Ihre Worte und Bilder werden sicherer und eloquenter fließen. Die »Wasser des

Lebens« und deren Musik quellen aus Ihren innersten Tiefen hervor und vermögen alle Wunden und jedes Leid zu heilen.

Auf einer ihrer Geschichtenreisen schrieb eine eher steife Frau in den mittleren Jahren über die Hauptperson ihrer Geschichte:

Sie sah, wie der Fluß einer goldenen Quelle entsprang. Sie trat in das Wasser und schwamm auf das goldene Licht zu. Der Fluß brachte sie an einen großen, offenen Platz, der blendend hell, goldhell war. Dort gab es Bäume und Gräser, die anmutig in der Luft wogten. Viele Menschen kamen auf sie zu, um sie zu begrüßen.

Stellen Sie sich ein wunderschönes Gewässer vor; lassen Sie es sprechen. Was will es Ihnen von sich berichten? Erfinden Sie eine Geschichte, in der dieses Gewässer eine wichtige Rolle spielt.

Denken Sie sich eine Episode aus, in der Ihre Figur dreimal an einem magischen Bach, Brunnen oder spiegelnden Teich vorbeigeht, ohne ihn zu bemerken. Beim vierten Mal aber sieht und spürt Ihr Suchender die Wahrheit dieses Ortes und erhält ein kostbares Geschenk von seinen Wassern.

Die »Wasser des Lebens« erneuern sich ständig. Einer, der auszieht, um sie im Namen eines tief bekümmerten Menschen zu suchen, muß oft viele Widrigkeiten und Prüfungen durchstehen. Schicken Sie den Helden oder die Heldin einer Geschichte auf die Suche nach diesen heiligen Wassern. Sobald sie gefunden sind, lassen Sie sie jemandem übergeben, dessen Herz vielleicht bekümmert ist oder dessen Gedanken nicht mehr frei fließen.

Lassen Sie Figuren, die großen Kummer haben – sei es körperlicher, emotionaler, geistiger oder seelischer Art – zufällig auf einen sehr klaren Teich oder See stoßen, der ihnen ein Bild ihrer selbst, vollkommen heil und gesund, zurückreflektiert. Beschreiben Sie diese wundersame Vision in allen Einzelheiten.

Wälder finden sich in vielen Landschaften. Sie tragen Bilder dieser äußeren Gegenden in sich. Wenn Sie in einer Geschichte in einen dunklen Wald oder ein Dickicht eintreten, kann Sie das mit den geheimnisvollen, pflanzenähnlichen Strukturen Ihrer Knochen und Nerven und Ihres Blutkreislaufs in Verbindung bringen. In Ihnen verzweigen sich auf eindrucksvolle Weise die Nerven, die Ihre Gefühle widerspiegeln. Ihr Kopf steckt voller Wälder. Wenn wir, ganz gleich wie schwach, den Baum des Lebens und den Baum der Erkenntnis in uns erleben, wissen wir, daß wir uns auf essentiellen Wegen der inneren Erforschung befinden. Der Geschichtenwald ist ein Prüffeld für die Selbsterkenntnis. Wenn Sie mit Augen, die auch nur ein bißchen geöffnet sind, in die Tiefen Ihrer körperlichen Empfindungen und Bedürfnisse vordringen, werden Sie die innere Welt der Märchenbilder immer klarer erkennen. Beim Gang nach innen muß jeder gegen seine Urangst vor der Dunkelheit ankämpfen – die Angst, den Weg für immer zu verlieren, von seltsamen Wesen verschlungen oder an geheimnisvollen Orten eingefangen und gegen seinen Willen dort festgehalten zu werden.

»Sich im Walde verlaufen« kann ein beängstigendes, aber letztendlich befreiendes Abenteuer sein. Vielleicht müssen Sie sich, wie Hänsel und Gretel, mit List und Tücke vor dem Ofen der hungrigen, gierigen Waldhexe retten. Oder Sie entdecken tief in Ihrem Geschichtenwald eine paradiesische Lichtung. Vielleicht wohnt dort der noch nicht erkennbare Prinz der Schönen, als verzaubertes Waldwesen oder unglückseliges Ungeheuer verkleidet. Womöglich liegt die große Freude unter den Schätzen versteckt, die dort begraben sind, oder vielleicht ist sie aus den Klängen der engelhaften Musiker herauszuhören, die nur darauf warten, daß ein menschliches Ohr sie vernimmt. Sie werden Wege finden, um jede Angst zu besiegen, die Sie erleben, während Sie die Figuren Ihrer Geschichte in die verwandelnden Tiefen der dunklen Wälder führen. Erkennen Sie die waldähnlichen Tiefen Ihrer eigenen Physiologie. Mit Ihrer erzählerischen

Phantasie können Sie sich die warmen, lichten Energien vorstellen, die Ihren Körper durchlaufen, und sie von dunklen Verwicklungen befreien.

Stellen Sie sich einen Wald vor: einen dunklen, stark bewachsenen Ort ohne einen klaren Weg, der hindurchführt, oder mit Wegen, die der Wald immer wieder überwuchert. Riechen Sie, schmecken Sie, hören Sie diesen Wald. Ist er unheilvoll und bedrohlich? Ist er wohlgeordnet und doch verwirrend? Wer lebt darin – ein magisches Wesen, ein Zauberer, eine reine Magd? Wer kommt, während Sie Ihre Figur durch den Wald führen, um die Reise ungefährlich zu machen? Was passiert auf den Waldlichtungen?

Malen Sie Wurzeln, Stämme und Äste in den Farben Ihrer Wahl auf Papier. Beobachten Sie, während die Bäume vor Ihren Augen zu wachsen beginnen, ob Ihr Wald leer oder voll, zahm oder wild, süß oder bitter ist. Ist es ein Ort der Sicherheit und des Schutzes oder ein Ort der Furcht und des Schreckens? Geben Sie diesem Wald einen Namen. Erzählen Sie dann die Geschichte eines Wesens oder eines Menschen, der in diesem Wald wohnt.

Auch Aspekte Ihrer eigenen Identität können sich »im Wald verloren« haben. In Ihrer Phantasie können Sie ein aufregendes Abenteuer erleben, wenn Sie sich auf die Suche nach einem Tier machen, dessen Natur Ihnen Macht verleihen kann, oder nach einem einfachen oder erleuchteten Menschen, ob Mann oder Frau, der tief mit der Natur und mit Gott kommuniziert. Vielleicht werden Sie in Ihrem Wald auf einen Geschichtenerzähler treffen, der sich dort verlaufen hat. Die Geschichte dieser Suche kann Ihnen Ihre eigenen verlorengegangenen Kräfte und Fähigkeiten wieder offenbaren.

Spontan erzählte Geschichten können Ihnen, ähnlich wie Träume, helfen, unangenehm festgefahrene Situationen zu erkennen und sie auf wundersame und inspirierende Weise zu meistern. Durch eine Geschichtenträumerei können der Widerstand, die Verwirrung, Bestürzung und Verzweiflung, die jedem Geist bisweilen innewohnen, neu und anders wahrgenommen werden. Vielleicht gelingt es Ihrem jugendlich übermütigen Reisenden, in dichtes, trockenes Gestrüpp vorzudringen, das bisher niemand passieren konnte oder wo schon viele sich verlaufen haben oder umkehren mußten. Symbolische Sümpfe und Moraste sind anders als Waldland: Dort herrschen Stagnation, üble Gerüche, Irrlichter, unheimliche, verschlingende Pflanzen- und Tierarten; die Luft mag von giftigen Flüstergeräuschen und üblem Gedröhne widerhallen, und man hat vielleicht das Gefühl, mit den Füßen keinen sicheren Halt zu haben.

Das Gefühl, irgendwo festgefahren zu sein, »im Sumpf zu stecken«, kommt manchmal vom übermäßigen Essen und von hartnäckigen Gewohnheiten oder Ansichten, die nicht mehr relevant erscheinen. Im Land der Geschichten, wie auch in der Realität, gibt es eine Fülle von Gelegenheiten, den Sumpf zu überwinden, sei er in uns, in anderen oder in den Landschaften, die wir kennen und lieben. Dabei sind Wahnsinn, Niederlage, Selbsttäuschung, Verblendung, geistige und sittliche Erstickung nur ein Teil des Ganzen. Eine symbolische Reise durch ein Gebiet, das uns von unserem Weg wegzuziehen scheint, das uns in die Dunkelheit hineinsaugt, erfordert Durchhaltevermögen und Gnade und die Kraft wahrer Phantasie. Ein echter Geschichtenheld oder eine echte Geschichtenheldin kämpft sich durch diesen Schlamm und diese Stagnation in sichere Gefilde vor; vielleicht wird er oder sie dabei durch ein Lied ermutigt oder durch den reinen Gesang eines Vogels oder von einem Greif oder einem anderen visionären Helfer geführt. Jede Mühe, die Sie sich in Ihrer erzählerischen Phantasie machen, um über Verwirrung, Zweifel und negative Gefühle hinauszuwachsen, wird Sie auf einen festeren Boden der Wahrnehmung und der Erkenntnis führen.

Ein Paar in den mittleren Jahren brachte eine langjährige, vertraute Freundin mit und begann gemeinsam mit ihr das Geschichtenerzählen mit Puppen zu erforschen. Zusammen mit der Freundin und zwei starken Puppenfiguren machte sich der Mann auf, um dem Unbekannten zu begegnen. Sie trafen fast sofort auf einen sumpfigen Morast - dargestellt durch ein Gewühl von dunklen Tüchern, durch das sich die Puppen vortasteten. Die Freundin griff nach einer anderen Puppe, die sie zur »Hüterin des Morasts« machte. Gemeinsam lernten sie, was der Hüterin dieses speziellen Morasts gefiel und wie man sie dazu bringen konnte, sie mit ihrer besonderen Energie alle näher an ihr Ziel zu führen.

Denken Sie an eine Gewohnheit, die positive Energie auffrißt. Neben Drogen aller Art können auch Zwangsvorstellungen und andere emotionale Süchte in der Sprache der Phantasie als ein Ort unwiderstehlicher Stagnation dargestellt werden. Sobald Sie damit beginnen, die Gewohnheit in Bildern zu beschreiben, wird der Prozeß des Geschichtenerzählens Sie sehr tief in die betreffende Realität hinabführen.

Geben Sie dem Sumpf, der Teil Ihrer inneren Geographie ist, einen Namen. Finden Sie einen Namen für den Hüter dieses Sumpfes und beschreiben Sie ihn unter Verwendung Ihres Geschmacks-, Geruchs- und Tastsinns. Vielleicht ist das Dunkel seines sumpfigen Lebensraums so intensiv, daß Sie ihn nicht einmal sehen können. Ist der Hüter des Sumpfes ein Ungeheuer oder trägt er menschliche Züge? Lassen Sie den Helden oder die Heldin Ihrer Geschichte, ganz gleich, wie verängstigt und entmutigt sie sein mögen, einen Weg an ihm vorbei finden oder aber seine Hilfe gewinnen.

Beschreiben Sie einen gutmütigen Vogel oder einen anderen visionären Helfer, der einen Sumpf bewohnt und immer da ist, um denen zu helfen, die sich dorthin verirrt haben.

DUNKLE TÜRME

Oft wird in alten Geschichten ein dunkles, schmales, einsames Bauwerk beschrieben, das Sie vielleicht auch in eine Ihrer Geschichten einbauen wollen. Dieser Turm ist möglicherweise der Ort, an den ein Mädchen oder ein Junge verbannt oder verzaubert wurde, das oder der langsam in das gefährliche Alter der Ehemündigkeit kommt. Im Turm muß das Mädchen oder der Junge abseits, ohne liebevolle Kontakte leben, wird vielleicht von einer Hexe oder einem Küchenjungen versorgt. Der dunkle Turm ist ein Abbild des menschlichen Körpers, der sich menschlichem Kontakt verschlossen hat. Seine Fenster sind wie Augen, die nur wenig sehen können. In einen solchen Turm einzutreten, kann ein zutiefst trauriges Erlebnis sein. Doch unter diesen beengten Umständen mehren sich die Kräfte des Wachstums; wer dort eingepfercht war, tritt mit neuen Lebenskräften und in neuer Form hervor, wie aus einem Kokon. Wenn diese Person hervortritt, hat die Liebe ihr den Weg gebahnt. Rapunzel ließ nicht nur für ihre Hexenhüterin die Pracht ihrer glänzenden Haare herunter, sondern auch, als der richtige Zeitpunkt gekommen war, für ihren wahren Geliebten, damit er in ihr Herz klettern konnte.

In der alten englischen Geschichte *Childe Roland* wohnt im »dunklen Turm«, zu dem das Kind Roland kommt, ein Zauberer. In diesen Turm im Elfenland fällt kein Tageslicht, da er gänzlich von prachtvollen Juwelen und erbeutetem Silber und Gold beleuchtet wird. In dieser unheimlichen, magnetisch anziehenden Umgebung muß Rolands Familie warten, bis er die Weisheit, die Disziplin und den starken Willen entwickelt hat, um sie daraus befreien zu können. In solchen Geschichten kann nur ein Abenteurer mit großem Mut, großem Gehorsam und großer Selbstbeherrschung dem dunklen König die Freiheit für sich und seine Familie abringen.

Heutzutage müssen Kinder gegen neue Varianten des »Elfenkönigs« ankämpfen, dessen Macht groß genug ist, um sie von ihren liebenden Eltern und der Weisheit der Vergangenheit fernzuhalten. Dunkle Zauberer halten sie vielleicht in einem unheimlichen Halbdunkel und in der Isolation fest, bis die leuchtende Klarheit unserer modernen Merlin-Figuren sie in den Methoden der Selbstbeherrschung unterweist. Wenn Sie sich selbst wie in einem dunklen Turm erleben, können Sie nach dem Wesen in sich suchen, das den starken Willen und die Entschlossenheit besitzt, Sie zu befreien. Durch den Einsatz Ihrer Phantasie haben auch Sie die Macht, sowohl selbst Gefangene zu nehmen als auch Befreier zu sein.

Ein sechsjähriges Mädchen, auf dem zu große Verantwortung lastete, hatte viele Schwierigkeiten in der Schule. An ihrem Geburtstag erfand ihre Lehrerin eine wunderschöne Geschichte, um ihr zu helfen, glücklicher zu werden.

Eine Prinzessin tritt in einen großen, schweren Turm mit einer Wendeltreppe. Sie steigt auf die Turmspitze und schaut über das Land, wo sie Wiesenblumen und Kinder beim Spielen sieht. Als sie aber wieder weggehen will, stellt sie fest, daß die Tür des dunklen Turms verriegelt ist. Sie fühlt sich sehr einsam und verwirrt. Ein wundersamer Vogel sieht sie, wie sie am Fenster sitzt und weint. Der Vogel sagt ihr, daß es ihr gut ergehen wird, wenn sie nur dem Hüter des Klaren Quellensees helfen kann. Seit einiger Zeit trocknet dieser See nämlich aus. Der Hüter dieses Sees schickt Flügel zu ihr hinauf, die sie aufsetzen soll, wenn sie helfen möchte.

Drei Tage lang fliegt die Prinzessin vom dunklen Turm zum See hinunter, taucht die Füße ins Wasser, singt und erzählt Geschichten für die Wassergeister und Wesen, die am Ufer des Sees leben. Am Ende des dritten Tages steigt eine engelhafte Gestalt aus dem See und singt der Prinzessin ein Lied:
Ich plätschere an deinem Kummer
Ich plätschere an deinem Ufer
Ich plätschere an deinen Füßen
Bis du nicht mehr weinst.
Von da an, und bis heute, darf die Prinzessin frei am Ufer des Sees singen und spielen. Das Quellwasser sprudelt jetzt ungehindert. In den Wassern des Sees findet sie auch den Schlüssel zum Turm.

Eines Abends bat ich an meinem Kamin eine Gruppe von Erwachsenen, Geschichten zu erfinden, in denen jemand aus einem dunklen Turm befreit werden will. Eine Lehrerin mit einer ungewöhnlichen musikalischen Begabung erzählte eine Geschichte über eine Prinzessin namens Aurelia:

Ein wunderschönes Mädchen mußte zu seinem eigenen Schutz von ihren Eltern in einen Turm gesperrt werden, weil es so unachtsam und sorglos war. Im Turm fühlte sich Aurelia sehr einsam und traurig. Immer wieder versuchte sie, daraus zu entkommen, aber die Tür war von außen verriegelt worden. Nach drei Tagen des Trauerns begann sie, den Vögeln im Wald draußen vor dem Turmfenster zuzuhören. Nach einer Weile konnte sie im Gesang der Vögel auch Worte erkennen; von ganzem Herzen sang sie ihrerseits den Vögeln zu.

Eines Tages kam ein Vogel ans Fenster geflogen. Das Essen, das er in einem Korb brachte, hatte einen satten, roten Farbton. An einem anderen Tag war ihre Nahrung grün, an wieder einem anderen Tag lila und golden. Auf diese Weise wurde ihr das ganze Spektrum der Regenbogenfarben in vielen verschiedenen Zusammenstellungen von Farben und Formen gebracht. Das Essen tröste und nährte sie. So vergingen drei Jahre. Auf so wunderschöne und einfühlsame Weise ernährt, wurde die Prinzessin immer stärker. Auch gewann sie an Dankbarkeit. Ihre Fähigkeit, zuzuhören und zu singen, wurde immer größer. Im Spiegel sah sie, wie neues Leben und neue Schönheit aus ihr herausleuchtete. Eines Morgens probierte sie wieder, die Tür zum Turm zu öffnen, was sie schon oft versucht hatte. Jetzt ließ sie sich ganz leicht öffnen; die Prinzessin trat heraus. Als sie aus ihrem Gefängnis kam, wurde sie mit lautem Beifall und einer großen Feier empfangen.

Zwei Jahre später traf ich die Musiklehrerin wieder, die die Geschichte der Prinzessin Aurelia im dunklen Turm erzählt hatte. Sie erinnerte sich noch lebhaft daran:

»Ich hatte mich dadurch geschützt, daß ich fast jeden Tag Schwarz trug. Dann beschloß ich, mich mit allen Farben des

Regenbogens zu verbinden, und ich konnte im Spiegel die Kraft sehen, die mir von ihnen zufloß. Ich versteckte mich nicht mehr verzweifelt im Turm. Ich begann zu erkennen, daß ich Aurelia war. Intelligenz, Mitgefühl, Schönheit: Diese Eigenschaften besaß sie mit einer sehr großen Selbstverständlichkeit, als sie aus dem Turm trat. Und das ganze Königreich war dort, um mit ihr zu feiern und zu frohlocken. Ich werde noch immer geprüft, aber ich verfüge jetzt über eine gewisse innere Sicherheit. Ich fühle mich nicht mehr so stark von dem beeinflußt, was die anderen denken. Ich verhalte mich so, wie ich mich fühle, und nicht in einer bestimmten Weise, um mich vor irgend jemandem zu beweisen. Als Aurelia den Turm verließ, war sie vollkommen gegenwärtig. Ich neige nach wie vor zur Unscheinbarkeit, aber langsam lasse ich immer mehr meine eigene Herrlichkeit zu. Wenn ich in einem verschrumpelten Zustand bin, denke ich an sie. Aurelia trägt Rot mit Stolz – ein Rot, das sich gern präsentiert. Sie steht da, eine königliche Erscheinung. Ihr Kopf ist von Gold umgeben, und Gold leuchtet aus ihrem Kopf, ob sie nun eine wirkliche Krone trägt oder nicht.

Was Aurelias Hörsinn betrifft: Auch bei mir öffnet sich das Gehör immer mehr. Aus dem Gefühl verzweifelter Einsamkeit und Hilflosigkeit im Turm heraus ging sie dazu über, mit den Vögeln zu kommunizieren. Es war so, wie wenn man die Stimme des inneren Führers hört und die Botschaft wirklich empfängt. Sie mußte sie in sich aufnehmen, um überleben zu können. Sie gewann eine fast unbesiegbare Kraft, Würde und Klarheit. Wenn sie draußen in der Menge beim Feiern war, konnte sie sorglos sein, ohne die Kontrolle über sich zu verlieren. Ich war lange in der Adoleszenz steckengeblieben, nicht so sehr in meinem Denken als vielmehr in meinem Selbstverständnis. Das wirkte sich auf meinen Umgang mit Menschen aus. Ich konnte das insbesondere an der Schule beobachten, wo ich schon länger gespürt hatte, daß es für mich jetzt an der Zeit war, mich vermeintlichen Autoritätspersonen nicht mehr wie bisher grundsätzlich zu fügen. In unserer Musikabteilung bin ich eine der ältesten Lehrerinnen. Es war für mich an der Zeit, selbst eine Führerrolle einzunehmen. Für mich war das Geschichtenerzählen eine Herausforderung, manchmal fast beängstigend, und doch war es mir eine große Hilfe, die Bilder der Aurelia geschaffen zu haben. In meinem Leben hat sie jetzt eine echte Präsenz.«

Erleben Sie Ihren Körper als einen Turm. Zeichnen, malen oder modellieren Sie eine Darstellung Ihres Körpers als Turm aus dunklem Stein oder anderen Materialien. Vielleicht sind die Mauern dieses imaginären Turms mit Juwelen oder symbolischen Schnitzereien geschmückt. Vielleicht ist der Turm auch aus durchsichtigem Material und leuchtet von innen. Stellen Sie Ihren Turm in eine Landschaft. Sie könnten ihn sich in einem wunderschönen Schloßgarten oder auf einer Klippe neben dem Meer vorstellen. Machen Sie sich ein Bild von Ihrem Turm, sowohl von innen als auch von außen, und beschreiben Sie ihn aus diesen beiden Perspektiven einer anderen Person aus Ihrer Gruppe.

Erfinden Sie eine Geschichte über jemanden, der in einem dunklen Turm eingesperrt ist und befreit werden muß. Konzentrieren Sie sich dabei am besten erst einmal auf sich selbst, damit Sie die Wohltat eines phantasierten Sprungs in die Freiheit direkt erleben können.

Türen und Tore

In vielen großen Erzählungen haben Türen mehr als nur eine materielle Bedeutung. Sie öffnen sich auf wichtige Orte und neue Stufen der Erfahrung. Ob Sie sich in einer Geschichte an einem Schloßtor, an der Tür zu einem unterirdischen Gang oder am Eingang zu einem Hexenhaus befinden, Sie werden diese Pforte möglicherweise als einen wichtigen Zugang zu sich selbst erleben. Alles, was sich in Ihnen auftut und auch wieder schließt, ist eng miteinander verbunden. In Ihrem Herzen mögen Sie viele Türen erspüren, die zu tiefen Gefühlen führen. In Ihrem Geist und Ihren Sinnen liegen hinter den Türen unermeßliche Geheimnisse verborgen. In Ihrem Hals führen die Türen zu allen Sprachen, vergangenen, gegenwärtigen, zukünftigen, und zu den Geräuschen aller Arten von Wesen – vielleicht sogar zum gewaltigen Singen der Winde, der Planeten und der fernen Sterne. Vielleicht können Sie sogar das melodische Dahinströmen des menschlichen Lebens wahrnehmen, das entsteht, wenn sich die Fäden vieler Leben auf dem Planeten Erde zu einem Gewebe verbinden.

In Ihren niedrigeren Energiezentren führen Türen in Kammern, in denen sowohl schöpferische als auch destruktive Kräfte wirken, welche Ihnen die Macht verleihen können, Ihr individuelles Selbst aufzubauen oder aber mit anderen zu verschmelzen, um neue Identitäten zu erschaffen. Vielleicht öffnet sich eine verbotene Kammer, die lange versiegelt war, und offenbart einem unschuldigen jungen Reisenden Blut, Gewalt und Tod. Vielleicht verirrt sich eine verlorene Seele in die verriegelte Kammer, aus der sie von einem Bewußtsein gerettet werden muß, das höher ist als ihr eigenes. Oder man tritt in eine andere Welt, in der seltsame Gesetze herrschen, die gemeistert werden müssen, bevor man in vertraute irdische Gefilde zurückkehren kann.

Türen in Geschichten können klein und halboffen sein; sie können auch dicht verschlossen und mit Metallstangen verriegelt sein, die Energiespender oder Schranken darstellen. Die Kräfte des Eisens helfen uns, in die Materie einzudringen und sie zu verwandeln. Kupfer verbindet uns mit der Macht der Venus: warm, biegsam und strahlend. Silber verbindet uns mit den Gezeitenrhythmen des Mondes. Gold öffnet sich den großzügigen Strahlen der Sonne. Eine Glastür kann den durchsichtigen Geist in der Materie darstellen. Vielleicht hat sie eine Stimme, die durch menschliches Verständnis und Wollen aktiviert wird. Türscharniere können auch sprechen, wie sie es taten, als Wassilissa der Hütte der Baba Yaga entfliehen wollte. Vielleicht sind die Scharniere in Ihrer Geschichte verrostet, locker oder mit Symbolen der Veränderungen oder Offenbarungen beschrieben, die erfolgen müssen, bevor die Tür geöffnet werden kann. Vielleicht ist ein verschlüsselter Zauberspruch auf die Tür geschrieben, der nur gebrochen werden kann, wenn jemand kommt, der seine Botschaft versteht. Im Märchen *Die Bienenkönigin* sieht man durch ein kleines Fenster in einer verzauberten Tür einen kleinen grauen Mann, der ein Buch in der Hand hält, in dem viele kraftvolle Geheimnisse aufgezeichnet sind. In Ihren Geschichten haben Sie die Freiheit, nach den Türen zu suchen, die Ihnen Ihr tieferes Selbst erschließen. Auch Sie tragen viele verschiedenartige Zimmer in sich. Türen können Sie warnen, ermutigen oder Ihnen mit leerem Blick begegnen. Indem Sie das Spannende an den Schwellen, an den Türen erleben, die in Ihnen und um Sie herum auf- und wieder zugehen, werden Sie wach für die symbolischen Energien, die Sie durchfluten können.

Eine Geschichtengruppe wollte mit der Tür als Bild arbeiten. Einer der Teilnehmer erfand eine bemerkenswerte Reihe von Türen:

Die erste Tür, auf die der Junge auf seinem Weg zur Spitze des Glockenturms traf, war so groß wie eine normale Haustür. Im oberen Teil der Tür, knapp über dem Kopf des Jungen, war ein wunderschönes Auge in das Holz geschnitzt. Direkt unter dem Auge war ein runder, schwarzer Türklopfer aus Eisen. Der Junge ließ seine Hand über die glatten, geschwungenen Linien des Auges gleiten und bewunderte die Geschicklichkeit, mit der die Schnitzerei ausgeführt worden war. Er fragte sich, was wohl hinter der Tür sein könnte.

Hinter der Tür war viel zuviel Licht, und als er sie öffnete, wurde er blind. In der Mitte der nächsten Tür spürte er knapp oberhalb seines Kopfes etwas Glattes, Weiches, das sich vom rauhen Holz der Tür abhob. Er tastete es mit seinem Fingern ab und erkannte die Form eines Ohrs, rund und geschwungen und mit spiralförmigen Wirbeln in der Mitte. Direkt unter dem Ohr konnte der Junge einen schweren, eisernen Türklopfer fühlen. Er fragte sich, was wohl hinter der Tür sein könnte. Hinter der Tür war eine solche Kakophonie von Stimmen, daß er taub wurde.

Später hieß es:

Nach einer, wie es ihm vorkam, ziemlich langen Weile, berührte seine rechte Hand wieder etwas Rauhes, Hölzernes. Er hielt an und ertastete mit seinen Fingern etwas, das sich wie eine Tür anfühlte. Er spürte das kalte Eisen der Scharniere und des schweren Türklopfers unter seinen Fingern. Knapp oberhalb seines Kopfes glitt seine Hand über etwas Glattes, Rundes und Erhabenes. Mit seinen Fingerspitzen konnte er die Form eines Mundes mit geschlossenen Lippen erkennen. Aus Gewohnheit fragte er sich, was wohl hinter der Tür sein könnte. Als er aus diesem Raum wieder austrat, konnte er überhaupt nicht mehr sprechen.

Im weiteren Verlauf der Geschichte kommt der Junge an eine letzte Tür, in die die Form einer Glocke geschnitzt ist. Hinter dieser Tür erwarten ihn sämtliche Gaben weiser Güte und Heilung, die er braucht, um seine Sinne wieder vollständig gebrauchen zu können.

Widerstand ist eine Schwelle. Führen Sie sich sehr klar irgendeine Art und Weise vor Augen, wie Sie noch wachsen wollen und müssen. Erleben Sie nun Ihren gewohnheitsmäßigen Widerstand gegen das Loslassen und das Vorwärtsgehen in Richtung auf neue Erfahrungen und Gewohnheiten. Stellen Sie sich den Widerstand als eine Tür vor. Führen Sie sich die Tür und den Türrahmen so lebhaft vor Augen wie nur möglich. Woraus sind sie gemacht? Klemmt die Tür? Ist sie abgeschlossen? Dann denken Sie sich eine Geschichte über jemanden aus, der es schafft, die Tür aufzumachen und über die Schwelle zu schreiten. Was liegt hinter der Tür?

Stellen Sie sich in allen Einzelheiten ein Tor vor. Vielleicht wollen Sie es auch zeichnen. Beschreiben Sie den Hüter dieses Tores und erzählen Sie eine Geschichte über ihn. Hat er (oder sie) irgendwelche Kinder, die ihm helfen oder ihn behindern? Wohin führt das Tor? Vielleicht wollen Sie sich vorstellen, wer das Tor gebaut hat und warum es dort steht. In welcher Weise ist Ihr Phantasietor eine Hilfe oder ein Hindernis für die Person, das Wesen oder das Ding, das dahinter wohnt?

Sie haben bereits viele Schlüssel gefunden, die Ihnen halfen, den Weg aus einer festgefahrenen Situation zu finden. In einer Geschichte, wie auch im Leben, können Sie einen Schlüssel unter Umständen lange mit sich herumtragen, bevor Sie die richtige Verwendung dafür finden. Ganz gleich, wie schön oder häßlich er ist, ob mit Juwelen besetzt, mit feinem Filigran verziert oder bescheiden und schwarz angelaufen – Sie haben den Schlüssel! Vielleicht wurde er irgendwann im Verlauf der Geschichte oder irgendwann in der Geschichte unseres Lebens achtlos beiseite geworfen oder geduldig von einer Tasche zur nächsten mitgeführt, während wir immer weiter auf unserem Lebensweg voranschritten. Vielleicht war er auf dem Boden irgendeines geheimnisvollen Sees oder Brunnens verlorengegangen und konnte nur mit fremder Hilfe gefunden werden. Wenn der Schlüssel im richtigen Schloß umgedreht wird, sind wir bereit, in einen neuen Raum, in eine neue Erfahrung, vielleicht sogar in unendliche Welten jenseits der uns bekannten zu schreiten.

Die Brüder Grimm stellten die kurze Geschichte *Der goldene Schlüssel* ans Ende ihrer gewaltigen Märchensammlung. Darin muß ein junger Mann im Winter in den tiefen Schnee hinausgehen, um Brennholz zu holen. Während er versucht, ein Feuer anzuzünden, findet er einen goldenen Schlüssel. Im Schnee findet er ein eisernes Kästchen, in dessen Schloß der Schlüssel paßt. Er steckt den Schlüssel in das Schloß und beginnt, ihn zu drehen. Das Märchen endet mit den Worten:»Und nun müssen wir warten, bis er vollends aufgeschlossen und den Deckel aufgemacht hat, dann werden wir erfahren, was für wunderbare Sachen in dem Kästchen lagen.« In den zugefrorenen Räumen unserer Phantasie gibt es immer einen Schatz zu entdecken.

Eine andere Art von Geschichte erzählt von einem Schlüssel, der unter Androhung des Todes oder schrecklicher Qualen nicht benutzt werden darf. In *Marienkind* wird ein vierzehnjähriges Mädchen gewarnt, den Schlüssel zur»dreizehnten Tür« nicht zu benutzen, aber der Wunsch zu wissen, was sich dahinter verbirgt, quält sie so sehr, daß sie ihrem himmlischen Beschützer nicht gehorcht. In *Fitchers Vogel*, wie in allen Blaubart-Geschichten, ermahnt ein Hexenmeister-Bräutigam seine eifrige Braut, einen bestimmten Raum seines Schlosses nicht zu betreten, aber sie wird von brennender Neugier überwältigt. Hinter der verbotenen Tür lauern Gewalt und Tod. In solchen Geschichten müssen Märchenabenteurer, welche spirituelle Wahrheiten entdecken, die jenseits ihres Entwicklungsgrades liegen, die Folgen erleiden, bis ihre weiseren und klügeren Schwestern und Brüder sie retten oder bis sie bereit sind, ihren Ungehorsam zuzugeben, wodurch sie lernen und wachsen können.

Indem Sie sich auf die Suche nach dem machen, was in Ihnen verschlossen ist, werden Sie die Schlüssel finden. Die Schlüssel, die in Ihrer Geschichtenwelt vorkommen, können heilig sein. Wenn Sie sie mit Sorgfalt und Mut einsetzen, öffnen Sie sich möglicherweise selbst für große und erstaunliche Wahrheiten, für Schönheit und Güte.

Stellen Sie sich in allen Einzelheiten einen Schlüssel vor, der in das Schloß eines besonderen Raums paßt. Es ist vielleicht der Schlüssel zu einer wundersamen Kammer, in der Sie immer alles an Ruhe oder Nahrung bekommen können, was Sie brauchen. Oder vielleicht öffnet er die Tür zu einer Kapelle, in die Sie sich zwecks spiritueller Führung zurückziehen können. Wenn Sie wissen, in was für ein Schloß der Schlüssel paßt, stecken Sie ihn einer Figur in die Tasche, die Sie dann beschreiben und benennen und später in einer Geschichte verwenden.

Es kann ein Gefühl der inneren Kraft verleihen, wenn Sie die Geschichte eines edlen Reisenden erzählen, der sich aufgemacht hat, um den Schlüssel zu einem besonderen Raum zu finden, der vielleicht schon seit sehr langer Zeit verschlossen ist. Der oder die Reisende wird unterwegs verschiedene Hindernisse überwinden müssen; es werden Helfer auftauchen, die Rätsel lösen und den Weg zeigen. Im Verlauf Ihrer Geschichte können Sie entdecken, wo und weshalb der Schlüssel versteckt worden ist oder verlorengegangen war.

In der Bildersprache von Märchen und Geschichten kann der Körper als ein großartiges, palastähnliches Bauwerk dargestellt werden, mit vielen luxuriös eingerichteten Sälen und von Lustgärten umgeben. Zu anderen Zeiten bewohnen wir vielleicht einen Tempel von hohem spirituellem Wert. Am häufigsten erscheint unser Körper in einer eher robusten und praktischen Form. Wird er aber Hunger und anderen Entbehrungen ausgesetzt, so kann ein Körper zu einer armseligen, heruntergekommenen Hütte werden. Jeder Abenteurer, der in einer Ihrer Geschichten auf solchen Verfall stößt, kann darin etwas sehr Wichtiges erkennen. Das, was in dieser Art von Behausung erkennbar wird, entsteht zumeist aus einem Gefühl von Leid und Entzug. Hier mag die Lebendigkeit verkümmert sein, doch innerhalb dieser Mauern wohnen Aspekte Ihres Selbst, die, mögen sie auch erniedrigt und vereinsamt sein, Ihnen wichtige Einsichten vermitteln können, wenn Sie sich ihnen aufrichtig stellen.

In Ihrer Hütte der Depression oder des Scheiterns können Sie einen Heiligen, einen guten oder bösen Zauberer, eine verkleidete Hexe finden. Dort mag jemand wohnen, der müde und alt ist, aber über erstaunliche Weisheit und Güte verfügt. Oder vielleicht wohnt dort ein verzauberter Prinz oder eine verzauberte Prinzessin, durch eine Verkleidung entsetzlich verunstaltet, die erst dann von dort fortgehen können, wenn jemand ihnen Liebe und Vertrauen entgegenbringt oder sie mit notwendigen Aufgaben betraut, die sie durchführen müssen. Oder vielleicht lebt dort, still vor sich hin, ein engelhafter Führer, der die Macht besitzt, Ihre Figuren vor dem Schlimmsten zu bewahren, das ihnen zustoßen könnte, würden sie ohne diesen engelhaften Schutz weiter ihrem Weg folgen. Wer an die Tür eines solchen Gebäudes klopft, wird unter Umständen von einem äußerst starken Gefühl der Verpflichtung erfüllt – dem Gefühl, daß der Lehrer, der dort wohnt, einem sein wahres Schicksal und seine wahre Aufgabe offenbaren wird. Es kann dort auch, wie im Fall von Hänsel und Gretel, eine dunkle Macht wohnen, die durch listiges, aufmerksames Warten und Dienen überwunden werden muß, bis der richtige Zeitpunkt für die Befreiung gekommen ist. Sie können mutig Ausschau halten nach den Bewohnern der heruntergekommenen, verwitterten Hütten, die es in Ihrer Geschichtenwelt gibt, und genau auf deren Botschaften horchen.

Eine robuste Frau in den Fünfzigern zog in ihrer Geschichte als junge Frau in einer kirschfarbenen Jacke, einer grünen Kniebundhose und grünen Strümpfen los.

Nach einer Weile konnte sie sich nicht mehr erinnern, woher sie gekommen war, oder, wenn sie es sich jetzt recht überlegte, wohin sie überhaupt ging. Sie befand sich in einem tiefen, wenn auch freundlichen Wald, und es wurde immer dunkler. Nach einer Weile sah sie eine kleine Hütte, hinter den Bäumen versteckt. »Ob da wohl jemand drin ist?« fragte sie sich. Wenn ja, dachte sie, würde sich die Person vielleicht nicht so gern von ihr stören lassen.

Vorsichtig näherte sie sich der Tür, die leicht offenstand. Sie schaute hinein. Drinnen war es dunkel, und sie hörte keinen Laut. Sie öffnete die Tür gerade so weit, daß sie den Kopf hineinstecken konnte. Jetzt sah sie einen Stuhl, einen Tisch und ein Bett. Es gab ein einziges Fenster und einen Kamin. Direkt neben der Tür stand ein Besen. Sie nahm einen tiefen Atemzug und öffnete die Tür so weit, daß sie ganz eintreten konnte; es war niemand drin. Draußen hatte der Wind nachgelassen – offensichtlich würde es doch keinen Sturm geben. Vielleicht sollte sie wieder hinausgehen und ihre Fußspuren zum Hauptpfad zurückverfolgen. Sie schaute sich im Zimmer um. An der Wand waren Schränke. Sie sollte sie nicht aufmachen, aber sie war wirklich neugierig, was sich darin verbergen könnte, und da ja niemand da war...

Die Autorin dieser Geschichte betrat hier offensichtlich Neuland und war sich nicht sicher, ob sie mit dieser Art von Entdeckung weitermachen wollte.

...Dennoch machte sie sich daran, die Schränke aufzumachen. Obwohl die Hütte so karg war, waren in den Schränken viele

wunderschöne und kostbare Schätze verborgen, darunter auch ein reich verziertes rotes Buch, mit goldener Schrift beschrieben. Sie hatte dieses wunderbare Buch gerade zum Tisch getragen und angefangen, darin zu lesen, als sie bemerkte, daß jemand in der Tür stand. Verärgert und auch etwas verängstigt sagte sie: »Ich hatte Angst, es kommt zu einem Sturm. Angesichts der Schönheit dieser Sachen vergaß ich mich.«

Die Gestalt sagte nichts, trat aber herein, schloß die Tür und legte ihren Mantel ab. Sie war in leuchtendes Weiß gekleidet und trug auf ihren rotgoldenen Haaren eine Girlande aus Blumen, mit Gold verflochten. Sie lächelte, und sofort fühlte sich Miriam sicher, nicht mehr verängstigt und voller Freude. Die Frau ging zu Miriam hin und legte ihr die Hände auf beide Schläfen. Miriam spürte, wie Ströme von Energie ihren Körper durchfluteten. Die Frau bedeutete ihr, sitzenzubleiben und weiter in dem Buch zu lesen, das sie da gefunden hatte. Es schien ein Gleichnis zu sein, eine Geschichte über das Leben, über ihr Leben; sie war sich nicht ganz sicher, ob sie die Geschichte wirklich verstand. Wahrscheinlich würde sie sie viele Male lesen müssen.

Sie betrachtete die Frau, während diese sie sanft vom Stuhl zog und aus der Hütte hinausführte. Draußen sah es jetzt anders aus. Dort sah sie jetzt eine Wiese mit vielen Blumen, und als sie zur Hütte zurückblickte, stellte sie fest, daß auch diese sich verändert hatte. Sie war jetzt größer, offener, mit vielen Fenstern und offenen Bogengängen. In der Ferne sah sie ein Gebäude, das wie ein Tempel aussah, und sie lief darauf zu. Die Frau begleitete sie. Als sie sich dem Tempel näherten, bemerkte Miriam andere Frauen, in bunte Seiden-, Satin- und Samtstoffe gekleidet und mit Anhängern und Armbändern ausgestattet, die ihren eigenen glichen. Sie versammelten sich alle und schauten zu, wie Miriam sich näherte. Als sie den Tempel erreicht hatte, bildeten die Frauen einen Kreis um sie und jubelten ihr zu. Sie wußte, daß sie ihr Zuhause gefunden hatte.

Die begabte Autorin dieser Geschichte konnte sie zunächst gar nicht annehmen. Ihr war, neben einer weiblichen Verkörperung ihres höchsten Selbst, das Buch ihres Lebens offenbart worden.

Sie fand die Geschichte »abgedroschen«, »nichts Besonderes«. Doch in Wahrheit hatte sie seit ihrem zehnten Lebensjahr nur drei Geschichten geschrieben. Die erste war einige Jahre zuvor unter sehr außergewöhnlichen Umständen entstanden, und da niemand ihr etwas Positives dazu gesagt hatte, hatte sie sie verworfen. Die zweite Geschichte hatte sie in einem Märchenworkshop im Monat davor geschrieben. Sie versuchte zu akzeptieren, daß ihr urteilendes Selbst sich die Geschichte gar nicht anhören konnte, weil es so stark damit beschäftigt war, sie vor dem Schmerz einer weiteren Zurückweisung zu beschützen.

Ganz gleich, welche Art von »Architektur« in Ihren Geschichten auftaucht, betrachten Sie sie als Darstellung Ihres Selbst und beschreiben Sie sie in Ihrer eigenen Sprache, dann wird sie an Energie und Lebendigkeit gewinnen. Führen Sie einen Protagonisten zu einer Hütte im Wald und erzählen Sie, was dort passiert.

Erzählen Sie die Geschichte eines wunderschönen Palastes, der durch einen bösen Zauber in eine kleine Hütte verwandelt wird. Wer kommt, um den Zauber zu durchbrechen und die Sache wieder in Ordnung zu bringen?

Schloss und Palast

Ein imaginärer Palast erweckt ein Gefühl für die ausladende Großartigkeit des Lebens. Innerhalb der Mauern eines solchen Gebäudes können Sie eine Vielfalt von Rollen und Wertvorstellungen bildlich zum Ausdruck bringen. Indem Sie sich in Ihrer Vorstellung auf die elegante Weite und die architektonische Größe eines klassischen Palastes oder seiner Gärten einstellen, fühlen Sie sich mächtig, von gewichtigen Angelegenheiten erfüllt und in der Lage, Familie und Freunde als königliche Gäste in der Schönheit und Würde dieses Reichs zu empfangen. Das unterste Stockwerk kann man sich als einen Ort vorstellen, an dem hart gearbeitet wird, an dem Spülmädchen und Küchengehilfen dem leiblichen Wohl des Königs dienen. Prinzen oder Prinzessinnen, die auf dieser niedrigen Ebene in den Palast der wahren Liebe eintreten und dort fleißig arbeiten, machen sich mit den niedrigeren Ebenen menschlicher Bedürfnisse und menschlicher Energie vertraut. Allerleirauh bleibt unten in der Küche, durch ihren Pelzmantel und den Ruß vom Ofen unkenntlich gemacht, bis sie in der Geborgenheit von Asche, Feuer und Kochtöpfen den Mut und die Kraft findet, den Weg nach oben in den glanzvollen Ballsaal ihrer wahren Liebe anzutreten. In den Artus-Sagen beginnt Gareth seine Suche nach dem Heiligen Gral im hintersten Winkel der königlichen Küche.

Die unteren Regionen des Palastes sind dunkel, arbeitsam und lustvoll; die Gärten sind weit ausladend, strahlen Ordnung und Schönheit aus; die oberen Kammern leuchten von himmlischen Tänzern und hallen wider von den Befehlen der Majestät und Macht. Ob in diesen Räumlichkeiten Weisheit oder tyrannische Willkür herrscht, wird im Lauf der Geschichte entdeckt. Allerleirauh war vor den gebieterischen Begierden ihres Vaters geflohen, um ein Königreich zu suchen, in dem sie besser leben konnte. In vielen erhabenen alten Geschichten sind diese oberen Kammern von himmlischer Weisheit durchdrungen. Wenn eine junge, aufwärtsstrebende Seele in diesen Bereich gelangt, beginnen ihre Kleider mit den Eigenschaften von Sonne, Mond und Sternen nach innen zu strahlen. Als Allerleirauh diese Ebene des Mutes und der Selbsterkenntnis erreicht, wirft sie ihren Pelzmantel ab, um mit ihrer fürstlichen Liebe auf göttliche Weise zu tanzen. Indem Sie die Hand nach Ihrer eigenen inneren »Tafelrunde« oder Ihrem eigenen Ballsaal ausstrecken, wird in der königlichen Struktur Ihres Seelenlebens die Schwere der irdischen Existenz für eine gewisse Zeit abgestreift. Sie können sich ausmalen, wie Sie aus den dunklen Kerkern und den trüben, dampfigen Küchen der körperlichen Funktionen zu einem Gefühl des freien Raums oder des himmlischen Entzückens und der göttlichen Einheit erhoben werden.

Anläßlich des fünfundsiebzigsten Geburtstages ihrer Mutter setzte sich eine Malerin hin, um ein Märchen zu schreiben. Die Feier sollte in zwei Stunden beginnen. Seit Tagen hatte sie sich gefragt, ob sie ihrer Mutter etwas schenken könnte, das ihrer eigenen Phantasie entstammte. Der Anfang war das Schwerste, aber beim Schreiben schien die Geschichte dann fast wie von selbst aus ihr herauszuströmen. Ihre Geschichte handelte von einer edlen Prinzessin, die zu ihrem Geburtsschloß zurückgekehrt war, um es von einer Hexe zu befreien, die sich seiner bemächtigt hatte. Trotz ihrer gewohnheitsmäßigen Schüchternheit war ihre Begeisterung, selbst eine Geschichte erfunden zu haben, so groß, daß sie sie auf der Geburtstagsfeier vor mehreren Familienmitgliedern vorlas. »Du meinst, ich sei keine Königin?« wandte die Mutter ein. »Nein. Dein Vater und deine Mutter waren König und Königin«, antwortete die Tochter. Für beide war das ein sehr besonderer Augenblick. Irgend etwas schmolz im Herzen der alten Mutter, und sie lauschte der Geschichte ihrer Tochter wie ein Kind. Sie war in der Lage, der Geschichte ihr Herz zu öffnen.

Bald hatte die Malerin ein Bild vom Schloß nach seiner Befreiung vom dunklen Zauber gemalt. Die schöne Prinzessin stand strahlend davor. Über ihre Geschichte sagte die Malerin:

»Endlich konnte ich meiner Mutter etwas schenken, was dem Teil von ihr, den ich auf meinen Schultern getragen hatte, half, erwachsen zu werden. Im Lauf der Jahre war sie immer schwerer geworden. In ihrer Kindheit hatte meine Mutter eine bestimmte Art von Nahrung nicht erhalten, und so konnte sie sie auch mir nicht geben. Beide Eltern waren gestorben, als sie noch sehr jung war. Ich hatte mir lange den Kopf darüber zerbrochen. Jetzt hatte ich eine Möglichkeit gefunden, sie als frisch und gut zu sehen, als vollkommen in der Lage, die dunklen Schatten ihrer Kindheit zu überwinden. Das Schloß der Geschichte war wie ihr Kopf. Jetzt konnte ich mir vorstellen, wie es voll Dunkelheit gewesen war und wie die Dunkelheit hervortreten und buchstäblich in etwas Wunderschönes verwandelt werden konnte.«

In ihrer Geschichte wurde die Hexe in eine Steinbrücke im Schloßgarten verwandelt. Die Brücke bildete einen nützlichen Bogen über den Goldfischen, die in den Wassern des Schloßgartens schwammen. Die edle Prinzessin konnte mit ihren Freunden über die Brücke gehen. Eine Tat war vollbracht worden – es hatte auf einer sehr tiefen Ebene einen Durchbruch gegeben. Die Malerin war für das bekümmerte Kind in ihrer Mutter eine weise Geschichtenmutter geworden und hatte ermutigende Bilder gefunden, um ihnen beiden beim Umgang mit ihrem Leid zu helfen.

»Meine Gedanken in bezug auf ihr inneres Kind sind wohlwollend. Durch die Geschichte ist die böse Hexe in ihre Schranken verwiesen worden. Ich habe jetzt in bezug auf unsere Beziehung ein sehr viel runderes Gefühl. Es ist wunderschön, meine Mutter auf diese Weise berühren zu können, und ich glaube, daß sie jetzt erkennt, wie sehr ich sie als Kind geliebt habe.«

Ein Mann, der hauptsächlich seiner Freundin wegen einen Puppentheaterkurs besuchte, ließ eine seiner Geschichten in einem Palast beginnen. In diesem imaginären Palast setzte er sich mit seiner Hauptfigur hin, einem bärtigen, leicht kurzsichtigen Prinzen, der immerzu in einem großen Buch las. Die Aufgabe war, seinen Protagonisten nach der Überwindung von drei Hindernissen schließlich in Sicherheit zu bringen. Nach dem anfänglich etwas widerwilligen Schauspielern mit seinem gelehrtenhaften Protagonisten begann er plötzlich, sich zusammen mit seiner Puppe auf mysteriöse Art und Weise zu schütteln. Darauf folgten erstaunliche Begebenheiten. Zu seiner eigenen großen Überraschung berichtete er uns, daß eine Palastrevolution im Gange sei.

Eine Zeitlang suchte der Prinz in seinem Buch nach einem Hinweis, wie er dem Aufstand beikommen könne. Doch bald erkannte er, daß nirgendwo für ihn passende Ratschläge aufgeschrieben waren und daß er bald um sein Leben fliehen mußte. Er rannte durch die vielen Säle seines Regierungssitzes. Schließlich entkam er durch eine Hintertür und eilte einen kleinen Weg hoch, der hinter dem Palast lag. Der erste Mensch, dem er draußen begegnete, war ein alter, weiser Mann, der auf einem Berg lebte, den einer der höchsten Stühle im Prinzenreich darstellte. Als der Prinz den alten Weisen endlich dazu gebracht hatte zu sprechen, sagt dieser drei Worte: »Folge deiner Glückseligkeit.«

Diese Worte bereiteten dem Prinzen großen Kummer, und er ging hin und brach unter etwas zusammen, das, wie der Erzähler uns versicherte, ein Baum sein sollte. Lange schüttelte er traurig den Kopf, beklagte sich über den seltsamen Rat des weisen Mannes und beteuerte, wie unmöglich es für einen Deprimierten sei, diese Worte überhaupt begreifen zu können. Nach einer Weile jedoch, da die Aufgabenstellung ja von ihm verlangte, daß er weitermachte, erzählte er uns, daß ihm ein Stück Obst auf den Kopf gefallen sei und ihn auf seltsame Weise geweckt habe. Bald traf er auf einen Tiger, der ihn aber nicht auffressen konnte, weil er nun so aufmerksam war. Dann konnte er einem Erdrutsch ausweichen. Mit diesen neuen Kräften versehen kehrte er schließlich in seinen Palast zurück, in dem er sich nun sicher fühlte. Er sagte uns, daß er jetzt nach innen blicken und in sich selbst alles lesen könne, was er wissen mußte.

Danach spottete er: »Die Geschichte hat keinen besonderen Eindruck auf mich gemacht.« Seine Freundin, eine nette, geduldige Frau, sagte, daß er sich jahrelang geweigert hatte, sich in irgendeiner Weise zum Beispiel auf Meditation einzulassen, obwohl sie wußte, daß er es insgeheim wollte. In seiner Freizeit zog er es vor, fernzusehen oder sich mit seiner Arbeit zu beschäftigen und zuviel zu essen. Nachdem sie dieser Geschichte beigewohnt hatte, wußte sie mehr über sein heimliches, inneres Leben. Ihr wurde schmerzhaft bewußt, daß alle Elemente seiner Geschichte echte und authentische Anteile seines Selbst waren.

In einer anderen Sitzung ließ er seine Geschichte in einem Eisschloß stattfinden, das von »einem kleinen, blauen Kerlchen« bewohnt war. Als wir später über diese und andere Geschichten sprachen, sagte er:

»Es ist beängstigend und peinlich, wenn ich höre, wie ich mich in Geschichtenbildern darstelle. Die Puppen haben die Macht, meine Situation in Metaphern zu fassen. Ich wußte, daß der blaue König im Eisschloß meine eigene Situation repräsentiert und daß ich mich damit offenbare. Ich fühlte mich nackt, exponiert. Für einen Augenblick war ich mir selbst besser sichtbar. Durch die Geschichte wurden Sprache und Verstand umgangen. Ich begriff, daß niemand wirklich mit mir zusammensein oder mich erreichen kann.«

Er versteckte sich hinter seiner üblichen Abwehr, auch wenn diese nur einen kleinen Teil seines eigentlichen *modus vivendi* ausmachte. Seine Freundin bat ihn sanft, sich seine Geschichte noch einmal anzuhören. Sie sagte ihm, daß sie sich, wenn er sich auf dieser Ebene ausdrückte, zu ihm und zur Energie, die das Geschichtenerzählen ihm verlieh, sehr stark hingezogen fühlte. Er bestand darauf, daß seine Geschichte, auch wenn er sich hin und wieder an sie erinnerte, einfach nicht in sein Leben paßte.»Solange ich mit dem Fernsehen zufrieden bin, mein Gewicht in einem einigermaßen vernünftigen Rahmen halte und genügend Geld verdiene, interessiert mich alles andere eigentlich nicht.« Gemeinsam betrachteten sie seine massive Abwehr, bis das Eisschloß zumindest für eine Weile einschmolz und sie zusammen in schallendes, wissendes Gelächter ausbrachen.

Stellen Sie sich ein riesiges Gebäude voll Wärme und Schönheit oder aber voll eisiger Kälte vor. Stellen Sie sich jemanden vor, der dort lebt. Führen Sie einen Protagonisten, der auf Abenteuersuche ist, dorthin.

Erfinden Sie eine Geschichte über eine Küchenmagd oder einen Küchenjungen, die in der Küche arbeiten, bis der Zeitpunkt kommt, an dem sie ein anmutigeres Leben in den oberen Gemächern beginnen können.

WEGE, LABYRINTHE UND NEULAND

Das Gefühl, in unserem Selbst »verloren«, ohne Orientierung oder angemessene Führung zu sein, kennen wir alle, besonders wenn wir einen Schritt in Neuland welcher Art auch immer tun. Immer dann, wenn man vorwärtskommen muß, ob zu Land oder auf See, muß man einen Weg finden oder sich vielleicht einen bahnen, und sei es durch Wald und Gestrüpp. Das Vorwärtskommen erfordert eine Intention, ein Ziel, eine Berufung – aber in der Geschichtenwelt, wie im wirklichen Leben, mag zunächst nur ein kleines bißchen Führung erkennbar sein oder auch gar keine. Vielleicht sind alle Wegweiser mit Moos zugewachsen oder von Wind und Wetter verwischt. Wir haben vielleicht das Gefühl, daß wir unsere Verzweiflung oder unsere Unsicherheit vor uns selbst und vor anderen verbergen müssen. In einer Geschichte mag ein Wanderer ganz offen von seinem Kummer singen oder sprechen, und mitten im Weinen oder Singen mag an die Stelle der Hoffnungslosigkeit plötzlich ein Gefühl großer Entschlossenheit treten. Dann stellt er unter Umständen fest, daß der richtige Weg nach vorn bereits unter seinen Füßen liegt. Vielleicht erscheint plötzlich ein Wegweiser, oder ein freundlicher Weggefährte winkt von einer Wegbiegung. Indem wir unsere Verwirrung und unseren Kummer zum Ausdruck bringen, wenn wir manchmal feststellen, daß der Weg verbaut ist, können wir tief nach innen auf die Stimmen horchen, die unserem Protagonisten sagen, welchen Weg er einschlagen soll – oder wie er besser geduldig sitzenbleibt und auf Führung und Kraft wartet.

Einmal erzählte ich in einem Workshop eine afrikanische Geschichte, in der ein Mädchen sich tief im Dschungel verirrt und in den Bann einer Hexe gerät. Sie war auf dem Weg in ein Dorf gewesen, wo sie die Braut eines großen Häuptlings werden sollte. Von der Hexe gefangengehalten, singt sie dennoch ihre wahre Geschichte, während sie den Acker bestellt. Der Häuptling hört ihren Gesang, und als er erkennt, was ihr passiert ist, setzt er seinen stärksten Zauber ein, um die Hexe zu vernichten und das Mädchen aus ihrer dunklen Macht zu befreien. Schließlich findet die Hochzeit unter großem Jubel statt.

Ich bat die Gruppenteilnehmer, jeweils ihre eigene Fassung dieser Geschichte zu erfinden. Bei der nächsten Sitzung platzte eine junge Mutter ins Zimmer und strahlte vor Glück. Endlich war es ihr gelungen, eine eigene Geschichte zu erfinden. Sie erzählte, daß sie befürchtet hatte, nie etwas anderes erzählen zu können als eine Geschichte aus einem Buch, obwohl ihr kleiner Sohn von ihr als Erzählerin mehr Kreativität brauchte. Ihre Geschichte handelte von einer jungen Nachtigall, deren Mutter sie dazu ermutigte, sich zu einer fernen Wiese zu begeben, wo die Große Nachtigall auf sie wartete.

Auf diesem Jungfernflug mußte sie ein großes Dickicht überqueren, in dem der schöne Vogelgesang in Vergessenheit geraten war. Dieses Gebiet wurde von einem bösartigen Falken überwacht.

»O Mutter, bin ich denn bereit für eine solche Reise? Ich habe erst kürzlich meine Flügel ausgestreckt und Anmut in meinen Gesang gebracht.«

»Du mußt dich nur an die Segel des Großes Windes hängen, daran denken, die Leichtigkeit deines Gesangs im Herzen zu bewahren, und darauf vertrauen, daß sie dich über die Baumspitzen trägt.«

An diesem Abend versammelten sich die Tiere der kleinen Wiese unter dem Mond, um ihre Geschichten vom Vergehen der Zeit zu erzählen und der Nachtigall ihre Abschiedswünsche mitzugeben. Sie war überrascht, wie weit sie fliegen konnte und wie mühelos sie sich bewegte. Bald wichen Farbe und Duft der Wiese dem tiefgrünen Dunkel und den schweren Walddüften des großen Dickichts. Es dauerte nicht allzulange, bis sie in der Luft über sich eine Turbulenz hörte. Sie war aber so bezaubert von der schlichten Grazie ihres Gleitens, daß ihre Gedanken nach kurzer Zeit wieder zu ihrer Reise zurückkehrten. Doch abermals bebte der Wind, und die Nachtigall stockte in ihrem Flug. Sie sackte auf beunruhigende Weise ab; aber gleichzeitig erinnerte sie sich an die Worte ihrer Mutter, und so übergab sie ihr Vertrauen dem Wind und der Leichtigkeit des Gesangs in ihrem Herzen.

Das Licht, das durch die Bäume schimmerte, verdunkelte sich, und der Schatten einer bedrohlichen Gestalt warf sich über sie; sie spürte, wie sie immer tiefer sank, bis sie den Waldboden berührte. »Du glaubtest, deinen Weg bis zur Wiese machen zu können, die zu meinem Herrschaftsgebiet gehört, und dich der

Großen Nachtigall anschließen zu können, um dort das Glück hinzubringen. Niemals! Denn da ich nun dein Lied gelernt habe, werde ich an deiner Statt gehen. Deine Große Nachtigall wird von der Süße meines Gesangs so geblendet sein, daß sie mich in ihr Nest einladen wird. Und dann werde ich sie zerstören und die Wiese wieder in jene Öde zurückführen, die meinen Zwecken so dienlich ist.«
Es war Abend, als der Falke den Rand des Dickichts erreichte. Um diese Tageszeit war er immer in Höchstform. Er bearbeitete mit seinen Klauen einen Ast, und mit verächtlichem Selbstvertrauen ahmte er das Lied der jungen Nachtigall nach.
Die Große Nachtigall, vom Schlaf erwacht, ließ sich auf einem Ast nieder, um ihre Liebe zu begrüßen. Ihr eigener Gesang war zutiefst angesprochen.»Junge Nachtigall, endlich bist du gekommen. Wie ist doch mein Herz von deinem Gesang erfüllt. Morgen, wenn Sonne und Mond am Himmel gleichstehen, wirst du dann zu mir in mein Nest kommen? Schlaf gut, süßer Gesang. Wenn die Sonne aufgeht, werden wir wieder zusammen sein.« In der Zwischenzeit tat der Falke, stolz auf den Erfolg seines Betrugs, als schliefe er.

Im weiteren Verlauf der Geschichte hörte die Große Nachtigall schließlich das kleine Lied ihrer wahren Liebe. Dem Gesang folgend, kam sie ihr immer näher, als wäre sie von einem Magneten im Herzen gezogen. Als sie den Betrug des Falken erkannte, stieß die Große Nachtigall mit dem Falken dreimal auf dessen eigenem Boden zusammen. Obwohl der Falke auf einem mächtigen Wind emporschwebte, begegnete ihm das süßeste, sanfteste Lied der Großen Nachtigall. Und dieser mächtige Wind wandte sich gegen den Falken und stürzte ihn auf ewige Zeiten in Verderbnis und Morast.

Als am Ende der Geschichte die junge Nachtigall und die Große Nachtigall vereint waren, hatte die Frau ihre eigenen wunderbaren Kräfte der Phantasie unversehrt wiedergefunden. Sie hatte eine Öde in sich selbst überwunden.»Zusammen«, schrieb sie,»brachten sie der Wiese den Gesang wieder, für ihre Generation und für alle Generationen, die ihnen folgten. Amen.«

Stellen Sie eines Ihrer wichtigen persönlichen Ziele als einen verborgenen Ort dar, zu dem jemand eine lange verschollene Karte findet.

Lassen Sie in einer Geschichte ein sehr kleines Zeichen, eine sehr kleine Öffnung zu einem Ort großer Geborgenheit, liebevoller Wärme und absoluten Verständnisses führen.

Erzählen Sie in einer kleinen Gruppe oder mit einem anderen Menschen zusammen von einer Figur, die sich verirrt hat, und lassen Sie die anderen die Zeichen liefern, die Ihrer Figur dabei helfen, den Weg zu finden.

Treten Sie wie Theseus in ein Labyrinth ein und bezwingen Sie das Ungeheuer, das in seiner Mitte lebt. Lassen Sie sich von einem goldenen Faden wieder sicher aus dem Labyrinth hinausführen.

AUF HOHER SEE

Wenn man sich auf hohe See begibt, sei es im wirklichen Leben oder in einer Geschichte, so ist das gleichsam eine salzige Geburt. Wenn unser Blut wachgerüttelt ist, kann es uns vorkommen, als würden wir auf pulsierenden Wellen emporgetragen, die uns in neue Richtungen treiben. Während wir im Mutterschoß heranwuchsen, waren wir von einem sicheren Hafen umgeben, bis ein reißender Strom uns ins Abenteuer hinausspülte. Wenn Sie sich als ein Boot vorstellen, mit einem Mast wie die Wirbelsäule eines Menschen, das vor Anker liegt oder in eine Flaute geraten ist und dann plötzlich von äußeren Umständen angetrieben wird und nach vorn prescht, dann stellen die »Segel« Ihre Stärke dar, während Sie die innere Orientierung finden und vorwärtsdrängen. Der »Kiel« dient ihnen als Gleichgewichtsmesser. Das »Ruder« ist ein Bild Ihres Willens, unter der großen, heiligen Kuppel des Himmels den richtigen Weg in die Ferne oder wieder nach Hause zurück zu finden.

Die Angst und Aufregung während eines Sturms auf hoher See oder dessen Gegenteil, dem Festsitzen in stagnierendem Wasser, sind jeweils Ausdruck von sehr unterschiedlichen Energiezuständen: Gefühle der Entropie oder der Apathie. Ein rauher Sturm könnte Ihr kleines Schiff zum Kentern bringen und Sie dabei von unnötigem Ballast oder anderen Bürden befreien. Das Herz oder den Kopf von überschüssigem Ballast zu befreien, und sei es nur für eine Weile, schafft ein Gefühl von Freiheit und erfrischende, geräumige Perspektiven. Vielleicht erscheint dann dem schiffbrüchigen Seemann eine Insel von großer Schönheit – ein Ufer, an dem neue und wichtige Abenteuer auf ihn warten. Ein Boot, das in einer Flaute liegt, kann darauf hinweisen, daß neue Kraft aus irgendeiner verborgenen Quelle kommt. Wenn es ziellos umhertreibt und sich weder vorwärts noch rückwärts auf irgendein klares Ziel zubewegt, ist das ganze Boot in negativer Energie und Zweifel gefangen – aber plötzlich mag es einen Auftrieb bekommen. Vielleicht wird es auf dem gutmütigen Rücken eines Walfisches emporgehoben und mit einem Schwung nach vorn getragen. Oder vielleicht singen eifrige Delphine am Dollbord, die ihre Führung und Hilfe anbieten.

In Geschichten kann sich ein Segelboot in einen Fisch verwandeln wie den, der Jonas im Sturm schluckte und ihn viel schneller und entschlossener dorthin brachte, wo er hinmußte, als das Boot, in dem er seine Reise begonnen hatte. Oder ein Beförderungsmittel könnte sich plötzlich in einen großen Kranich oder einen geflügelten Drachen verwandeln, der Sie über das Wasser trägt. Vielleicht verleiht ein Greif, der teils Adler, teils Löwe ist, Ihrer Reise seine wilde Kraft. Vielleicht erscheint ein hilfreiches Boot oder ein Heiliger, der über das Wasser gelaufen kommt. Was immer vom Meer geschickt wird, wird im Laufe der Geschichte zu einer Offenbarung. Während der mythischen Reisen früherer Zeiten sind Heilige und Engel, Götter und Göttinnen den Tiefen des Meers entstiegen, um würdige Reisende zu retten. Ob die Befreiung von einer derart erlauchten Figur kommt oder von einem kleinen Fisch, der plötzlich in eine andere Richtung davonspritzt, in solchen Erzählungen oder Episoden, die auf den großen, salzigen Meeren des Lebens spielen, steckt eine urwüchsige Lebendigkeit. Indem Sie sich für die Verbindung öffnen, die zwischen den Flüssigkeiten Ihres Körpers und den

Meeren und Ozeanen dieser Erde besteht, wird Ihnen Ihre Phantasie die Wahrheit zeigen, die zwischen beiden hin- und herfließt.

Eines Abends bat ich die Teilnehmer einer Geschichtengruppe, ihren Protagonisten auf eine Reise übers Wasser zu führen. Als sie im Kerzenlicht ihre Geschichte niederschrieb, war eine sehr kompetente Frau, die dennoch seit ihrer Kindheit keine Geschichte geschrieben hatte, von dem mächtigen, geheimnisvollen Gefühl der Bewegung überwältigt, das sie beim Schreiben erlebte.

Sie tauchte ins Wasser und landete auf einem großen, glitschigen Gegenstand, der sich bewegte – er war lebendig. Sie hatte furchtbare Angst. Das Ding bäumte sich auf und warf sie und die kleine Barke ins Wasser. Der Fisch war riesig und hatte rote Augen, die sie anschauten. Er wendete, tauchte ins Wasser und tauchte wieder auf. Sie stieg wieder auf das Skiff, und der Fisch schwamm ihr voraus; das Skiff fuhr in seinem Fahrwasser.

In der Geschichte dieser Frau brachte der mächtige Fisch sie an ein neues, weitläufiges, aber dennoch geheimnisvolles Ufer und gab ihr eine Karte. Als sie der Gruppe die ganze Geschichte vorlas, leuchteten ihre Augen auf wunderbare Weise.

Die Frau, eine Zeitungskolumnistin, begann gerade einen neuen Lebensabschnitt, nachdem ihr jüngster Sohn ausgezogen war, um mit dem Studium zu beginnen. Sie fühlte sich einsam und ängstlich, aber sie hatte geträumt, daß sie mit vielen netten Begleitern auf einer Klippe mit einem weiten Ausblick zum Meer hinunterlief. Eines Morgens kurz nach diesem Traum, tauchte sie, während die anderen in der kleinen Gruppe, die ihr vertraut geworden waren, an ihren eigenen Geschichten schrieben, in die Bilderwelt einer Geschichte hinab. Das Thema an diesem Morgen war das Vorwärtsgehen trotz großer Widrigkeiten, um schließlich ein Geschenk zu empfangen.

Jetzt geht's los! Während ich ins Meer tauche, spüre ich, wie das reine Wasser meine müden Schultern und meinen verspannten Nacken entspannt. Meine Füße werden gekitzelt. Bald sind alle meine Sinne angesprochen, und ich werde maßlos verwöhnt. Während ich hinabtauche, fühle ich mich wegen der Fremdheit des Wassers durcheinander. Seine Weichheit umarmt mich auf völlig andere Weise als das harte Wasser der Dusche bei meinen Eltern oder der sehr schwache Wasserdruck bei mir, wo das Baden und Duschen so wenig Spaß macht. (Hauptsächlich deshalb, weil die Jungs mit ihrer langen Duscherei das ganze warme Wasser aufbrauchen!)

Ich treffe eine herrliche Meerjungfrau, die mir sagt, daß ich hier bleiben soll. Ich darf nicht in die alten, rauhen Gewässer zurück; ich gehöre hierher. Ich weine und weine und schwimme und weine. Ich bin doppelt geläutert. Mein Gesicht ist von den fürsorglichen Meereswassern und den Wassern meiner Tränen benetzt. Ich tauche durch Fluten des Zweifels hinab. Je tiefer ich hinabtauche, desto mehr bin ich allein. Merkwürdigerweise fühle ich mich aber auch glücklicher. Auf der untersten Ebene gibt es einen Wasserstrudel. Die Meerjungfrau sagt mir, ich brauche keine Angst davor zu haben. Sie sagt, er werde mich sanft in einen neuen Raum befördern. Mein Geschenk liege auf dem Boden des Wasserstrudels.

Ich will aber nicht in den Wasserstrudel hinabtauchen. Ich wehre mich dagegen. Die Meerjungfrau schwimmt ganz dicht an mich heran. Ihre Augen sind den meinen so nahe, daß ich nicht klar sehen kann. Sie blickt einfach in mich hinein. Keine Fragen. Schließlich fragt sie mich, was ich im Wasserstrudel sehe. Ich sage ihr, daß all die Gesichter, die von den kleinen Wellen gebildet werden, den Strudel in einen alles verschlingenden Wirbel verwandeln werden, falls ich da hineintauche.

»Wem gehören die Gesichter?« fragt sie.

»Meinen Eltern. Sie sind beide so kalt. Die anderen kalten Gesichter gehören meinem Bruder, meinem Ex-Mann, meinen Kindern. Sie wollen nicht, das ich das Geschenk empfange.«

»Willst du es denn?«

»Ja, o ja. Ich weiß schon, was es ist.«

»Natürlich weißt du es. Du weißt schon lange, was du brauchst. Du hast Angst gehabt, hineinzutauchen und es für dich zu beanspruchen. Jetzt ist es an der Zeit.«

»Wie kann ich sie daran hindern, mich in ihren tödlichen Wirbel hineinzuziehen? Wie kann ich an ihnen vorbeischwimmen? Wie kann ich durch ihre Fluten der Ablehnung hindurchkommen?«

»Ganz leicht. Ich schwimme vor. Folge mir nach. Keine Zurückhaltung mehr.« Und mit außerordentlicher Anmut tat sie genau das.

Ich schwamm an meinem Vater vorbei. Er war sprachlos. Die Wut meiner Mutter hatte gar keine Zeit, an die Oberfläche zu kommen. Den anderen gegenüber fühlte ich mich undurchlässig. Sie alle hatten einen bläulichen Farbton im Gesicht. Doch meine Wasser waren warm und honigartig.

Die Meerjungfrau rief zu mir zurück: »Öffne deine Poren!«

»Sie sind schon offen.«

»Nein, das sind sie nicht! Schließe deine Augen ganz fest und konzentriere dich darauf, deine Poren zu öffnen. Für den letzten Abstieg mußt du völlig geöffnet sein.«

Ich versuchte, mich an ihre Anweisungen zu halten. Ich öffnete meine Poren und entspannte mich. Als ich mit meiner Hand den Meeresgrund ertasten konnte, fand ich sie: eine kleine, wunderschön eingeätzte Glasflasche, indigoblau, lila und petrolgrün gefärbt. Darauf war mein Name geschrieben. Die Meerjungfrau bedeutete mir, sie in die Hand zu nehmen.

»Was mache ich denn damit?«

»Nach Hause schwimmen, du dumme Gans.«

»Kommst du mit?«

»Nein, das hier ist mein Zuhause. Aber ich möchte, daß du mich jederzeit besuchst oder mich in deinen Träumen anrufst.«

Fast hätte ich sie gefragt, ob mit mir denn alles gutgehen würde. Aber im Grunde wußte ich, daß das so war. Ich hatte immer noch Angst, war traurig und verwirrt, aber jetzt hatte ich Hoffnung geschöpft. Ich war mit Hoffnung erfüllt.

Als ich an den Wasserstrudel kam, waren die Gesichter eingefroren. Sie waren dort, mitten im Wasser, zu Eisbergen gefroren. Jetzt wußte ich, daß sie mich nicht mehr verletzen konnten. Furchtlos zog ich schwimmend anmutige Schleifen um ihre starren Formen. Dennoch spürte ich, daß meine neuen Gefühle auf

die Probe gestellt werden sollten. Ich hoffte, der Inhalt der Fla-
sche würde mir dabei helfen.

Ich schwamm immer weiter, bis ich an die Oberfläche tauch-
te. Ich stieg aus dem Wasser und hielt die Flasche ins Mondlicht,
so daß ich das Etikett lesen konnte. Darauf stand geschrieben:
»Jedesmal, wenn dir der Glaube an dich selbst fehlt, reibe den
Inhalt über alle offenen Poren. Mach dir keine Sorgen, wenn du
alles auf einmal aufbrauchst. Der Inhalt wird sich automatisch
erneuern.«

**Führen Sie ein Kind oder zwei Kinder oder eine ganze
Schar von Kindern auf eine Reise über das Meer, um
nach ihren spirituellen Führern und Lehrern zu suchen.**

**Stellen Sie sich eine idyllische Insel und ein seetüchti-
ges Boot vor. Auf dem Weg zu dieser Insel begegnen Ihre
Geschichtenfiguren ernsthaften Widrigkeiten, die es zu
überwinden gilt. Sobald sie auf ihrer besonderen Insel
ankommen, können sie in aller Ruhe alles lernen, was sie
wissen wollen, oder sie können genau die Schätze und
Geschenke entgegennehmen, nach denen sie immer gesucht haben.**

KAPITEL 4

Die Reise durch die Elemente

Offensichtlich gibt es an diesen Bildern der Initiation irgend etwas, was für die Psyche dermaßen wichtig ist, daß sie sich, falls sie nicht von außen durch Mythos und Ritual geliefert werden, immer und immer wieder von innen melden.

Joseph Campbell: *Der Heros in tausend Gestalten*

FEUERPROBEN: FLAMMENTAL, FEUERMEER

Die schöpferischen Kräfte werden immer dann stimuliert, wenn wir dem großen Unbekannten begegnen. Ein bewährter Märchen- und Geschichtenablauf führt den Protagonisten systematisch durch die vier geheimnisvollen Reiche der Erde, der Luft, des Wassers und des Feuers. Jedes Reich symbolisiert eine Prüfung, die erfolgreich bestanden werden muß. Der Held, der tapfer auszieht, um ein großes Ziel zu erreichen, kann plötzlich in einen feurigen Abgrund stürzen oder an dessen Rand steckenbleiben. Um sich aus dieser unheilvollen, von Hitze und Aufruhr gekennzeichneten Gegend zu befreien, ist meistens Hilfe erforderlich. Als Dante in die Geographie des Infernos und des Purgatoriums hinabtauchte, führte ihn sein starker und sanfter Führer auf sicheren Wegen, um ihm die Wahrheit dessen, was er dort sah, zu offenbaren. Augen, die offener waren als die seinen, konnten die Bedeutung der Feuer in jenen Bereichen erkennen. Natürlich muß man in seinen eigenen Geschichten das, was die läuternden Sphären des Feuers bewohnt, keineswegs mit der unglaublichen Ausführlichkeit Dantes beschreiben.

Unsere physischen und emotionalen Körper weisen Bereiche auf, die sich zu feuriger Intensität erhitzen können. Alle möglichen Begierden oder auch Gefühle wie Eifersucht, Neid, Arroganz, Angst haben eigene Hitzegrade und eigene Regungen. Wie Dante können wir Führer heraufbeschwören, die unseren Figuren den Weg weisen, wenn sie sich in die Tiefen der Begierde hinabbegeben. Wir können uns einige Bewohner dieser Bereiche vorstellen, die dort gefangengehalten werden, und sie in unsere Geschichten einbauen. Unsere kindhafte innere Vision nimmt deren Wirklichkeit wahr. Als Parzival das Fohlen bestiegen hatte, das den Weg zur Gralsburg wußte, mußte er an flammenden Bäumen und einem See voller Drachen vorbeiziehen. In *Das singende springende Löweneckerchen* sagt der Südwind zur jüngsten Tochter, die ihren verzauberten Liebhaber sucht: »Die weiße Taube habe ich gesehen, sie ist zum Roten Meer geflogen, da ist sie wieder ein Löwe geworden und steht dort im Kampf mit einem Lindwurm.« Das Rote Meer steht als Bild für das schöne, wilde Blut des Mädchens. Auf seiner Suche nach der verlorenen Liebe wird dem wunderschönen Mädchen erstaunliche Hilfe zuteil. Die Figuren Ihrer Geschichten, die sich der Feuerprobe unterziehen, bei der das Blut erhitzt wird und die Vernichtung droht, werden mit großer Wahrscheinlichkeit gestärkt daraus hervorgehen, wie Metall, das durch den Sieg und die Gnade des sicheren Durchgangs gehärtet wird.

Wenn Sie Prüfungen und Schwierigkeiten als Herausforderungen annehmen, wird Ihre Phantasie Ihnen zu Hilfe kommen. Sie wird Ihnen helfen, die feurigen Zonen zu erkennen, die Sie möglicherweise daran hindern, Ihre wahren Ziele zu erreichen. Über Ihre Phantasie werden Sie erstaunliche, hilfreiche Kräfte entdecken, die es verstehen, mit diesen Feuern umzugehen und sich auf ungefährliche Weise ihrer zu bedienen. Falls Sie sich noch nicht imstande fühlen, sich all der feurigen Energie, die in Ihnen stecken mag, zu bedienen und sie zu verwandeln, können Sie sich diese trotzdem in der Geographie und Handlung Ihrer Geschichten vorstellen. Mit Hilfe Ihrer erzählerischen Phantasie können Sie einen neuen Blick auf die Lebenskräfte werfen, die, falls sie unerlöst bleiben, Leiden und Tod bringen, sich aber auch in große Freude und großes Wohlergehen verwandeln können.

94

Stellen Sie sich in einer Geschichte das »Fegefeuer« als Feuermeer oder Flammental vor. Treten Sie ins Feuer, um einen wertvollen Menschen zu retten, der dort gefangengehalten wird, oder ein kostbares Ding hervorzuholen, das dort verborgen ist.

Konzentrieren Sie sich auf eine feurige Emotion, gegen die Sie oder jemand, der Ihnen nahesteht, ankämpft, wie etwa Eifersucht oder Wut. Erfinden Sie eine Figur, die die Emotion verkörpert, mit der Sie sich beschäftigen wollen. Lassen Sie die Funken fliegen, wenn diese Figur einer anderen begegnet. Übertreiben Sie alles, was sich während des Kampfes abspielt, denn am Ende Ihrer Geschichte werden beide Figuren zu neuen Erkenntnissen gelangt sein.

LUFTPROBEN: SCHÖNHEIT, LACHEN UND DAS GROSSE JENSEITS

Die Luft ist ebenfalls ein Bereich großer Prüfungen. Wenn Sie Ihr luftiges Selbst befreien, haben Sie oft, zumindest eine Zeitlang, ein Gefühl goldener Freude. In der Bildersprache der Geschichten gibt uns die Luft die weitläufige Freiheit, alles zu erforschen und mit allem zu kommunizieren, was oberhalb von uns liegt – die Winde, die Höhen, in denen die Vögel fliegen, Devas und Feen jeder Art, Regenbogen, Engel, sogar Planeten und entfernteste Fixsterne.

Plötzliche großzügige Erweiterungen des Geistes oder des Herzens mögen als weite Reisen durch die Lüfte dargestellt werden, wie jene, die der gestiefelte Kater zu machen vermochte, wenn er die richtigen Schuhsohlen unter den Füßen hatte. Oder vielleicht entrollt sich vor Ihrem inneren Auge plötzlich ein Zauberteppich, auf dem Reisende in Ihrer Geschichte sanft in seltsame neue Welten gleiten. Ein besonders hoher Flug könnte ein Gefühl vom Leben nach dem Tod vermitteln, in dem vielleicht große, außerkörperliche Forschungsreisen unternommen werden, die unser innerstes Selbst erneuern und stärken. Vielleicht besuchen wir die Planeten und Sterne des Tierkreises, um uns auf neue

Abenteuer auf der irdischen oder anderen Ebenen der Existenz vorzubereiten.

Geschichten, die das luftige Element erforschen, entziehen uns wohl oder übel den Boden unter den Füßen. Dadurch gleichen sie für eine gewisse Zeit ein Zuviel an Gewicht und Schwere aus oder zeigen uns Wesen, deren Leichtigkeit die anstrengende Schwerkraft der menschlichen Existenz nicht verkraften kann. Das luftige Element birgt aber auch Gefahren, da es für Menschen, die sich vom Erdboden hinwegbegeben, keinen sicheren Halt gibt, es sei denn, es wird ihnen eine übermenschliche Stütze zuteil. In seiner Geschichte *Die Lichtprinzessin* erzählt George MacDonald von einem hilflos in der Luft schwebenden, immerzu kichernden Menschenkind, das es nicht ganz schafft, zur Erde herunterzukommen. Wer länger oben bleibt, muß notgedrungen wieder sicher nach unten in eine besser verträgliche Temperatur, zu den Rhythmen des Wassers und in die magnetischen Arme der Erde geführt werden.

In der Bilderwelt Ihrer Geschichten können Sie das Leben jenseits der Erdanziehungskraft beschreiben. Die Leichtigkeit ist Ihr Geburtsrecht. In der Strahlkraft des freudigen Schwebens und des Lichts können Sie tanzen, lachen, fliegen und singen. Sie können auf den Pfaden des Windes wandeln und die Kurven des Regenbogens nachziehen. Ihre Geschichtenwelt kann mit Licht erfüllt und von den Wesen bewohnt sein, die Licht und Dunkel der unermeßlichen Weiten des Alls bevölkern.

In der Nacht, in der ihre Großmutter starb, erzählte meine Patentochter ihrer Mutter, sie hätte geträumt, daß ihre Omi geboren wurde. Sie malte ein Bild von einem Baby in einem lilafarbenen Kokon. Über dem Baby strahlte eine sehr glückliche Sonne, von zarten Wolken umgeben. So lautete ihre Geschichte:

Das Baby ist geboren.
Das Baby ist geboren.
Das Baby ist geboren.
Heute ist Omi geboren.
Die Sonne leuchtet hell auf Omi.
Die Wolken wimmeln um die Sonne.

Führen Sie in Ihrer Geschichte eine Figur auf eine weite Reise in den luftigen Raum hinaus, um nach Qualitäten zu suchen, die ihr in ihrem Leben fehlen. Finden Sie eine Möglichkeit, wie Ihre Figur mit diesen Eigenschaften zurückkehren und auch andere daran teilhaben lassen kann.

Erfinden Sie eine Figur, die es, aus welchem Grund auch immer, nicht schafft, »zur Erde herunterzukommen«. Beschreiben Sie die witzigen Mühen, die andere auf sich nehmen müssen, um den Luftikus nach unten zu holen.

WASSERPROBEN

Jede Begegnung mit einem der vier Elemente erfüllt uns mit einem Gefühl von Mut und Vertrauen. Je bedrohlicher die wäßrige Landschaft ist, die Sie in Ihrer Geschichte heraufbeschwören, desto größer muß das Können des Protagonisten sein, der sie durchfährt, und auch der Segen, der ihm zuteil wird. Der Widerstand von Wellen, Winden und Strömungen ist mit den verschiedenen Aspekten Ihres Selbst vergleichbar, die Sie erst in den Griff bekommen können, wenn Sie eine durchdringende und ausgewogene Kraft in sich selbst gefunden haben, die, sobald sie erweckt ist, den besten Weg nach vorn weiß. Große Wogen mögen drohen, uns in ihre wäßrigen Arme zu schließen, aber in ihrem Zentrum mögen auch freundliche Fische, Nixen oder Undinen verborgen sein, die ihre Strömungen kennen. Die Gezeiten mögen wechseln, wie es auch die Gezeiten in unserem Innern tun. Brausende Sturmwellen, Strudel von Energien, die nach unten ziehen, stehendes, regungsloses Wasser: Das sind alles Beispiele für Wasserproben, die ein Protagonist unbeschadet überstehen muß.

Vielleicht wird eine kleine Barke voll hungriger Kinder von einer kalten Strömung erbarmungslos auf die Insel des bösen Zauberers zugetrieben, der sich etwas von ihrer Güte einverleiben möchte. Vielleicht treibt eine warme Strömung ein kleines, zerbrechliches Boot an ein herrliches und sicheres Ufer. Vielleicht schlucken große Fische unwillige Reisende und befördern sie unter Wasser zu einer fremden Küste, an der sie – wie Jonas – dringend gebraucht werden, um den Menschen dort zu helfen. Der Frieden und die Fülle eines Binnensees können, in der Landschaft einer Geschichte wie auch in der Realität, eine willkommene Ruhe bieten, die Leid lindert. Vielleicht tragen Zugvögel den müden Reisenden problemlos über das süße, sich rhythmisch hebende und senkende Blau seines sanft wiegenden Wassers. Nachdem Hänsel und Gretel der feurigen Gier der Hexe entkommen sind, werden sie auf dem Rücken einer großen weißen Ente »über ein großes Wasser« in die Arme ihres Vaters gebracht, der auf sie wartet.

Ich hatte die Ehre, auf der Hochzeit einer sehr guten Freundin eine Geschichte zu erzählen. In einer früheren Beziehung hatte sie viel gelitten, und ich war sehr um ihr Glück besorgt. Ihren zukünftigen Mann kannte ich noch nicht sehr gut, obwohl sie ihn ihren »Prinzen« nannte. Er hatte eine Leidenschaft fürs Segeln, die sie zunächst nicht teilte. Indem ich ihn zum Prinzen meiner Geschichte machte, in der mein besorgter Geist durch meine Phantasie beflügelt wurde, öffnete ich mich immer mehr für die Wahrnehmung seiner zahlreichen positiven Eigenschaften. Der Ring, dessen Wahl meiner Freundin Schwierigkeiten bereitet hatte, wurde auch in die Geschichte einbezogen. Als ich schließlich mit dem Schreiben der Geschichte fertig war, hatte ich mich in beide Personen und auch in deren noch ungeborene Kinder verliebt.

In meiner Geschichte wuchs eine Prinzessin heran und schwamm furchtlos in »das große, salzige Meer des Lebens« hinaus. Dort wurde sie dreimal vom Fisch eines Zauberers verschluckt. Im dunklen Innern des Fisches mußte sie jedesmal sitzen und einen Schatz hüten, der dort in einer verschlossenen Schatulle lag. Viele Menschen versuchten vergeblich, sie von jenen Gewässern fernzuhalten. Ich schrieb:

Schließlich aber segelte ein verkleideter Prinz aus einem weit entfernten Königreich in ihren Hafen ein. Von der Kraft des Meeres erfüllt, zog er mit seinem breiten Boot auf Fischfang aus. Er war einer, der genau wußte, wo er den juwelenbesetzten Kiel seines Bootes ins Wasser setzen mußte und wie er am besten die Spiere bediente, damit die Segel in den besten Luftzügen tanzten. So jubelte das Land, als er auszog, und der Himmel erfüllte sich mit Licht.

Nachdem ich das geschrieben hatte, empfand ich echten Respekt vor seinem Können als Segler. Vorher hatte ich nur um das Leben meiner Freundin gebangt, falls sie, wie er hoffte, mit ihm in seinem kleinen Segelboot den Ozean überqueren würde. Ich ging nach einem alten Geschichtenrezept für eine »Wasserprobe« vor. Die Muster und der Fluß der Bilder gaben mir tatsächlich ein größeres Vertrauen in die Beziehung der beiden und in das, was sie für die Befreiung meiner Freundin bedeuten könnte. Ich richtete mich nach den alten, bewährten Regeln, und so riskierte der Prinz in meiner Geschichte sein Leben für die Prinzessin, begegnete der bösen Hexe des Wassers und löste den Zauber der verschlossenen Schatulle. Als ich bei der Hochzeitsfeier meine Geschichte erzählte, konnte ich meine Zuversicht und meine Glückwünsche für die beiden darin zum Ausdruck bringen. Es gelang mir, alle Hochzeitsgäste und auch das Land und das Meer als Teile von ihnen in meiner Geschichte darzustellen. Alle Menschen und alle Dinge verschmolzen zu einem strahlenden Bild.

Kurz darauf gab der König dem Prinzen voller Freude die Hand seiner Tochter. Das ganze Volk war anwesend, um die allgemeine Freude zu teilen. Über ihnen leuchtete der große goldene Ring. Im Wasser winkten große und kleine Fische mit ihren Flossen, sie plätscherten und spieen Wasser. In der Luft zwitscherten die Vögel auf den Ästen der Bäume, die in lichte Höhen wiesen. Als der Prinz die Schatulle hervorholte, wirbelte der Ring aus strahlendem Licht vom goldenen Himmel herunter, kreiste immer weiter nach unten und wurde immer kleiner. Und als der Prinz die Hand der Prinzessin nahm, um sie mit Küssen zu ehren, legte sich das goldene Licht als leuchtender Ring sanft um ihren Finger. So segelte der herrschende Prinz mit seiner wahren Prinzes-

sin im Glück davon, strahlend über Kummer und Leid des tiefen salzigen Meers schwebend.

Stellen Sie sich ein Kind vor, das die Eigenschaften verkörpert, die Sie am meisten schätzen. Führen Sie dieses Kind auf eine Reise wie im wirklichen Leben oder auf eine symbolische Reise, in deren Verlauf es sich einer sehr schweren Wasserprobe unterziehen muß.

Lesen Sie das Buch Jona in der Bibel. Lassen Sie Ihren eigenen unwilligen Protagonisten von einem großen Fisch verschluckt werden, in dem er an eine fremde Küste getragen wird, wo er eine bedeutende Botschaft übergeben oder eine andere wichtige Aufgabe erfüllen muß.

ERDPROBEN

Indem wir in uns selbst und in anderen auf Widerstand stoßen, werden wir gestärkt. Erdproben fördern große Geheimnisse zutage – denn dort, wo der Widerstand am stärksten und am zähsten ist, können die am besten geerdeten Formen der Liebe in Erscheinung treten. Aus gefrorenen Erdknollen und dem tiefsten Schlamm quillt das wunderschöne Leben hervor. Die Erde hält Sie, zusammen mit allen anderen Menschen und Dingen, in ihrem mächtigen Griff. Über die komplexe Mischung der Elemente in Ihrem Körper stehen Sie mit Bergen, Feldern, Wiesen, Felsen und Steinen jeder Art in Verbindung. Sie sind im Grunde ein Speicher für sämtliche Elemente.

Eine »Erdprobe« kann als lange Reise durch die dichte Materie dargestellt werden. Die Zeit vergeht langsam. In Geschichten, in denen die Bürde der Erde schwer auf einem Reisenden lastet, geht es scheinbar weder vorwärts noch rückwärts. Qualvolle Gedanken scheinen sich einer erstarrten Landschaft aufzudrücken. Ein Reiter, der in einem felsigen Paß gefangen ist, glaubt womöglich, daß er überhaupt nicht mehr herauskommt und ganz allein dort sterben muß.

Eine Erdprobe in einer Geschichte erfordert vielleicht, daß die Hauptfigur innerhalb einer bestimmten Zeit ein riesiges Feld besäen oder abernten oder ein weitläufiges Gebirge überqueren muß. Solche Bilder unheilvoll verzauberter Erde können als Aspekte unseres Selbst erlebt werden, die wir vom bösen Zauber zu befreien lernen. Durch die Dynamik Ihrer Geschichte können Sie die Liebe freisetzen – jenseits der Steine oder des Eises, die Ihre Figuren haben erstarren lassen, liegt der Boden, dem die vollkommen verwirklichte Freude entspringen kann.

Oft sind alte Geschichten und Märchen mit verzauberten Schlössern ausgestattet. In diesen Schlössern hat das, was früher einmal lebendige Materie war, jede Lebendigkeit verloren. Solche Schlösser liegen in der Landschaft, völlig isoliert, als wären sie Teil eines todesähnlichen Traums. Jeder, der sich dort aufhält, wird von einem schwerfälligen Gefühl des Unheils befallen, der lebendige Menschen und andere Wesen in Staub oder Statuen aus Stein verwandelt. Doch wahre und mutige Liebe ist imstande, den stärksten Zauber der Regungslosigkeit zu verwandeln. Nachdem ein Zauber gelöst wurde, können die Wasser wieder ungehindert rauschen und schäumen; Feuer kann aus der Asche aufflackern, und frische Luft und Sonnenlicht können in verschlossene Räume strömen. Im Märchen *Die Bienenkönigin* gewinnt der Dummling durch seine Güte die Zuneigung der Enten, Ameisen und Bienen. Danach gelangt er dank ihrer natürlichen Weisheit durch alle trüben Gänge des Schlosses zu seiner wahren Liebe und zum Sitz seiner irdischen Macht. In *Dornröschen* schreitet der Prinz, sobald der Zeitpunkt der Erlösung gekommen ist, durch die Dornenhecke wie Moses durch das Meer. Dann kann der Schlaf des Todes, in den die Prinzessin zusammen mit der ganzen Welt gefallen war, neuer Lebendigkeit weichen.

Erfinden Sie eine Geschichte, in der ein mutiger Held oder eine mutige Heldin nicht mehr imstande ist, wie ein Mensch zu atmen, zu leben und sich zu bewegen. Überlegen Sie, ob Sie selbst in einem wichtigen Bereich bewegungsunfähig sind. Vielleicht ist Ihre Familie seit vielen

Generationen im Bann eines »bösen Zaubers«. Vielleicht sind Sie innerlich einfach eingeschlafen, um dem zu entkommen, womit Sie nicht fertig wurden, oder vielleicht hat eine unangenehme Erfahrung Ihre Zuversicht und Lebensfreude gelähmt. Ein Mensch, der in eine Maschine oder eine Statue aus Stein verwandelt wird, kann ein Bild der inneren Lähmung abgeben. Ihre aufrichtige Wahrnehmung der eigenen Bewegungsunfähigkeit wird Ihrer Geschichte viel Energie geben. Befreien Sie mittels Ihrer Phantasie die »erstarrte« Energie, damit sie am Ende Ihrer Geschichte frei und von Liebe erfüllt tanzen kann.

Stellen Sie sich einen Prinzen oder eine Prinzessin vor, der oder die einsam in der Erde eingemauert leben muß. Vielleicht wurde diese Figur zur Strafe oder zur besseren Kontrolle durch mächtige Eltern in eine unterirdische Kammer gesteckt. Dort entwickelt sich in dem jungen Menschen eine große Sehnsucht nach Freiheit, Güte und Wärme. Erzählen Sie die Geschichte der Befreiung dieser Figur, als wäre es Ihre eigene Geschichte, in der Sie Ihre eigenen Kräfte und Einsichten ordnen und sich entschließen, in Zukunft etwas weiser und besser zu leben.

Erzählen Sie eine Geschichte über Mutter Erde, die im Herbst ihre Bewegungsfähigkeit verliert und sie im Frühling wiedererlangt.

KAPITEL 5

Jahreszeiten und Stimmungen

Jeder Grashalm hat einen Engel, der sich über ihn beugt
und ihm zuflüstert: »Wachse! Wachse!«
Der Talmud

DIE JAHRESZEITEN IN DER GESCHICHTENWELT

Der Fluß der Jahreszeiten folgt geheimnisvollen und tiefen Gesetzen: Ihre Geschichten werden von einer natürlichen Antriebs-
kraft getragen werden, wenn sie eine Verbindung mit den Rhythmen der Jahreszeiten und deren reicher und lebendiger
Bilderwelt eingehen. Der Winter bringt eine Stimmung der tiefen
Nachdenklichkeit mit sich, während die Erde für eine Zeit des
Brachliegens und Ruhens Gras, Blumen und Früchte in sich ein-
atmet. Der Frühling schafft eine Stimmung des freudigen Wie-
derentdeckens. Pflanzen, die verloren schienen oder verborgen
waren, kommen wieder ans Tageslicht. Was in tiefen Schlummer
versunken oder allem Anschein nach unwiederbringlich tot war,
erwacht und erholt sich, kleidet sich in frische Formen, Farben
und Düfte. Die Frühlingsenergien können auf das kälteste Herz
oder das häßlichste Wesen eine heilende Wirkung haben und
dabei ein Gefühl von zartem Verschmelzen, von Süße und
Erneuerung der Säfte, von Bewegung, Tanz, Gesang, ein Gefühl
der Befreiung von Dunkelheit und Tod vermitteln.

Der Sommer hebt die Stimmung noch weiter. Geschichten, die
eine sommerliche Stimmung verbreiten, in denen alle Menschen
und alle Dinge von Wärme und Licht durchdrungen sind,
erzählen von der Sehnsucht, sich zu öffnen und zu befreien, wie
es im Märchen *Die Bienenkönigin* das ganze Schloß schließlich
tun kann. Solche Geschichten sind angefüllt mit langen, hellen

Tagen, der Pracht der Natur, Blumen und lichtdurchflutetem Wasser. Doch manchmal weisen sie auch auf die Gefahren von zuviel Wärme und zuviel Entzücken hin. Rotkäppchen weicht auf verhängnisvolle Weise vom Weg ab. Ikarus fliegt zu dicht an die sengende Hitze der Sonne.

Der Herbst führt uns wieder nach unten und nach innen, gleichsam durch einen Schmelzprozeß von Eisen und Feuer hindurch, und verbindet uns mit den enormen, feurigen Verwandlungen in der samenproduzierenden Welt der Pflanzen und den Vorbereitungen der Tiere auf den Winterschlaf. Wenn Sie Geschichten mit einer herbstlichen Stimmung erzählen, beschwören Sie unweigerlich das große Geheimnis des Todes im Leben herauf und rufen die Erfindungsgabe, die Beharrlichkeit und den festen Willen an, jeden Angriff abzuwehren. Diese bedrohliche Jahreszeit wird im Märchen *Der Wolf und die sieben jungen Geislein,* in der Geschichte vom Heiligen Georg und dem Drachen, in der Fabel *Die Ameise und die Heuschrecke* und im Märchen *Der Eisenhans* dargestellt.

Der Anfang des Märchens *Von dem Machandelboom* stürzt uns tief in die geheimnisvollen Jahresrhythmen. Das Kind, das am Anfang der Geschichte mitten im Winter geboren werden soll, trägt in sich die Kräfte von Frühling, Sommer und Herbst. Nach seinem Tod wird es von der großen Weisheit der Natur getragen und schließlich voll und ganz zum Leben erweckt. Der Reigen der Jahreszeiten zeigt Ihnen Bilder Ihres eigenen Innenlebens. Indem Sie die unterschiedlichen Stimmungen der Jahreszeiten mit den Erlebnissen der Personen in Ihren Geschichten verquicken, wird ein Bewußtsein für Ihre eigenen inneren Jahreszeiten auf natürliche Weise in Ihnen erwachen.

> Erzählen Sie die Geschichte eines Baums, wie er auf die Veränderungen der Jahreszeiten reagiert – auf das Vogelgezwitscher, die Winde, den Regen, die Temperatur. Dabei werden auch Menschen und Tiere oder andere Wesen in seiner Umgebung und vielleicht sogar in seinem Innern einen gewissen Einfluß ausüben, indem sie sich ebenfalls an das Wetter anpassen.

Erzählen Sie die Geschichte eines unschuldigen Kindes, das leidet, stirbt und im Frühling wiedergeboren wird. Stellen Sie sich dieses Kind als einen Aspekt Ihres Selbst oder eines anderen vor, der »gestorben« ist und nun die Möglichkeit hat, vollkommen gesund und vielleicht auch mit neuer Weisheit ins Leben zurückzukehren. Das Grimmsche Märchen *Von dem Machandelboom* kann für diese Art von Geschichte als Vorbild gelten. Eine andere Geschichte könnte von einem kleinen Samenkorn handeln, das in der Erde stirbt und zu neuem Leben erwacht. Verfolgen Sie ausführlich den Verlauf der Verwandlung aus der Perspektive des Samenkorns.

Erfinden Sie eine Figur, die in Aussehen und Verhalten eine Jahreszeit verkörpert. Lassen Sie nun diese Figur eine Beziehung mit einer Figur eingehen, die eine andere Jahreszeit verkörpert. Möglicherweise werden die Interessen und Ausdrucksweisen dieser beiden Figuren in Konflikt zueinander stehen. Wie können sie miteinander in Einklang gebracht werden?

Tod

Das Geschichtenerzählen bietet eine gefahrlose Möglichkeit, Vorstellungen und Gefühle zu schwierigen Sachverhalten loszuwerden. In der großen erzählerischen Tradition ist der Tod niemals einfach nur ein dumpfes Nichts. Er verkörpert vielmehr die Erfahrung der Verwandlung, die Mut erfordert, ebenso wie eine Hochzeit es tut. In vielen Geschichten nimmt jemand, der – vielleicht unter großen Qualen – gestorben ist, eine andere Form an, um den Hinterbliebenen zu helfen oder für Gerechtigkeit zu sorgen. Im Märchen *Von dem Machandelboom* verwandelt sich das tote Kind in einen vergnügten Vogel, der jedem in der Stadt die Wahrheit singt, bis er wieder eine menschliche Gestalt annehmen kann. Die Mutter von Aschenputtel wird nach ihrem Tod zu einem vogelartigen Engel, der in der Spitze des Baums erscheint, der auf ihrem Grab gepflanzt wurde. Im Märchen *Die sieben*

Raben müssen sich die Brüder von ihrer menschlichen Gestalt lossagen, bis sie durch die Liebe und den beharrlichen Gerechtigkeitssinn ihrer Schwester wieder zum Leben erweckt werden können.

Eine andere Art von Tod erfolgt am Ende einer Geschichte, wenn einem Bösewicht Gerechtigkeit widerfährt. Geschichten bieten einen sicheren Rahmen, um darin die Folgen schlechter Impulse zu erforschen. Besonders Kinder erleben ein starkes Gefühl der Erleichterung, wenn am Ende einer Geschichte eine sehr böse Hexe grausam bestraft wird oder den Tod findet. Solche Entwicklungen müssen aber mit der größten Ruhe erzählt werden, da die Geheimnisse wahrer Gerechtigkeit etwas sehr Ernstes sind, ganz gleich, in welchem Alter man sie betrachtet. Wie in der ursprünglichen Fassung von *Aschenputtel* wird der Bösewicht vielleicht gefragt, welche Strafe für jemanden angemessen wäre, der sich der von ihm ausgeführten Verbrechen schuldig gemacht hätte; dann wird genau diese Strafe von einem weisen Herrscher über ihn verhängt. Daraus bezieht die kindliche Seite unseres Verstandes ihre Befriedigung, die sich am unaufhaltsamen Prozeß der Gerechtigkeit freut, der einsetzt, nachdem ein Bösewicht eine Weile sein Unwesen getrieben hat. Gewissensbisse und Schuldgefühle können ein ganzes Leben verschlingen, sofern sie nicht sorgfältig geschult und geregelt werden. In den großen alten Märchen weiß der Bösewicht tief in seinem Innern, daß er unrecht getan hat und dafür büßen oder gar mit dem Tod bestraft werden muß.

Eine andere Form des Todes, die in den weisen, alten Geschichten häufig vorkommt, ist der Tod einer Mutter kurz nach der Geburt ihres innig geliebten, einzigen Kindes. Dadurch wird der reine Geist der Mutter frei, um von einer himmlischen Sphäre des sorgsamen Schutzes aus zu wirken. In der Geschichte von Aschenputtel verstärkt der Tod der Mutter das Band der vollkommenen Liebe zwischen den beiden. Während das Mädchen den Drangsalen und Erniedrigungen seiner nicht sehr vollkommenen Stiefmutter ausgesetzt ist, wird es von der echten Mutter seiner wahren Liebe und seinem wahren Schicksal zugeführt. Jeder von uns ist ein Kind, das zwischen der himmlischen und der irdischen Mutter lebt, zwischen dem Leben jenseits der Todesschwelle und dem Leben, welches das Kind an unangenehme Aufgaben, an Mißbrauch, Leid und Mißverständnis kettet.

In vielen der großen alten Märchen wird die Realität, die früher einmal lebendig und auf strahlende Weise mit dem wunderschönen jungen Mädchen oder dem tapferen jungen Krieger verbunden war, plötzlich überschattet und in Schlaf versetzt. Alles, was ihnen wichtig war und für sie Lebendigkeit besaß, verschwindet in der Versenkung, bis der Zeitpunkt gekommen ist, an dem die Liebe auf neue Weise erblühen kann. Als Schneewittchen in den gläsernen Sarg gelegt wird, befindet sie sich, wie auch Dornröschen, vorübergehend in einer todesähnlichen Trance. Um sie herum geht das Leben weiter, aber sie kann nichts davon wahrnehmen. Zur Prinzessin, die in einen Turm verbannt oder in einer dunklen Kammer oder einem Sarg festgehalten wird, gibt es auch männliche Äquivalente. Ein eifrig suchender Prinz wird vielleicht in eine steinerne Statue verwandelt, die sich nicht bewegen und nicht sprechen kann, bis der Zauber gelöst ist. Oder er sitzt in der größten Einsamkeit und Unbeweglichkeit auf der Spitze eines gläsernen Bergs oder in einer engen Höhle, wo ihn nur die beflügelte Liebe finden und wieder ins Leben zurückführen kann.

In diesen Geschichten kann die Todesstarre der Heldin oder des Helden nur überwunden werden, wenn sich jemand vom anderen Geschlecht mit großer Beharrlichkeit daran macht, den Zauber zu lösen, der über sie oder ihn geworfen wurde. Eine Befreiung aus dem Bauch des Wolfes, wie in *Der Wolf und die sieben jungen Geislein,* zeigt auch die Überraschungen, die das Leben für uns bereithält, während wir scheinbar in den dunklen Tiefen des »Wolfes« oder des »Drachens« gefangen sind. Die Rettung kommt. Irgendein sorgfältiges und hilfreiches Wesen versteht es, den Tod aufzulösen: der findige Geist einer Mutter, die durchschlagende Kraft eines scharfsinnigen Jägers.

Zu leben bedeutet, unzählige geheimnisvolle Tode zu erfahren. Jedesmal, wenn Sie ausatmen und die Luft wieder in sich hineinsaugen, wenn Sie fortgehen und zurückkehren, verbinden Sie sich mit den unermeßlichen Rhythmen, aus denen Sie und alle

Lebewesen geschaffen sind – dem Pulsieren von Geburt und Tod. Jeder Tod in einer Geschichte kann auf tiefgründige und unverkennbare Weise mit dem neuen Leben zusammenhängen, das entsteht, während Sie sich den geheimnisvollen Gesetzen von Leben und Tod öffnen, damit diese ihren weisen Einfluß auf Ihre Geschichtenwelt ausüben können.

Eine Frau, die von einer Krebserkrankung genesen war, dachte sich eine Geschichte aus, deren Hauptfigur eine sehr müde Königin war. Während eine andere Figur mit ihr zusammen ins Feuer schaute, sagte die Königin mit der Klarsicht einer Hellseherin:

»Ich mache dir Angst und erinnere dich an den Tod, aber fürchte dich nicht. Was wie der Tod aussieht, kann auch neues Leben sein. Ich segne dich.« Im Feuer erblickte sie auch den Schatten des unsichtbaren Dämonen, der ihr Tag und Nacht gefolgt war und ihr keine Ruhe gelassen hatte. Schließlich kam sie an einen Bach, in dessen Wasser Weidenruten hingen. Als sie über die Schulter blickte, spürte sie, daß der Dämon nicht mehr da war.

Diese Geschichte kam zu einem Zeitpunkt, zu dem die Autorin dabei war, sich von den tieferen Ursachen ihrer Krankheit zu befreien. Es war der Beginn eines sehr spannenden und belebenden Prozesses.

In den neu entstehenden Sterbekliniken werden die Menschen zu schöpferischem Selbstausdruck ermutigt, sofern die Mitarbeiter nicht mit anderen notwendigen Pflegearbeiten überlastet sind. Ich wurde einmal eingeladen, einen Mann zu besuchen, der an AIDS erkrankt war und im Sterben lag. Sein Leben war traurig und leer gewesen, doch in der Sterbeklinik hatte er eine Familie gefunden. Als ich mit einem Korb voll Puppen ankam, fragte ich ihn, ob ich den Fernseher leiser stellen dürfe. Er mußte ihn eingeschaltet haben, um seine dahinschwindenden Lebenskräfte noch etwas zu beleben, und so begann ich meine Geschichte trotz des Geräusches im Hintergrund. Die Augen des Mannes wichen keine Sekunde von mir und meiner Dummling-Puppe ab. Er lag in seinem Bett wie ein Kind. Die Geschichte spann sich aus einem tiefen Ursprung heraus durch mich hindurch und zu ihm hin. Danach lächelte er glücklich. Ich wußte nicht, ob die Geschichte ihn auf irgendeiner bewußten Ebene erreicht hatte. Darin hatte der Dummling die dunkle Burg entzaubert, und am Ende tanzte und sang er. Ich fühlte mich sehr privilegiert, für einen Sterbenden eine Geschichte darstellen zu dürfen, und erkannte, daß in den Sphären der Imagination vieles enthalten ist, was man mit Menschen teilen kann, die am Ende ihres Lebens angelangt sind.

> Stellen Sie sich eine Heldin oder einen Helden vor, die oder der abwechselnd im Land der Toten und im Land der Lebenden verweilt. Erzählen Sie in Ihrer Geschichte, wie diese Person im Land der Toten hilft und weshalb sie ins Leben zurückkehren darf.
>
> Erfinden Sie eine Gestalt, die immer wieder um Haaresbreite dem Tod entgeht.
>
> Erfinden Sie einen Schamanen oder eine weise Frau, an den oder die Menschen sich wenden können, wenn sie, ob aus Erschöpfung, Zorn oder Schuldgefühlen, sich oder anderen den Tod wünschen. Das weise Wesen besitzt die Macht, ihnen zu helfen, ihren Todeswunsch in neues Leben für sich und andere zu verwandeln. Stellen Sie sich eine Hütte, eine Höhle, ein Zelt oder eine andere Behausung vor, in der diese Person lebt. Stellen Sie sich auch die besonderen Kleidungsstücke, Zauberstäbe, Steine oder Helfer vor, die nötig sein könnten, um diese Verwandlung zu bewirken.

Dunkel und Licht

In jeder Landschaft, die Sie in Ihren Geschichten erschaffen, wird eine bestimmte Farbe und eine bestimmte Stimmung vorherrschen. Vielleicht dringen Sonnenstrahlen in alle Winkel, Türme und Dörfer Ihrer Erzählung. Ein großes, wohlwollendes Leuchten mag plötzlich in eine düstere Kammer oder einen dichten Wald einströmen und ein Gefühl von engelhaftem Schutz und

Frieden verbreiten. Leuchtende, farbige Juwelen mögen eine Sphäre mit geheimnisvoller Helligkeit und Schatten erfüllen. In einer anderen Szene mögen Nebel und Dunkelheit oder schwerer Dunst stark auf Menschen und Dingen lasten. Vielleicht wird Ihr müder Reisender von einem gewaltigen inneren Sturm oder einer lange anhaltenden inneren Düsternis vorwärtsgetrieben, bis sich ein Regenbogen plötzlich im leuchtenden Wasser eines Sees spiegelt und Dunkelheit und Sturm sich in Schönheit verwandeln. Ein Nachthimmel kann leuchtend nach oben erblühen oder finster nach unten drücken. Der Begleiter der Dunkelheit ist die Verwirrung, und doch kann die Nacht auch als Zeit der Wärme und Geborgenheit erlebt werden. Das Mondlicht kann bis in das atmende Knochengerüst Ihrer Geschichtenwelt dringen und eine rhythmische Folge von Ebbe und Flut verursachen, die alle Beteiligten in die Höhen und Tiefen tröstlicher Erleuchtung führt.

In Geschichten für Kinder, die gleichmäßige, berechenbare Rhythmen brauchen, um den eigenen Körper und Atem aufzubauen, ist der Wechsel zwischen Licht und Dunkel besonders wichtig. In Geschichten wie auch im Leben sind eine klare Sicht und ein ausgewogener Gang nur dann möglich, wenn Dunkel und Licht, Yin und Yang, gemeinsam wirken. Indem Sie den Tanz Ihrer Geschichte durch Stimmungen von Licht und Schatten, Wachen und Träumen hindurch verfolgen, sind Sie imstande, die Verflechtung von Tag und Nacht in Ihrem eigenen Leben immer besser wahrzunehmen. Während Ihre Figuren durch die verschiedenen Stimmungen einer Geschichte wandeln, können Sie klarer und tiefer über Ihre eigene Beziehung zu Dunkel und Licht nachdenken.

Womöglich bekommen auch Farben eine ganz neue Bedeutung. Eine zentrale Figur, die, in Blau gekleidet, mit träumerischer Gelassenheit auf ihre Ziele zusteuert, wird sich stark von einer Figur unterscheiden, die kühn einen leuchtendroten Umhang um sich wirft. Ein Wandersmann, der in Grün gekleidet ist, trägt vielleicht tief in sich verborgen die charakteristischen, stillen Kräfte von Wald und Wiese. Gelbe Kleider können einem Mädchen oder einem holden Jüngling dazu verhelfen, leichtfüßig durch Ihre Märchenlandschaft zu hüpfen. Lila verstärkt möglicherweise die Sensibilität der Seele. Schwarze Kleidungsstücke hüllen einen Suchenden, ob zu seinem Vorteil oder zu seinem Schaden, in die Geheimnisse des Dunkels. Klares Weiß kleidet einen Protagonisten in Licht. Die leuchtenden Farben von Kleidern und Juwelen können sich verändern, wenn derjenige, der sie trägt, eine Veränderung durchmacht. Jemand, der eine wichtige Prüfung seines Mutes oder seiner Güte bestanden hat, stellt vielleicht plötzlich fest, daß er in frischen Farben und herrlichem Licht gebadet ist. Trübe Farben, die im Verlauf einer Geschichte aufgehellt werden, symbolisieren einen entsprechenden inneren Prozeß.

Ein neunjähriges Mädchen ließ seine Geschichte in einem Palast spielen, der gleichmäßig zwischen Dunkel und Licht aufgeteilt war. Eine Prinzessin war in dieser Geschichte »in der Mitte, in einem Erdbeben steckengeblieben und war sowohl vom Dunkel als auch vom Licht verletzt worden, was«, sagte das Mädchen, »sehr selten vorkommt.« Die Ausmalung und Darstellung des Kampfes und Triumphs der Prinzessin erfüllten dieses Mädchen mit großer Befriedigung. Als sie ihre Geschichte vor einer Gruppe zu Ende erzählt hatte, hörte ich, wie sie mit den dunklen und hellen Tüchern und Puppen redete, während sie sie in den Korb zurücklegte: »Ihr habt das ganz toll gemacht. Ihr seid wirklich unbezahlbar.«

Auch wenn man mit dem Gefühl zurückbleibt, etwas Großes geleistet zu haben, ist es meistens nicht einfach, sich dem Dunkel zu stellen, auch innerhalb der sicheren Grenzen einer Geschichte. In einem Workshop für Erwachsene bat ich die Teilnehmer, eine Geschichte über die Verwandlung eines dunklen Ortes in ihrem Innern oder in einem anderen Menschen zu schreiben. Es war zu einer Zeit ungewöhnlicher internationaler Unruhen. Ein liebevoller und nachdenklicher Vater war entsetzt über das Ausmaß des Dunkels, in das seine Geschichte ihn in jener Nacht führte. Sein Protagonist war

ein Jüngling von reinem Herzen und offener Seele. In seiner Gegenwart sangen die Vögel und neigten ihre Köpfe; das Gras stützte freudig seine Schritte. Die Leute begrüßten den Jungen immer mit großem Vergnügen. Doch als er sich einmal außerhalb der Mauern seines Dorfes aufhielt, zog vor seinen Augen ein großer Schatten an ihm vorbei. Als er nach oben blickte, sah er einen seltsamen und magnetisch anziehenden Raben, der dort kreiste und ihm zuwinkte. Dieser Vogel war ihm unbekannt, und als er ihn nach seinem Namen fragte, antwortete er nicht, sondern flog auf eine Öffnung in der Wand aus Bäumen zu, die dicht hinter der steinernen Abgrenzung der Felder emporragte. Da der Junge alle Tiere liebte, lief er dem Vogel nach, um den Namen dieses neugefundenen Freundes zu erfahren.

Bald fand er sich in einem höhlenartigen Wald wieder, der keinen Anfang hatte. Er hatte auch kein Ende, er war nichts als ein ewig kreisendes Labyrinth von einer Richtung und einer Zeit, die einer reinen Seele unbekannt waren. Er rief: »*O Freund, warum hast du mich an diesen Ort gebracht, der so weit weg ist von meinen Lieben?*« *Doch er konnte keine Antwort vernehmen.*

»*Ich bin dir mit Sehnsucht gefolgt und bin ins Dunkel geführt worden.*« *Bald hörte der Junge ein höhnisches Lachen. Seine Augen wurden von den erstarrten Bildern seiner Freunde geblendet, die er hinter sich im Feld zurückgelassen hatte. Diese Bilder begannen zu kreisen, zu wirbeln und ihm ins Gesicht zu fliegen. Er hörte eine Stimme, die fragte:* »*Wie möchtest du sterben? Durch einen Speer oder ein Beil oder einen Pfeil durchs Herz?*«

Er hörte sich sagen: »*Durch ein Beil*«*, und er wurde bewußtlos, sein Gesicht in die Erde gepreßt, sein Herz aus seiner Brust gerissen. Dann absolute Dunkelheit. Es schienen Jahre zu vergehen...*

Hier hörte der beunruhigte Mann auf zu schreiben. Als er an der Reihe war, das vorzulesen, was er geschrieben hatte, begann er zunächst, von einem sehr unangenehmen Vorfall zu berichten, der sich während seiner Kindheit mit ein paar Jungen abgespielt hatte, die in seiner Nachbarschaft einen Klub gegründet hatten. Damals wie jetzt fühlte er sich unfähig, das Dunkle zu verwandeln, das ihn, wie er sich erinnerte, einzuhüllen drohte. Dafür entschuldigte er sich bei der Gruppe.

Etwa ein Jahr später tauchte dieses gleiche Thema von Gewalt und Verrat in einer neuen Form auf. Er schrieb aus einer Erinnerung an einen Alptraum heraus und nannte seine Erzählung »Dunkler Ausblick vom Schloß«. Darin tritt ein Mann-Kind, ein kleiner Junge in ein Schloßgemäuer mit dem Gefühl, daß es dort einen Schatz geben muß, und findet sich in einem Wirrwarr von Gängen wieder.

Er lief auf den rechten Gang zu, aber dann drehte er sich um und ging in den beleuchteten Abschnitt des linken Gangs. Dann drehte er sich wieder um, als hätte ihn irgend jemand oder irgend etwas gerufen. Eine böse Vorahnung stieg in ihm hoch. Als er auf diese vermeintliche Stimme zulief, erschien ein Loch in der Mauer, das einen anderen Gang freilegte, der zum Schloß hinaufführte.

Eine groteske, schalkhafte Gestalt erschien silhouettenhaft in dem Loch und streckte dem Jungen ihre krallenartige, mit Schwimmhäuten versehene Hand entgegen. Dieser nahm die Hand und ging mit der eigenartigen Gestalt durch das Loch und den Gang hoch. Oben angekommen, traten sie auf einen offenen Weg. Der Kobold mit der Wolfsschnauze legte den Jungen auf den Boden, biß in seinen Hals und saugte ihm das ganze Blut aus. Obwohl der Junge zu entkommen versuchte, hatte er keine Hoffnung zu überleben.

Wieder fühlte sich der Mann ratlos angesichts der »gierigen Reißzähne« des Zorns und des Hasses. Was könnte ein Erzähler aus diesen schrecklichen Realitäten wohl für eine Geschichte machen?

> Erfinden Sie eine Geschichte, in der ein lebhafter Sturm wütet. Lassen Sie diesen Sturm ein Gefühl darstellen, das Sie zum Ausdruck bringen müssen. Lassen Sie am Ende Ihrer Geschichte das Licht herrlich erstrahlen.
>
> Erfinden Sie einen Helden oder eine Heldin, der oder die sich auf eine Reise begibt, die einen ganzen Tag und eine ganze Nacht dauert. Beschreiben Sie, während diese

Figur auf die Morgendämmerung zugeht, die eindrucksvollen Gestalten – Mittag, Abend, Mitternacht –, denen sie auf ihrem Weg begegnet. Lassen Sie Ihren Protagonisten von jeder ein symbolisches Geschenk empfangen.

Führen Sie eine Gestalt tief ins Dunkle, wo sie den besonderen Sternen und Planeten ihrer Geburt begegnen kann. Ziehen Sie für diese große Forschungsreise ein Handbuch der Astrologie zu Rate, dem Sie Ideen und Empfehlungen entnehmen können.

Erzählen Sie Ihren schlimmsten Alptraum, an den Sie sich erinnern können, als Geschichte. Bitten Sie einen weisen, geschichtenerzählenden Partner, Ihren Alptraum zu verwandeln, indem er Ihre Geschichte fortsetzt. Vertrauen Sie der Fähigkeit des Partners, mit Ihrer Geschichte zu arbeiten, und hören Sie gut zu, was er sagt.

DANKBARKEIT

Tugenden, die Ihres Erachtens in Ihrem Leben fehlen, können durch das Geschichtenerzählen auf tiefgreifende Weise erlebt werden. Wer bekommt jemals ausreichend Dank für alles, was er gibt, oder ist ausreichend dankbar für alles, was er empfängt? Wann immer eine Figur in einer Ihrer Geschichten Dankbarkeit für ein Geschenk oder eine gütige Tat zum Ausdruck bringt, wird Ihre Geschichte von goldenem Licht durchflutet werden. Im warmen Licht der Dankbarkeit wird jemand, der häßlich ist, vielleicht plötzlich schön, ein gebückter Körper steht plötzlich aufrecht, ein Prinz kann seine wahre Identität enthüllen, ein Gegenstand von großer Schönheit und Kostbarkeit mag plötzlich an einem ansonsten ärmlichen Ort erscheinen. Vielleicht wird einer armen Greisin, einem Zwerg oder einem elenden Bettler von einer guten Seele eine Wohltat erwiesen. Auch wenn der Empfänger zunächst ungerührt erscheint, ist dennoch eine Energie freigesetzt worden. Nach den weisen Gesetzen des überlieferten Märchenguts wird das Geschenk in unerwarteter Weise positiv auf den Schenkenden zurückstrahlen.

Tiere und Naturgeister werden in Geschichten oft als mächtige Helfer dargestellt, besonders dann, wenn sie von Menschen geehrt und geschützt wurden. Im Märchen *Die Bienenkönigin* bringen die Ameisen, Enten und Bienen, die der Dummling vor Schaden geschützt hat, fleißig ihren Dank zum Ausdruck, indem sie ihm bei der Meisterung seiner sonst überwältigenden Aufgaben helfen. Im richtigen Augenblick retten sie ihn, ebenso wie er sie gerettet hat, und erinnern uns so an die tiefen, geheimnisvollen Austauschprozesse, an denen wir unser ganzes Leben lang teilhaben. Während wir atmen, essen und uns im Umgang miteinander ausdrücken, sind wir immer wieder der Natur sowie dem ganzen Universum zu Dank verpflichtet.

Immer dann, wenn wir in derselben Geschichte Dankbarkeit sowie deren Gegenteil darstellen, wird unsere Aufmerksamkeit erweckt. Wir alle kennen Augenblicke der Dankbarkeit; unsere Undankbarkeit ist uns meistens weniger bewußt. In *Frau Holle* wird das Kind, das mit Dankbarkeit im Herzen für all das gearbeitet hat, was die mächtige Frau Holle ihm gab, mit goldener Rede und neuen Lebenskräften belohnt. Im gleichen Märchen bekommt das faule, habgierige Kind, das zu stolz ist, um dankbar zu sein, abstoßende Rede und Häßlichkeit als Belohnung. Das Geschichtenerzählen kann unser Gefühl der Dankbarkeit beflügeln und uns lehren, wie man den Pflanzen und Tieren, der Erde und dem Himmel Dank sagt. Es kann uns eng in Verbindung bringen mit all jenen, die uns heute lenken und hüten, die uns vorausgegangen sind und die uns nachfolgen werden.

Erfinden Sie in einer Gruppe eine Geschichte über jemanden, der nie etwas bemerkt und immer rücksichtslos und selbstsüchtig ist. Wenn man negative Verhaltensweisen übertreibt, ruft man damit deren Gegenteil hervor. Geben Sie Ihrer Figur einen Namen. Vielleicht möchte jemand aus der Gruppe eine Puppe basteln, die diese Kaltherzigkeit oder aber die gold-leuchtende Dankbarkeit darstellt.

Stellen Sie sich einen schönen, gemütlichen Ort vor, an dem sich alle Menschen und alle Dinge in Staub und

Stein verwandeln, weil die Einwohner die Fähigkeit, dankbar zu sein, verloren haben. Stellen Sie sich dann zwei lebhafte Gestalten vor, die an diesen düsteren Ort kommen und ihn wieder zum Leben erwecken.

Habgier, Angst, Kaltherzigkeit, Ungeduld und andere Untugenden löschen unseren natürlichen Impuls, dankbar zu sein, aus. Erfinden Sie eine Geschichte mit zwei Hauptfiguren, in der die eine mit Dankbarkeit und die andere in der gleichen Situation mit Undankbarkeit reagiert, und beschreiben Sie die Folgen für beide Figuren.

SCHLAFEN UND ERWACHEN

Seit Jahrhunderten haben sich Geschichtenerzähler mit den Geheimnissen des Schlafens, Träumens und Erwachens befaßt. Die Tiefen des Schlafs und die Höhen des Wachseins sind zwei Pole, zwischen denen wir Tag für Tag hin- und herpendeln, vergleichbar mit dem Weg der Sonne über den Himmel. Wir erwachen sowohl zur Sonne am Himmel als auch zur inneren Sonne, die in uns wohnt, und ruhen uns anschließend von den Anstrengungen des Lichtes aus. Im Schlaf erfahren wir geheimnisvolle Bereiche unseres Selbst. In der Dynamik märchenhafter Erzählungen erleben Sie Ihre Geschichte vielleicht als eine schlafende Welt, in der alles wie im Traum passiert. Im Traum werden die Gesetze der natürlichen Welt aufgehoben, und wir können aus unserem Körper treten und manchmal mit feinstofflichen, geheimnisvollen Darstellungen dessen in Verbindung treten, der wir heute sind, der wir früher waren oder der wir vielleicht in Zukunft sein werden.

In seiner Einsamkeit und seiner Sehnsucht nach Jorinde träumte Joringel, er hätte eine blutrote Blume gefunden, in deren Mitte eine schöne große Perle glänzte. Er pflückte die Blume und ging damit zum Schloß der Hexe, und dann wurde alles, was er mit der Blume berührte, vom bösen Zauber befreit. Im Märchen wurde der Traum Weisheit; selbst Gift und Galle der Hexe konnten ihn nicht verletzen. Die weise Führung, die uns in einer

Geschichte aus Träumen zuteil werden kann, läßt uns an die belebende Wahrheit denken, die uns zufließen kann, wenn wir aus unseren nächtlichen Träumen erwachen. Vielleicht werden Helfer in eine beunruhigende Traumlandschaft eingeladen, um die Dinge wieder in Ordnung zu bringen. Vielleicht erscheint jemand, der die Träume deuten kann, wie Daniel aus dem Alten Testament, der zum König ging, um ihm den wahren Sinn eines Traumes zu offenbaren. Wenn der richtige Prinz kraft seiner Liebe die verzauberte Dornenhecke durchdringt, welche die schlafende Prinzessin umschließt, kann sie erwachen und sich selbst erkennen. Im Märchen *Die Bienenkönigin* werden auch die Brüder des Dummlings von ihrer Versteinerung befreit und erlangen ihre menschliche Gestalt wieder, sobald der Dummling seine schöne Prinzessin erweckt hat, die im steinernen Schloß in einen geheimnisvollen Schlaf versunken ist.

Da das Geschichtenerzählen uns in das Traumbewußtsein führt, kann es uns helfen, uns selbst zu erkennen. Wenn die Figuren Ihrer Geschichten aus dem Schlaf erwachen, können sie Ihnen Wege zeigen, wie Sie die Stärke und Weisheit Ihres inneren Lebens mit den Verantwortungen und Verrichtungen des Alltags vereinbaren können. Auch Sie sind eine schlafende Prinzessin, ein versteinerter Krieger in einem dunklen Schloß – bis eine unbeschreibliche Kraft Sie zum Leben erweckt.

> Erzählen oder schreiben Sie einen Ihrer Träume so auf, so daß er eine vollständige Geschichte ergibt.
>
> Erfinden Sie eine Figur, welche die Fähigkeit besitzt, Träume weise zu deuten. Wo lebt diese Gestalt? Gibt es irgendwelche Wesen, die sie bedienen? Lassen Sie Ihren Traumdeuter jemandem helfen, der beunruhigende Träume hat, so daß die Wahrheit seiner Träume anderen helfen kann.
>
> Stellen Sie sich einen schlafenden Prinzen vor, der durch den Mut und die Liebe einer edlen Prinzessin erweckt wird.

Die essentielle Geschichte jedes menschlichen Herzens ist die Suche nach dauerhafter Liebe, Erfüllung, Gerechtigkeit und Freude. Ein Ruf tief im Herzen einer Geschichtenfigur kann viele verschiedene Formen annehmen. Bilder unseres wahren Herzenswunsches mögen, gleichsam in Hüllen des Schweigens eingeschlagen, in seltsamen Anordnungen zusammengerollt daliegen und darauf warten, in die Sprache unserer eigenen Geschichten übertragen zu werden.

Im Märchen *Das Eselein* will das Eselein unbedingt einen Musiklehrer finden, auch wenn es die Saiten mit seinen klobigen Füßen greifen lernen muß. Es sehnt sich danach, schöne Klänge zu produzieren, damit es ausdrücken kann, was es in sich fühlt. Fast alle stellen sich gegen seine Suche nach einem Musiklehrer, doch nachdem es kraft seiner wundersamen Entschlossenheit die Laute meistern gelernt hat, gewinnt es auch seine menschliche Form, die wahre Liebe und ein freudiges Reich, über das es herrschen soll. Die Tochter im Märchen *Die zwölf Brüder* sehnt sich so stark nach einer Versöhnung zwischen ihren Brüdern, ihren Eltern und sich selbst, daß sie gehen will, »so weit der Himmel blau ist, bis ich sie finde.« Der Zar hat eine solche Sehnsucht nach dem *Feuervogel*, daß er seine geliebten Söhne hinausschickt, um die Gewohnheiten des Fabeltiers zu erforschen und es lebend mitzubringen, auf daß sein Glanz fortan immer bei ihm bleibe.

Viele große alte Geschichten und Märchen beginnen mit der zarten Sehnsucht eines Paares nach einem Kind, das sie ihr eigen nennen können. In *Schneewittchen* sehnt sich die Königin nach einem Kind »so weiß wie Schnee, so rot wie Blut und so schwarz wie das Holz an dem Rahmen.« Das Märchen *Rapunzel* beginnt so: »Es war einmal ein Mann und eine Frau, die wünschten sich schon lange vergeblich ein Kind.« Wenn in einer Geschichte die Sehnsucht nach einem Kind erfüllt wird, tragen sich danach oft große Überraschungen zu. So ist es auch im wirklichen Leben. Der Mann, der sich nach einer Frau sehnt, entdeckt vielleicht, daß sie, wenn er sie erst hat, anstrengender ist, als er je vermutet hätte. Oder eine stolze, junge Frau, die in der Ehe gedemütigt wird, muß vielleicht wie im Märchen *König Drosselbart* feststellen, daß die wahre Sehnsucht ihres Herzens durch den Spielmann erfüllt wurde, der die ganze Zeit ein verkleideter König gewesen war. Die Sehnsucht nach Wachstum kann wilde Abenteuer entfachen. Die tiefe Sehnsucht nach Singen, Lachen, Tanzen, Fliegen kann zu überraschenden und wunderschönen Höhenflügen der Phantasie führen.

Wenn Sie Geschichten erzählen, müssen Sie Ihre Sehnsüchte nicht mehr verdrängen. Indem Sie Ihr persönliches Märchenland aufbauen und Ihren Charakteren erlauben, sich nach ihren Herzenswünschen zu sehnen, werden Sie neue Tiefen und neue Perspektiven erschließen. Sie können Ihre sehr menschliche Sehnsucht nach größerer Gesundheit, Schönheit und Freude zum Ausdruck bringen; nach mehr Macht und Reichtümern; nach einem Reich, in dem alle Ihre Wünsche in Erfüllung gehen. Als Geschichtenerzähler können Sie die Sehnsucht nach Weisheit, Glückseligkeit und ewiger Liebe im innersten Kern Ihres Herzens bekräftigen.

Erfinden Sie eine Geschichte über ein Wesen, daß sich so sehr danach sehnt, ein Mensch zu werden und menschliche Eigenschaften zu erlangen, daß es alle Hindernisse überwindet und seine tierische Natur abwirft.

Erinnern Sie sich an eine Sehnsucht in Ihrer eigenen Seele oder in der Seele eines Menschen, den Sie kennen. Erfinden Sie eine Figur, die die gleiche Sehnsucht hat. Malen Sie um diese Figur herum eine Phantasielandschaft aus. Lassen Sie jemanden in Ihrer Geschichte auftreten, der diese Sehnsucht vollkommen versteht und dabei hilft, alle nötigen Veränderungen herbeizuführen.

Groll ist nichts als frustrierte Begeisterung. Erfinden Sie in Ihrer Phantasie eine Geschichte, die die Begeisterung dort wieder herstellt, wo sie blockiert war oder ignoriert wurde.

Ihre Fähigkeit, Wünsche zu haben, öffnet das Tor zum Abenteuer. Das freie Spiel der Wünsche, in der phantasievollen Sprache einer Geschichte ausgedrückt, erlaubt Ihnen, das volle Ausmaß sowie die Konsequenzen dieser Wünsche auszuloten. Eine Vielzahl von Erzählungen aus aller Welt bietet einen sicheren Boden, um mit klugen und unklugen Wünschen zu experimentieren. Zuverlässiger in Geschichten als im wirklichen Leben erscheinen unverhofft Möglichkeiten zur Erfüllung von Wünschen in Form von magischen Gegenständen oder Begegnungen mit Zauberern, die Wünsche erfüllen können. Wenn ich die richtigen Worte ausspreche, wird ein Gegenstand, wie eine Lampe, ein Stein, ein Fisch oder eine Feder, mit der Kraft aufgeladen, meine Wünsche zu erfüllen; plötzlich bin ich machtvoll. Jetzt muß ich lernen, weise mit dieser Macht umzugehen.

Im Grimmschen Märchen *Tischlein deck dich, Goldesel und Knüppel aus dem Sack* wird einem Jungen, der es in der großen, weiten Welt zu etwas bringen will, nach seiner Lehre bei einem Schreinermeister zur Belohnung ein Tischchen geschenkt. Wenn man es hinstellt und »Tischlein deck dich« sagt, wird es sofort mit einem sauberen Tischtuch bedeckt, worauf ein Teller steht und Messer und Gabel daneben und viele Schüsseln mit Essen und Trinken wie für einen König. Vergleichbar mit diesem Zaubertisch sind viele magische Töpfe, Teller, Tücher oder Säcke, die Märchenfiguren eine Zeitlang mitgegeben werden und von denen sie immer das nehmen können, was sie brauchen, um ihre Bedürfnisse zu befriedigen. In der gleichen Geschichte verleiht der »Knüppel aus dem Sack« dem Jungen die Kraft, seine Feinde zu besiegen, und der Zauberesel liefert ihm endlose Mengen Gold. In der Geschichte *Von dem Fischer un syner Fru* wohnt ein Paar in einem »Pißputt, dicht an der See.« Am Anfang der Geschichte fängt der Mann einen Butt, der in der Lage ist, ihm all seine Wünsche zu gewähren. Seine gierige Frau allerdings wünscht sich immer größere Häuser, bis sie schließlich den Wunsch ausspricht, der alles zunichte macht: Sie will Gottes Himmel besitzen.

Die plötzliche Erfüllung von Wünschen kann eine genauso große oder sogar noch größere Last sein, als wenn man sich gar nichts gewünscht hätte. Durch die Erfüllung Ihrer Wünsche in der erzählerischen Phantasie können Sie ungehindert die Entfaltung von klugen und unklugen Wünschen und Ideen genießen. Indem Sie mit Ihren Wünschen sprechen und auf sie hören, werden sie Ihnen beibringen, wie Sie im Bunde mit den wohlwollenden Bemühungen des Universums Ihren Willen einsetzen können.

Sprechen Sie einen Wunsch aus. »Ich wünsche mir, ewig jung zu sein.« »Ich wünsche mir, ich könnte an einem Tag siebzehn Sprachen lernen.« »Ich wünsche mir, ich könnte die Stimme der Erde hören.« Ganz gleich, was Ihr Wunsch ist, sprechen Sie ihn dreimal langsam aus und hören Sie sich selbst sehr aufmerksam zu. Bitten Sie Ihren Partner oder eine Ihnen nahestehende Person, Ihren Wunsch zu wiederholen, damit Sie ihn aus einer anderen Quelle hören können. Erzählen Sie eine Geschichte, in der jemand genau den gleichen Wunsch ausspricht und der Wunsch in Erfüllung geht.

Erfinden Sie ein Zauberwort, das Wünsche in Erfüllung gehen läßt. Lassen Sie dieses Wort in Ihrer Geschichte wirken, so daß jeder beliebige Wunsch in Erfüllung gehen kann, wann immer das Wort richtig ausgesprochen wird.

Erfinden Sie eine Geschichte über die Folgen eines unklugen Wunsches.

SUCHE

Eine Suche liefert einen wichtigen Leitfaden dafür, wie man den gewöhnlichen Alltag mit dem großen Abenteuer verquicken kann. Jede edle Suche stellt eine Expedition zur Sicherstellung größerer Liebe, Weisheit und Macht dar. Wer immer sich auf die Suche begibt, muß im Verrichten der erforderlichen Aufgaben tapfer und fleißig sein. Die Reisen der Kindheit, die vor dem

Erwachen eines bewußten Gefühls für Zeit und Zweck unternommen werden, sind von Unschuld und Vertrauen erfüllt. In jeder Geschichte, in der solche kindhaften Energien vorherrschen, ist eine Stimmung des Annehmens und der Versunkenheit festzustellen. Das kleine Wesen begegnet mit gleicher Begeisterung Sonne und Mond, Schafen und Ziegen, Blumen und Schmetterlingen, Bettler oder Königin. Indem die Suche bewußter und reifer wird, werden die Ziele enger umrissen; sie wirken wie Leitsterne. Sucht Ihr Held oder Ihre Heldin nach dem Heiligen Gral, einem Füllhorn, einem goldenen Vlies, dem schönsten Liebhaber der Welt? Die Ritter des Heiligen Grals suchten nach der Vollkommenheit und wußten, daß jeder von ihnen das gleiche Ziel im Herzen trug. Jason wählte starke Mitsegler aus und baute ein Schiff, das mächtig genug war, um sie alle zu der Insel zu bringen, auf der seine goldene Beute auf einem von Drachen bewachten Baum aufbewahrt wurde. Dem Geburtsrecht nach ein König, mußte er die Reise antreten, um seine Macht voll in Anspruch nehmen zu können.

Jeder, der auf einer Mission unterwegs ist, braucht Hilfe. Manchmal verbergen sich Helfer hinter einer schrecklichen Gestalt. Eine Greisin mit krächzender Stimme und leeren Augen gibt vielleicht schließlich das geheime Kennwort preis, das den Weg zum im Kerker begrabenen Schatz freigibt. Ein räudiger Hund mit dreizehn Köpfen ist vielleicht der Wächter einer wunderschönen Frau, die seinen Schutz braucht. Das absonderliche Rumpelstilzchen rettet die Müllerstochter, während sie ums Überleben kämpft. Die angsterregende Großmutter im Märchen *Der Teufel mit den drei goldenen Haaren* beschützt den Jüngling auf seiner Suche nach der wahren Liebe.

Während sie unbeirrt auf ihr Ziel zustreben, tauchen vor den Märchenfiguren oft seltsame Landschaften oder Wasserwelten auf. Feurige Drachen stehen für das Element Feuer, das jeder, der sich auf eine bedeutungsvolle Suche begibt, in sich selbst konfrontieren muß. Verzauberte Burgen, Statuen, Höhlen, die Ruine einer Kapelle, verschlossene Kisten stellen die unbeweglich gewordene Erde dar. Aus unserer wasserhaften Natur steigen stürmische Seen, ruhige Meere und schnarchende Riesen hoch, um unseren Fortschritt zu bremsen. Wilde Vogelfrauen, fliegende Hexen, wohlwollende Boten aus luftigen Höhen sausen in eine Geschichte herab, um ihr gutes oder böses Werk zu verrichten. Wenn jugendliche Abenteurer gewarnt werden, nicht zurückzuschauen, während sie vorwärtsgehen, um den Prüfungen zu begegnen, die zu größerer Reife führen, vergessen sie manchmal diese warnende Stimme und bleiben dort hängen, wo sie sich nicht von kindischen Gewohnheiten befreien können. Ihre Suche muß solange scheitern, bis die richtige Hilfe kommt.

Auch Sie selbst sind ein Reisender, der manchmal ziellos umherwandert, manchmal auf einer hohen Mission ist. Während des Golfkriegs im Jahr 1991 wurde ich eingeladen, einer Gruppe von jugendlichen Pfadfinderinnen das Geschichtenerzählen nahezubringen; uns standen nur drei Stunden Zeit zur Verfügung. Ich stellte ihnen meine Puppen vor und bat sie, in kleinen Gruppen Geschichten zu erfinden, in denen zwei Figuren sich aufmachen, einem von Problemen heimgesuchten Reich den Frieden zu bringen, und eine weitere Figur ihnen beim Erreichen ihres Ziels hilft. Wie so oft mußte ich über den guten Willen und die Kraft staunen, die aus der spontanen Imagination dieser »ganz normalen« Kinder sprachen.

In einer ihrer Geschichten wurde die Königin von Indien vom König von Ägypten geheilt. In einer anderen reiste ein einsamer König durch ein »böses Reich« und begegnete schließlich nach großer Trauer seiner wahren Liebe. Drei Töchter aus zerrütteten Familien begegneten sich in einer »mystischen Schwesternschaft«. Durch einen Seestern und eine Taube geschützt, ruderten sie immer weiter, bis sie ins Tal ihrer spirituellen Großeltern gelangten und mit ihnen vereint wurden. In einem armen Land, in dem es Mais und Getreide, aber kein Wasser gab, wurde der reichen, aber kranken Königin der Inkas der Umhang des Heilens überreicht. Am nächsten Morgen fühlte sie sich so gut, daß in ihrem Land wieder Friede und Gesundheit herrschen konnten und alle Bewohner froh und glücklich waren.

Die Prinzessin von Frankreich und die Prinzessin von Spanien bewegen sich auf getrennten Wegen auf den Stein des Friedens zu. Auf dem Weg zwischen ihnen liegt der Haß – durch ein rotes

Tuch dargestellt. In dem Moment, wo alles am gefährlichsten zu sein scheint, wird die Weise Frau von ihrem Platz auf dem Kopf eines der Mädchen nach unten geschickt. Sie führt die Prinzessinnen und sagt ihnen, was zu tun ist. Zusammen werfen sie den Stein des Friedens in den Ort des Hasses, und der Friede herrscht wieder in allen Landen. In jeder dieser Geschichten wurde innerhalb eines kurzen Zeitraums eine große Suche erfolgreich zu Ende geführt.

Eine Frau in den mittleren Jahren war von einer »Visionssuche« in der Wüste zurückgekehrt, auf der sie drei Tage und drei Nächte lang gefastet hatte, und hatte eine bemerkenswerte Geschichte geschrieben. Als sie diese Geschichte den anderen in ihrer Gruppe vorgelesen hatte, waren alle so sehr mit sich selbst beschäftigt und selbst so verwundbar gewesen, daß sie ihr keine Bestätigung hatten zukommen lassen. Erst einige Jahre später, als sie einer Gruppe beitrat, die sich mit Geschichtenerzählen befaßte, hatte sie wieder Lust, anderen zu zeigen, was sie damals geschrieben hatte. So kommt es manchmal, daß der tiefste und stärkste Ausdruck, den wir unserer Seele geben, im Untergrund verschwindet, manchmal sogar ein ganzes Leben lang, weil er von anderen nicht gut aufgenommen wurde. Ihre Geschichte begann so:

Astrid lebte allein in einem kleinen Häuschen in einem kleinen Dorf. Sie schien sich von den anderen Dorfbewohnern zu unterscheiden. Sie blieb freiwillig allein und ging nur aus dem Häuschen, um putzen zu gehen oder ähnliche Arbeiten zu verrichten, damit sie Geld fürs Essen hatte. Sie trug einfache, lange Kleider, die sie sich selbst nähte, und ging meistens barfuß. Sie wußte nicht, wie sie in dieses Dorf gekommen war. Als kleines Kind war sie hergekommen. Eines Tages war sie einfach ins Dorf gelaufen. Ein liebes, älteres Ehepaar, das inzwischen verstorben war, hatte ihr Obdach gewährt, und so lebte sie weiter in ihrem bescheidenen Häuschen. Sie wußte nicht, weshalb sie anders dachte als die anderen jungen Menschen im Dorf. Sie wußte nur, daß es in ihr eine Stimme gab, die ihr sagte, sie solle für sich mehr vom Leben erwarten.

Eines Tages sah Astrid eine Bekanntmachung des herrschen-
den Königspaares dieses Landes: »*Wer einen Edelstein findet,*
den der Urgroßvater des Königs verloren hat, er soll eine reiche
Belohnung erhalten.« *Astrid erkannte, daß diese Suche ihr eine*
Gelegenheit bot, an einer anderen Art von Leben teilzuhaben.
Sie ging drei Tage lang, bis sie zum Palast kam. Dort wurde sie
von einem alten Mann mit vielen Falten im Gesicht empfangen,
der sie mit gütigen Augen betrachtete. Er sagte ihr, daß es sehr
beschwerlich sein würde, die Suche nach dem Edelstein zu unter-
nehmen, aber daß er ihr freistelle, es zu versuchen. Er gab ihr
einen Esel und erzählte ihr die Geschichte des Edelsteins, eines
»*schweren, faustgroßen, bernsteinfarbenen Diamanten, durch-*
schossen mit goldenen Fäden«. *Astrids Reise dauerte lange.*

Auf ihrer Reise fand sie ein kleines, gelbes, in Seide eingebunde-
nes Buch, das Anweisungen enthielt, wie sie den Weg zu dem
Edelstein finden könnte. Wasser, Gebirgsmassen und schlechtes
Wetter hielten sie auf ihrem Weg auf. Immer dann, wenn sie den
Weg verloren zu haben schien, stellte sich auf mysteriöse Weise
Hilfe ein. Ein Rabe flog mit ihr über ein Feuer in die Höhle hinein, in der der verlorene Edelstein lag. Sobald sie den Edelstein in
die Hand nahm, erlosch das Feuer, und sie konnte ihn in Sicherheit bringen. Am Ende stellte sich heraus, daß sie die Tochter des
Königspaares war, die vor langer Zeit verlorengegangen war;
daß sie den Edelstein finden würde, sobald sie die Kraft dazu
erlangt hatte, war vorhergesagt worden.

> **Lesen Sie die Geschichte der Suche Jasons nach dem gol-
> denen Vlies. Stellen Sie sich selbst als jemanden vor, der
> noch frisch und unerprobt ist, und führen Sie diese Figur
> (sich selbst) über ein verbotenes Meer. Dringen Sie in ein
> barbarisches Reich ein und gewinnen Sie dort Liebe und
> Schutz. Erwerben Sie die Macht, um in den heiligen Hain
> dieses Reichs einzutreten. Finden Sie dort den** »**Baum des
> Lebens**« **und empfangen Sie ein Symbol Ihrer edlen Kraft
> aus dessen Ästen. Kehren Sie triumphierend zurück, um
> zu Hause auf Ihrem Thron zu sitzen.**

Schreiben Sie eine Frage auf. Führen Sie einen Helden oder eine Heldin auf einer Suche nach der wahren Antwort auf Ihre Frage.

Denken Sie an eine kostbare Eigenschaft, die Sie in der Kindheit verloren haben. Vielleicht handelt es sich um eine Eigenschaft, die Ihrer ganzen Familie verlorengegangen ist. Begeben Sie sich auf eine Suche, um diesen kostbaren Edelstein wiederzufinden.

EHEGLÜCK

Viele weise alte Geschichten enden mit einer Feier der wahren Liebe. Das Märchenbild von Freude und Glückseligkeit in einem königlichen Sitz in einem ansonsten nicht näher bestimmten Land ist bereits im Licht der modernen Psychologie, moderner sozialer Strukturen und moderner Vorurteile untersucht worden. Dabei ist der weise Kern dieser Geschichten oft verlorengegangen. Wenn wir uns über den rationalen Geist in ein mitfühlendes Bewußtsein unserer selbst und anderer erheben, können wir dankbar sein für die vitalen alten Bilder, die uns die Märchen liefern. Nach den schrecklichen Abenteuern, die so viele dieser Geschichten kennzeichnen, wird das Leben der Figuren von Glück, Weisheit und Macht beseelt, und schließlich löst sich alles in einer liebevollen »Vermählung« auf. Die Hauptfiguren sind auf eine höhere Ebene des Lebens gelangt. Nachdem sie alle Spielarten des Bösen hinter sich gebracht haben, sind sie nun innerlich so frei, daß sie bis ans Ende ihrer Tage in Harmonie zusammenleben können.

Die Jungsche Psychologie lehrt uns, jedes Element einer Geschichte – Personen, Landschaft und innere Dynamik – als einen Aspekt unseres Selbst zu erleben. Ganz gleich, wieviele Äonen der rätselhaften, strengen Lieblosigkeit oder des Suchens dem vorausgegangen sind: Der Augenblick der großen Vereinigung am Ende der Geschichte kann uns an unsere letztendliche Suche als Menschen erinnern. Indem wir wahrhaftig mit uns selbst vermählt und in einen Zustand von Gleichgewicht und

Harmonie sind, können wir sowohl im inneren als auch im äußeren Schloß weise herrschen. Ein solches Gefühl des heilsamen inneren Erlebens, wo die Identitätskonflikte, wie wir sie heute verstehen, in ein schöpferisches, produktives Gleichgewicht gebracht worden sind, ermöglicht eine solche weise Herrschaft. Die große Hochzeit am Ende vieler Märchen kann als Sinnbild für die Verwirklichung des guten Lebens gelten, das schöpferische, freudvolle Harmonie ausstrahlt.

Eine andere Möglichkeit, das Eheglück am Ende vieler Märchen zu betrachten, ist, es als Bild dessen zu sehen, was möglich ist, wenn zwei Menschen sich begegnen, deren wirkliches Schicksal darin besteht, zusammenzuleben. Diese beiden Menschen werden beängstigende oder verspielte Verkleidungen, Verzauberungen und andere Verwirrspiele überwunden haben, die Prüfungen waren, welche sie das Potentials ihres gemeinsamen Lebens erkennen ließen. Ganz gleich, was sie auseinandergehalten hat, während ihre Seelen sich nach einander sehnten, es wurde jetzt von einer großen Woge freudiger Gewißheit weggeschwemmt. Sie sind durch eine sehr hohe Art von Treue miteinander verbunden, vielleicht sogar für das Leben im Jenseits, aber zumindest für all die Jahre, die sie noch als Menschen auf der Erde verweilen. Wie wir die wesentliche Komponente des Eheglücks im Reich des Begehrens auch immer interpretieren mögen, diese Geschichten können uns helfen, unseren Glauben an die Liebe und die weise Herrschaft als höchste Ziele unseres irdischen Lebens aufrechtzuerhalten.

Unsere Imagination sagt uns, daß wir eine Kraft in uns tragen, die alle Hindernisse zu wandeln vermag, damit die wahre Liebe gedeihen kann. In Ihren Geschichten können Sie sich die Freiheit nehmen, Ihre Gefühle und Gedanken auf dieses edle Reich der Liebe zuzubewegen. Wie alle Menschen, die auf der Erde leben, hungern auch Sie stets nach Liebe, und indem Sie die Hand nach dem Geheimnis der Liebe ausstrecken, werden Sie beobachten können, wie Ihre persönliche Lebensgeschichte ebenfalls verwandelt und erhellt wird.

Die Phantasie einer Frau führte sie tief in einen Wald hinein, voll von Soldaten, die in der entsetzlichen Dunkelheit um ein

Lagerfeuer herum schrien, brüllten und soffen. Der König und die Königin lagen in ihrer Mitte, gefesselt und geknebelt. Am Ende dieser Geschichte hatten die Soldaten einen Traum.

Ihr Schlaf war tief und schwer. Nichts regte sich im Wald. Man hörte kein Geräusch; die große, weite Stille wurde nicht einmal vom Säuseln des Windes unterbrochen. Es war eine magische Nacht. Es war eine mystische Nacht. Und der Traum, der durch den tiefen Schlaf des Walds strömte, wurde von allen gesehen, die unter seinen schützenden Bäumen schliefen. Jeder Träumer wurde zu einem majestätischen Schloß hoch oben im Himmel geführt. Das Schloß war aus Kristall und Licht und leuchtete im Glanz von Tausenden und Abertausenden von Kerzen. Im Schloß fand gerade eine wunderschöne Hochzeit statt. Der König der Luft vermählte sich mit der Königin des Wassers. Das königliche Paar stand vor einem Altar aus goldenem Licht und wurde in einem Kreis aus himmlischer Weisheit vereint. Alle Menschen sahen freudig zu, während das Paar auf dem Rücken einer silbernen Schlange in den Himmel hinausritt.

Als sie am nächsten Morgen aufwachten, fühlten sich alle Personen in dieser Geschichte erfrischt und friedlich und staunten über den wundersamen Traum.

Besonders die Soldaten waren von ihrem gemeinsamen Traum zutiefst beeindruckt. Niemals hatten sie solche Schönheit gesehen! Niemals hatten sie solchen Frieden gespürt! Durch die Vision verwandelt, zogen sie in harmonischen Reihen los, angeführt vom wieder befreiten, guten und weisen König und seiner Königin.

> Was ist das größte Hindernis für das Eheglück, das Sie kennen oder persönlich erleben? Geben Sie diesem Hindernis in einer Geschichte die Form einer Hexe oder eines Zauberers. Finden Sie durch die Kraft Ihrer Phantasie einen Weg, um dieses Hindernis vollständig zu überwinden.

Lesen Sie das Grimmsche Märchen *Das Mädchen ohne Hände* als Beispiel für außerordentliches Leid. Erfinden Sie eine Geschichte über einen Mann und eine Frau, die ähnliche Qualen ertragen müssen, jedoch durchhalten und am Ende wieder vereint sind. Beim Erfinden Ihrer eigenen Geschichte möchten Sie sich Ihren Helden und Ihre Heldin vielleicht nicht nur als Widerspiegelungen Ihres Selbst oder der Menschen, die Sie kennen vorstellen, sondern auch als Aspekte der menschlichen Evolution.

Erzählen Sie eine fröhliche Geschichte über einen Prinzen oder eine Prinzessin, die sich nach Liebe sehnen und sie auf freudigere Weise verwirklichen, als sie jemals für möglich gehalten hätten.

In vieler Hinsicht sind wir alle Kinder im Reich der Liebe. Erzählen Sie eine Episode aus Ihrem Liebesleben, als wären Sie ein unschuldiges, aber königliches Kind, das aus Erfahrung lernt. Hängen Sie irgendwo in Ihrer Geschichte einen mächtigen Spiegel auf, zu dem Ihre Hauptpersonen hingehen können, um eine wichtige Wahrheit zu »hören«, die sonst zu unangenehm ist, um angeschaut zu werden.

KAPITEL 6

Die Figuren in Ihren Geschichten

Dieses Leben, das wir hier leben, ist nicht nur Teil der gesamten Existenz, sondern gewissermaßen sogar das Ganze.
Erwin Schrodinger, Physiker und Nobelpreisträger

DIE GUTE MUTTER

Das Geschichtenerzählen erweckt kindliches Vertrauen. Tief in jedem von uns sitzt ein nährender Urgrund der Geborgenheit und Wärme. In der Welt der Geschichten können wir die höchsten und besten mütterlichen Qualitäten, die wir jemals in unserem Leben selbst erfahren haben, erforschen und bejahen und dieses Ideal als makellos weise, schöne und großzügige Gestalt nachbilden. Besonders am Anfang einer Geschichte kann die Gegenwart einer lebenspendenden Mutter oder Großmutter eine Aura von Stabilität und Stärke schaffen, die der jungen Hauptfigur während all der Abenteuer, die noch vor ihr liegen, Kraft gibt.

Zu Beginn der Geschichte taucht die Muttergestalt oft als schöne, junge Königin auf, die in einem edlen Schloß lebt, oder als warmherzige Dame, die einen gemütlichen Haushalt und Garten führt und vielleicht ein paar Tiere hält. Manchmal stirbt sie in der ersten Szene einer Geschichte und übermittelt ihre Botschaften über Vögel oder andere spirituelle Boten. In den großartigsten der weisen alten Geschichten gebiert diese große Mutterseele ein Kind, das gut, rein und strahlend ist. Vielleicht weiß sie um den Auftrag des Kindes in der Geschichte, vielleicht auch nicht, aber in jedem Fall hat sie kraft ihrer Entschlossenheit und allumfassenden Liebe ein allerliebstes Kind in die Welt gebracht.

Am Ende herrscht dieses geliebte Kind im Herzen aller und vermittelt uns das Gefühl, das Leben sei gut und lebenswert.

Nehmen Sie die weise, mütterliche Präsenz an, die Ihnen wie jedem Menschen innewohnt. Auf ihrem Urgrund lebensspendender Wärme errichten Sie das Fundament Ihrer Geschichte mit deren Hügeln, Tälern, Wiesen, Wäldern, Pflanzen und Lebewesen. Von der Geborgenheit ihres Hauses oder von den Toren ihres Schlosses aus können Sie zusehen, wie weise, jugendliche Kräfte geboren und freigesetzt werden, um sich auf die Suche nach Abenteuern und neuen Erkenntnissen zu begeben. Das Kind dieser spirituell erwachten Mutter hat am Ende der Geschichte die Krone wahrhaftig verdient.

> Stellen Sie am Anfang Ihrer Geschichte die glückselige Einheit zwischen einer Mutter und ihrem Kind dar. Lassen Sie das Kind auf Abenteuer ausgehen, und lassen Sie es am Ende in die Geborgenheit der mütterlichen oder großmütterlichen Liebe zurückkehren.
>
> Malen Sie in den Bildern einer Geschichte die Mutter aus, die Sie gerne für sich und für andere wären. Hegen Sie dieses Bild, bis Sie die Eigenschaften sehen und spüren können, die Sie gerne umfassender in Ihrem eigenen Leben ausdrücken würden. Erfinden Sie eine Geschichte über einen ganzen Tag im Leben dieser Mutter zusammen mit ihrem Kind.
>
> Stellen Sie sich das unschuldige und machtvolle Kind vor, das in Ihrer Mutter und/oder Ihrer Großmutter verborgen ist. Denken Sie sich eine Geschichte aus, in der Sie mit diesem Kind kommunizieren.

ANDERE MÜTTER

In Wirklichkeit nimmt jede gute Mutter manchmal auch die Rolle der aus Märchen bekannten »bösen Stiefmutter« ein. Eine gute Mutter stellt für uns eine Verbindung zu den besten, lebenspendenden Energien von Geist, Körper, Herz und Seele her – zu der Gewißheit des Glücks und der liebevollen Erfüllung. Eine andere Art von Mutter-Wesen erzeugt jedoch eine Situation von Elend und Not, von Mißverständnis und Unbehagen, sogar von Gewalt und Verzweiflung. Die höchste Weisheit, die besten Qualitäten dringen nicht in ihre Gedanken oder Gefühle ein. Innerlich ist sie weder schön noch liebevoll. Sie zieht Energie, Leben, Glück und Sinn ab und ersetzt sie durch Leid und harte Arbeit ohne Anerkennung oder Belohnung. Ihre Sprößlinge, sowohl männlichen als auch weiblichen Geschlechts, haben harte, grausame Herzen und scharfe Zungen; ihre Erscheinung ist entweder roh oder von einer schrecklichen, kalten Schönheit gekennzeichnet. Ihre Tage sind mit Habgier, Neid, Eifersucht, Wollust, Faulheit und Undankbarkeit gefüllt.

Die böse »Stiefmutter«, die in so vielen alten Märchen auftaucht, hat natürlich Ähnlichkeit mit uns selbst, wenn uns der Zugang zum nährenden Ursprung unserer eigenen Weisheit abhanden kommt. Beispiele für diese gierige Stiefmutter und ihre Kinder können wir problemlos sowohl in der wirklichen als auch in der erfunden Welt finden; insbesondere aber können wir sie in unserem eigenen Innern entdecken.

In seinem Buch *Kinder brauchen Märchen* ermahnt uns Bruno Bettelheim, daß jedes Menschenkind, ob früher oder später, beide Aspekte seiner sehr menschlichen Mutter akzeptieren lernen muß: die Bilder der idealen und der nicht-so-idealen Mutter, die uns prüfen, uns einer dunklen Vision und dunklen Impulsen aussetzen und uns auf unser umfassenderes Selbst stoßen, damit wir neue Quellen der Kraft finden können. Wir brauchen lebendige Bilder beider Aspekte der Mütterlichkeit, damit wir lernen können, unsere eigene, komplexe menschliche Natur anzunehmen.

Sie sind sich selbst und anderen eine Mutter. Als solche entdecken Sie Ihre Grenzen. Diese Grenzen können Sie in den Geschichten, die Sie erfinden, verkörpern. Die »Stiefmutter« ist ein Teil Ihrer Identität. Sie können jede »stiefmütterliche« Figur als ein Wegtreten von Ihrer eigenen Weisheit und fürsorglichen Wärme erleben. Sie haben den Mut, eine solche Verkörperung vorzunehmen, weil Sie wissen, daß deren Impulse auch zu Ihnen gehören und daß sie durch Erkenntnis, Entschlossenheit und guten Willen verwandelt werden können.

In unseren frühen Lebensjahren haben wir alle erlebt, daß wichtige Aspekte unseres Selbst von unserer Mutter und anderen wichtigen Erwachsenen zurückgewiesen wurden. Nur sehr wenige von uns erreichen das Erwachsenenalter, ohne daß ihre äußerst verwundbaren und sensiblen künstlerischen Impulse so gründlich unterdrückt worden wären, daß sie jeden Kontakt dazu verloren hätten. Ich selbst mußte schon mit sehr vielen trüben und düsteren Gefühlen fertigwerden, die aus meiner Kindheit aufgetaucht sind. In der großen Familie, in der ich aufgewachsen bin, wurde in das sanfte, phantasievolle Spielen sehr wenig Zeit oder positive Aufmerksamkeit investiert. Da ich keine Schwestern hatte, wurde unser Familienleben von Baseball und anderen Sportarten beherrscht. Meine Eltern waren beide sehr beschäftigt. Ich versuchte, eine stoische, verantwortungsbewußte kleine Mutter zu sein, wie meine Mutter es in ihrer eigenen Kindheit getan hatte.

Ich erinnere mich noch daran, wie sich meine Lehrerin in der Schule abwandte, als ich ihr schüchtern, aber aufgeregt ein von mir verfaßtes Gedicht in die Hand drückte. Mit ihrer Ermutigung hätte ich vielleicht noch viele weitere geschrieben. Natürlich gab ich ihr nie wieder eins, und jahrelang zeigte ich keinem einzigen Menschen die Gedichte, die ich schrieb. Als ich in der frühen Pubertät war, machten mir die Figuren und Bilder, die aus meiner Phantasie auftauchten, wenn ich einmal anfing, eine Geschichte zu schreiben, solche Angst, daß ich die Geschichte wegwarf. Damals wußte ich noch nicht, wie man durch die Phantasie sich selbst trösten, inspirieren und Kraft verleihen kann. Jetzt betrachte ich diese negativen Erfahrungen meiner Kindheit als Prüfsteine. Wenn ich anderen begegne, die den Weg zu dieser reichen, verletzlichen Gefühlssphäre nicht mehr finden, spüre ich meinen eigenen Schmerz.

Wenn man in einer kindlichen Geschichte Negatives und Positives gegenüberstellt, hilft das, zu klären und offenzulegen, was wirkliche Gefühle sind. Meine Mutter brachte zum Beispiel keine Blumen ins Haus und mochte sie nicht, weil sie sie an die Beerdigung ihrer Mutter erinnerten, die starb, als meine Mutter erst neun Jahre alt war. Eines Tages, als der Frühling nahte, wünschte ich mir, vor all meinen Fenstern Blumen zu haben. Mein ganzes Leben lang hatte ich gespürt, wie etwas mein Verhältnis zu Blumen überschattete. Ich beschloß, nach den Weisungen dieses Buches für mich selbst eine Geschichte zu schreiben. Ich nannte sie »Die Blumenhasserin«.

Die Geschichte schien sich innerhalb kürzester Zeit fast von allein zu schreiben, auch wenn ich noch einige Stunden brauchte, um sie auszufeilen. Durch diese Geschichte klärte sich für mich vollständig, welche Gefühle ich als kleines Mädchen im Hinblick auf Blumen hatte. Nachdem sie fertig war, mußte ich heftig weinen, und ich erkannte, wie sehr ich für meine Mutter trauerte, und auch, wie verwirrt, frustriert und wütend ich mich fühlte. Ich erkannte mein tiefes Bedürfnis nach Blumen. Ich bin dankbar, daß ich mir die Zeit nahm und die Mühe machte, um das für mich zum Ausdruck zu bringen. Als ich meine Geschichte zwei meiner engsten Freunden vorlas, wußte ich im Herzen, daß ich mich nachhaltig verändert und der Prozeß des Schreibens mir die Augen geöffnet hatte. In jenem Frühling zog ich los und fand genau das, was ich für meinen Garten brauchte, ohne die ständigen, unerklärlichen Gewissensbisse, die ich sogar als Kind gefühlt hatte, wenn ich freiwachsende Wiesenblumen pflückte. Dadurch, daß ich die Wahrheit meiner Imagination respektiert hatte, war ich befreit worden.

Die würdevolle Kraft eines jungen Menschen angesichts des Widerstands von Erwachsenen kann allen Beteiligten Kraft verleihen. In Märchenseminaren für Erwachsene und Kinder sitze ich meist ruhig in der Mitte des Zimmers, während die Teilnehmer in Zweiergruppen an ihren Geschichten arbeiten. Dann frage ich sie, ob sie ihre Geschichten der ganzen Gruppe vortragen wollen. Aus dieser engen Zusammenarbeit und aus der Aufführung ihrer Geschichte vor der Gruppe ziehen sowohl Erwachsene als auch Kinder Energie und Mut, wenn die Gruppe nicht zu groß ist und ein Gefühl der Geborgenheit zuverlässig aufgebaut wurde. Nachdem ich einige Male mit einer Gruppe von Kindern zusammengekommen war und sie ziemlich gut kannte, forderte ich sie auf, eine Geschichte zu erfinden, in der ein Kind weiser ist als seine Eltern. Zwei Mädchen erfanden eine Geschichte über ein indisches Mädchen, das seinem Volk helfen wollte.

Ihre Mutter, die Königin Malahara, wollte ihr nicht erlauben, das Schloß zu verlassen und über das Eis zu fremden Ufern zu fahren. »Ich mache für niemanden eine Ausnahme.«

Darauf sagte die Tochter: »Mutter, ich glaube, du bist törichter als ich.« Sie fuhr über das ihr verbotene Eis.

»Hier ist es sehr, sehr gefährlich«, sagte der Hüter jenes Ortes. »Hier hast du die Nahrung und das Wasser, die du suchst. Bitte eile schnell wieder zu deinem Volk zurück.« Als das Mädchen zurückgekehrt war, rief es voller Aufregung nach seiner Mutter.

»Was!« sagte die Königinmutter. »Du rufst nach mir! Tochter, ich sagte dir, du sollst mich nicht rufen.«

»Ich möchte, daß du mit mir kommst. Ich habe Wasser und Nahrung für unser ganzes Volk.«

»Du bist über das Eis gefahren«, schrie die Königin. Doch schließlich folgte die Königin ihrer Tochter über das Eis. »O Tochter, ich erkenne jetzt vieles klarer. Ich danke dir für deine Geduld mit mir. Verzeih' mir, daß ich eine so törichte Herrscherin war.«

Und die Königin war nie wieder töricht. Und die Tochter wurde zum Geist der Sonne. Und das ist das Ende unserer Geschichte.

Am Ende dieser Geschichte lehnten sich alle mit einem Gefühl tiefer Zufriedenheit zurück.

Erinnern Sie sich an einen bestimmen Vorfall in Ihrer Kindheit, bei dem Sie die Zurückweisung Ihres eifrig-liebevollen, kleinen Selbst erlebten. Sehen Sie sich selbst in einem sehr positiven Licht als eine zwar verzauberte, aber grundsätzlich gute Person, die im Bann eines Zauberers oder einer Hexe steht – vielleicht in einer kleinen Kammer eines großen Schlosses oder weit entfernt in

einem gebirgigen Land, wo niemand, der Ihnen helfen könnte, Sie findet. Stellen Sie sich jetzt die Person, die Sie zurückwies, in einem schöpferischen Licht, vielleicht als trübsinnige Riesin oder böse Hexe vor. Übertreiben Sie den Gegensatz, damit Sie ihn besser erkennen können. Lassen Sie die negative Energie mit der positiven wetteifern, bis die erforderliche Hilfe gekommen und der Zauber gelöst ist.

Stellen Sie sich die schlimmste Mutter vor, die Sie kennen. Übertreiben Sie ihre schlimmen Eigenschaften. Vielleicht sind Sie sich selbst eine schreckliche Mutter. Erzählen Sie die Geschichte einer Mutter, die, aus welchem Grund auch immer, versucht, ihr Kind oder ihre Kinder zu vernichten. Lassen Sie im Verlauf Ihrer Geschichte die Negativität dieser Mutter voll und ganz von der Güte und natürlichen Weisheit des Kindes oder der Kinder übertrumpft werden.

GROSSE UND GUTE VÄTER

Jedes Bild in einer Geschichte kann als Aspekt Ihres Selbst betrachtet werden. Eine liebevolle Einheit zwischen männlicher und weiblicher Weisheit hütet Ihre Kinder, bis sie bereit sind, in ihrem eigenen Autoritätsbereich sich selbst zu werden. Der »gute Vater« ist eine uralte ideelle Energie, die Ihnen innewohnt. Sie verleiht Ihnen die Kraft, zu befehlen, zu segnen, loszulassen und die Taten jüngerer, suchender Energien zu feiern.

In den alten Märchen werden männliche Figuren, die Fürsorge und Schutz spenden, oft als Könige dargestellt. Der gute König stellt das höchste Bild des Vaters dar, der weise und gut »über das ganze Land« regiert. An seine Sprößlinge werden hohe Erwartungen herangetragen, denn es sind ja die Kinder des königlichen Willens und der königlichen Fülle. Diese Väter kehren von ihren Reisen mit genau den Geschenken zurück, um die ihre Kinder sie gebeten haben. Sie erlauben ihren Kindern erst dann fortzugehen, wenn sie wirklich in der Lage sind, ihre Suche erfolgreich durchzuführen. Ihren Söhnen übertragen sie die Symbole der Macht und Autorität: ein großes Schwert vielleicht oder einen Sack voll Gold oder ein edles Pferd.

Das traditionelle Bild des gütigen alten Potentaten – unter dem kritischen Blick der Feministinnen als der Aspekt unseres Selbst dargestellt, der das Reich bewacht und für Gesetz und Ordnung sorgt – kann auch für unser heutiges Empfinden zweckdienliche Muster erschaffen, die uns inspirieren und lenken können. Es ist der weise Herrscher, der genau weiß, wann und wie er jedes seiner Kinder, ob männlich oder weiblich, in die große weite Welt hinausziehen lassen soll, damit sie nach ihren eigenen Kräften und ihrem Glück forschen, während er sich selbst im wesentlichen in seinem Reich aufhält, um die Freier zu empfangen, die um die Hand seiner Töchter anhalten, und Nachrichten über die Erfolge seiner Kinder entgegenzunehmen. Diese großartige und beschützende Präsenz können wir in uns selbst erkennen, wie sie im Sitz unserer Kraft abwartet und beobachtet. Am Ende einer Geschichte schenkt der gute Herrscher dem neuen Herrscherpaar oft aus freien Stücken sein halbes oder auch sein ganzes Reich. Vielleicht lag er zuvor krank in seinem Bett, dringendst angewiesen auf die rettende Gnade und den guten Willen seiner Kinder, bis sie schließlich über die Weisheit und Stärke verfügten, ihm wieder zu seiner vollen Kraft zu verhelfen, und so auch dem ganzen Reich ihre eigene Stärke bewiesen.

Die folgende Geschichte stammt von einer Gruppe von Kindern; ich gebe sie hier genau so wieder, wie ich sie aufgezeichnet habe, während ich hinten im Raum saß und der Vorführung der Kinder vor der Gruppe zuhörte:

Ein König trauerte aufrichtig um den Tod seiner Frau. Die Tochter, die hier Synea genannt werden soll, begriff es jedoch nicht. Sie ging zu ihm hin und beschwerte sich: »Du bist ein Heuchler, willst dich nur in einem schönen Licht darstellen. Du schickst mich aufs Zimmer, damit ich den anderen nicht sage, daß du meine Mutter nicht wirklich geliebt hast.«

Während der König im Thronsaal saß, beschwerte sie sich den ganzen Tag über seine Heuchelei. Eines Tages sah ein Kaufmann, der auf der Durchreise war und sich vorübergehend im Palast aufhielt, daß sie einen Freund brauchte. Synea klagte ihm ihr Leid und bat ihn, wieder zurückzukehren. Sie sagte ihm auch, daß der Rosengarten bald in Blüte stehen würde.

Synea ging hin, um im Rosengarten spazierenzugehen. »Wie bist du aus dem Zimmer gekommen?« fragte ihr Vater, der König.

»Das Schloß war verrostet«, antwortete sie.

»Ich werde heute im Thronsaal alle Seidenhändler empfangen«, sagte ihr Vater. »Geh wieder in dein Zimmer, aber du darfst mich rufen, wenn du mich brauchst.«

Die Kabinettsminister und einige der Kaufleute schmiedeten ein Komplott, um den König umzubringen und damit Reichtum und Herrschaft zu erlangen. Sie beredeten ihre Pläne in den unteren Bereichen des Palasts. »Wir wissen, daß sie ihren Vater haßt. Wir wollen den König umbringen. Nieder mit dem König. Sie kann uns helfen.« Und Synea beteiligte sich an dem Plan, das Essen ihres Vaters zu vergiften.

Aber im letzten Augenblick rannte sie in sein Zimmer und flehte ihn an: »Iß es bitte nicht. Ich weiß, daß du meine Mutter liebtest.« Der gute Kaufmann kam ihr zu Hilfe und erzählte dem König von dem schrecklichen Komplott gegen sein Leben. »Was soll dieser Unsinn. Du albernes, trauerndes Mädchen. Der König, dein Vater, liebte seine Frau wirklich«, sagte der gute Kaufmann.

»Du schreckliches Kabinettsmitglied. Ich bin der Herrscher in diesem Land. Ich bin dein König. Du wirst zwei Jahre lang aus dem Reich verbannt, damit du einen neuen Lebenswandel findest. Nach Ablauf dieser Zeit schicke ich jemanden, der dich suchen soll. Nein, sagen wir lieber zehn Jahre.«

Dann standen die Blumen im Rosengarten in voller Blüte, und der gute Seidenhändler und die Tochter des Königs wurden dort vermählt, wo die Rosen wuchsen.

Beim Geschichtenerzählen kann man frei und ungehemmt Themen ausloten, die sowohl für Kinder als auch für Erwachsene im normalen Gespräch schwierig sein könnten. Oft ist es das Kind, das sich nicht ausdrücken durfte, das das Erwachsenenleben beeinträchtigt. Ängste und Hoffnungen, Wut und Groll gegen Autoritätspersonen können leicht in Geschichtenbildern ausgedrückt werden. Der aktive und einfühlsame Gebrauch der Vorstellungskraft kann so wohltuend sein wie ein langer Spaziergang oder ein Tag am Strand.

Erfinden Sie eine Geschichte, in der ein guter Vater gegen die Intrigen eines bösen Kindes verteidigt wird.

Schicken Sie drei Söhne oder drei Töchter in einer Geschichte los, um »ihr Glück zu suchen.« Legen Sie besonderen Wert auf die Worte und Gesten des Vaters beim Abschied der Kinder.

Erfinden Sie eine Geschichte über einen guten König, der krank oder unglücklich und verwirrt ist, bis eines seiner Kinder ihm das Heilmittel bringt, das er braucht, um wieder gesund und heil zu werden, und das ihn befähigt, die Herrschaft über sein Reich wieder aktiv in die Hand zu nehmen.

Geringere Väter

Könige können natürlich auch ganz und gar nicht weise und gut sein. Jeder Vater, der Autorität besitzt und manchmal einem Sohn oder einer Tochter das gibt, was er oder sie gerade braucht, kann symbolisch als König betrachtet werden. Doch auch ein König kann manchmal wenig haben, was er schenken könnte, und sein Kind oder seine Kinder der Welt ohne liebevollen Segen ausliefern. Wie sein weibliches Gegenstück wird er vielleicht von den Aufgaben des Alltags oder von negativen Gefühlen wie Neid, Eifersucht, Haß, Faulheit, Habgier oder Wollust aufgefressen. Vielleicht beugt er sich, wie der Vater in *Hänsel und Gretel*, dem Druck einer nicht so idealen Frau und liefert seine Kinder in einem zarten Alter dem dunklen Wald aus, damit sie für sich selbst sorgen. Vielleicht verliert er seine Fähigkeit zu lieben und trifft Abkommen mit Feinden, um seine eigenen selbstsüchtigen

Interessen zu schützen, wie der Vater im Märchen *Der König vom goldenen Berg*, der rücksichtslos gegen sein eigenes Kind zu seinem Gewinn Ränke schmiedet. Im Märchen *Allerleirauh* wird der alte König von inzestuöser Wollust verzehrt. In traditionellen Märchen werden solche väterlichen Eskapaden allerdings selten dargestellt, da gute Väter für unser Vertrauen in uns selbst und in das Leben so notwendig sind. Väter, die keine Könige sind, werden im allgemeinen als hart arbeitende Personen dargestellt, die nicht präsent oder nicht stark genug sind, um über die Negativität der »bösen Mutter« die Oberhand zu gewinnen. Oder sie reisen durch einen dunklen Wald und verfallen unwissentlich einem Zauber, weil ihre Beobachtungsgabe nicht ausreicht, um ihre Töchter zu beschützen, wie in der Geschichte *Die Schöne und das Biest*. Ihre nicht so weise Präsenz wirft einen beeinträchtigenden Schatten, der, wie im wirklichen Leben, erst einmal überwunden werden muß.

Ein nicht so weiser Vater in einer Geschichte wird in Ihnen das Bewußtsein dafür stärken, wer Sie sind und was Sie tun. Manchmal werden die Kinder Ihres Herzens und Ihrer Phantasie auch von Ihnen gequält, zurückgewiesen, verbannt oder klein gemacht. Jenseits der Grenzen Ihres schwachen, abgehärmten, müden Geistes können die Kinder Ihrer Geschichten in erlösende Abenteuer hinausschreiten. Von dort können sie Kraft für jene kranken Könige und anderen väterlichen Wesen mitbringen, welche die Frische und Weisheit ihrer Kinder brauchen, damit sie selbst geheilt und gerettet werden können.

In einem Märchen-Workshop bat ich eine Gruppe von Erwachsenen, sich in einer Geschichte auf eine Suche zu begeben, in der sie die Widerstände von Wasser, Erde, Feuer und Luft überwinden sollten. Ein liebvoller Vater, dessen Leben sich in der Forschung und im Schreiben seiner sehr trockenen Doktorarbeit verzehrte, staunte über die Geschichte, die er schrieb. Sie erzählte von der Suche eines Vaters nach seinem verlorenen Sohn. Seine Hauptfigur war ein Holzschnitzer,

ein stiller, aber leidenschaftlicher Mann, der von früh morgens bis spät nachts sein Handwerk ausübte. Die Jahre hatten tiefe

Furchen in seine Stirn gegraben; sein dunkler Bart bedeckte eine Narbe auf der Wange. Sein Sohn aber war ein heiterer, blonder, blauäugiger Junge, der gern mit den Tieren auf der Wiese spielte oder unter seinem Lieblingsbaum die Flöte blies. Er bat seinen Vater immer wieder, zu ihm zu kommen und mit ihm zu spielen, aber der Vater sagte immer: »Nein, ich habe zuviel Arbeit.«

Im nächsten Abschnitt der Geschichte

hatten ein kalter Wind, dunkle Wolken und ein lautes Dröhnen, fast wie das Röhren eines Tiers, seinen Sohn hinweggetragen. Der Vater hörte nur seinen letzten, schwachen Hilferuf. Der Nebel und die Wolken zerstreuten sich, und der Wind beruhigte sich. Aber von seinem Sohn war nirgendwo eine Spur zu sehen. Der Vater mußte sich in den dunklen Wald begeben, um seinen Sohn zu suchen. Die Reise durch die Tiefe des Waldes war lang und hart. Er wußte nicht mehr, ob es Tag oder Nacht war. Im Abgrund der Verzweiflung kam er zu einer Lichtung mit einem Weiher, an dessen Rand er einschlief, während er sein eigenes, müdes Gesicht im Spiegel des Wassers betrachtete.

Die Geschichte ging noch weiter:

Nach einiger Zeit wurde der Holzschnitzer von einem hellen Licht geweckt, das ihm in die Augen schien. Das Licht stieg aus dem Weiher hoch, bis es so groß war wie er selbst, und nahm die Gestalt eines alten Mannes mit weißen Haaren und einem langen Gewand an. Der Geist bedeutete ihm näherzukommen. Dies tat er, woraufhin der Geist ihm ein Stück Obst reichte. Als der Holzschnitzer hineinbiß, verschwand der Geist, und an dessen Stelle stand ein flinkes Waldreh, das dem Holzschnitzer bedeute-te, er solle ihm folgen. Der Mann starrte das Tier an, und plötz-lich spürte er ein Gefühl der Geborgenheit und wußte genau, daß er dem Tier folgen mußte. Er kniete nieder, um aus dem Teich zu trinken, aber statt seines eigenen Spiegelbildes sah er das Bild seines Sohnes. Da wußte er, daß er dem Reh vertrauen und ihm überallhin folgen mußte.

In dieser wunderschönen Geschichte, die in weniger als einer Stunde geschrieben wurde, hieß es dann weiter:

Das Reh verwandelte sich in einen Vogel, der den Vater über ein großes Meer trug. Als der Vogel verschwand, baute der Vater ein Floß, um in die Richtung zu fahren, in die es verschwunden war. Er reiste viele Tage lang durch unbekannte Gewässer. Ein Delphin umkreiste eine riesige Schlange, die ihn verschlingen wollte, und beschützte ihn. Dann nahm der Delphin den Holzschnitzer auf seinen Rücken. Sie fuhren schnell durchs Wasser bis ans andere Meeresufer. Dort dankte der Holzschnitzer dem Delphin, der ihm sagte, daß sein Sohn in einem großen Schloß festgehalten wurde, das zwei Tagesreisen von dem Ort entfernt war, an dem der Mann jetzt stand. Als der Holzschnitzer am Schloß ankam, erfuhr er, daß sein Sohn vom Zauberer eines alten Königs festgehalten wurde, der ihn verzaubert hatte, weil der König keinen eigenen Sohn hatte.

Das Ende der Geschichte war für einen so sanften Mann schockierend:

Der Holzschnitzer ging zum König und verlangte die Freilassung seines Sohnes. Der alte König weigerte sich. Da zog der Holzschnitzer sein Messer und tötete den König. Als dies passiert war, jubelte das ganze Volk. Der Junge und sein Vater wurden wieder vereint und lebten glücklich bis an ihr Ende. Der Junge wurde zum Prinzen gemacht, und der Holzschnitzer und seine Frau regierten weise im Schloß bis an ihr Ende.

Als er ein Jahr später über diese Geschichte sprach, sagte der Vater, daß er sich sehr stark darum bemühte, Wissenschaftler zu werden, aber keinen wirklichen Bezug zu seiner Arbeit hatte, und das laugte ihn aus. Er hatte geglaubt, nach der Wahrheit der Wissenschaft zu suchen:

»Die Wissenschaft schafft keine Verbindung zwischen den Menschen und ihrer Welt. Das tut aber die Phantasie. Durch ihre

Gefühlsregungen können Menschen sehen, sich mit anderen verbinden und inspiriert werden, echte Veränderungen herbeizuführen. Alles lebt und ist beseelt. Wir können mit unserer Seele in Kontakt treten. Das ist eine Dimension der Wahrheit. Sie ist nicht objektiv in dem Sinne, daß man sie unabhängig bestätigen könnte. Diese Geschichte ist mir immer wieder in den Sinn gekommen. Ich verfalle manchmal in eine Depression, die mich erschöpft und auslaugt. Ich beobachte das jetzt immer öfter. Wenn ich an diese Geschichte denke, spüre ich, wie stark mein Wunsch ist, mit dem Staunen und dem Glück meines eigenen Kindes in Verbindung zu bleiben. Und ich weiß auch absolut, daß ich keinem Menschen und keinem Ding erlauben würde, uns unser Kind wegzunehmen.«

Erfinden Sie eine Geschichte, in der ein allzu hart arbeitender König lernt, manchmal die fröhlichen Beschäftigungen seiner Familie zu genießen.

Richten Sie Ihre Aufmerksamkeit auf ein Gefühl oder eine Eigenschaft, wie etwa Habgier oder Perfektionismus. Erfinden Sie die Figur eines Vaters, der von diesem Gefühl verzehrt wird. Sie können mit Übertreibung experimentieren. Befreien Sie das Kind oder die Kinder dieses Vaters, damit sie andere Wege finden können, ihr Leben zu führen.

Stellen Sie sich ein weises Kind vor, das in Ihrem Vater oder Großvater verborgen ist. Denken Sie sich die Geschichte dieses Kindes aus, das sich vielen Widrigkeiten stellen und anpassen muß. Erzählen Sie Ihre Geschichte mit einem Gefühl der Liebe und Bewunderung für das freudige, verspielte »innere Kind«. Lassen Sie, während Sie in der Phantasie mit diesen kindlichen Kräften kommunizieren, das Kind viele schwierige Prüfungen bestehen und denken Sie daran, daß dieses Kind auch ein Teil von Ihnen ist.

Ihr Körper kann, symbolisch gesehen, als eine Reihe von Brüdern betrachtet werden. Der klassische, aus Märchen bekannte
»ältere Bruder« entspricht Ihrem Kopf – der erste Körperteil, der
sich am Embryo ausbildet. Der Älteste ist darauf erpicht, ein
starkes Individuum zu werden. Doch in den alten Märchen treten die Beschränkungen dieses stolzen, lebenshungrigen Abenteu-
rers unweigerlich ans Tageslicht. Allein bringt er es nicht sehr
weit auf dem Weg, ohne sich in großen Kummer zu verstricken.
Meistens weist er alle Helfer und Berater zurück und, da er von
sich aus unfähig ist, die Realität gründlich zu erspüren, erstarrt
er bald im eigenen Egoismus.

Der »zweite Bruder,« der immer wieder vom Hof des Vaters
wegzieht, verkörpert den rohen Eigenwillen. Ungeduldig und
grob, will dieser Bruder seinen Willen durchsetzen; sein Herz ist
verschlossen, sein Geist ist starr. Auf seinen Abenteuern verliert
er aufgrund seines Verhaltens den Weg aus den Augen und muß
sich mit weniger Liebe und weniger Land oder mit gar nichts
begnügen.

Der »jüngste Bruder« verkörpert die zarte Liebe, das ganze
Vertrauen Ihres Herzens. Er ist liebenswürdig, sanft, oft musika-
lisch. Am Anfang einer Geschichte findet man diesen »dritten
Bruder« oft neben dem Herd, wie er leise und rhythmisch sich
selbst ein Lied singt oder auf einem Musikinstrument spielt.
Auch wenn er ein verträumter »Dummling« ist, sucht er wie
seine älteren Brüder, die so stolz und eigensinnig aus den fami-
liären Bindungen ausgebrochen sind, nach Abenteuern. Wenn
der Dummling auszieht, um in ihre Fußstapfen zu treten, akzeptiert er alle Menschen und alle Dinge, denen er auf seinem Weg
begegnet, ohne die Angst, den Stolz, die Ungeduld und die Gier,
von denen die anderen beherrscht sind. Mit jedem, auf den er
trifft, schließt er Freundschaft und teilt mit allen großzügig Nahrung oder andere Dinge, die er mit sich trägt. Oft bekommt er
dafür ein Geschenk. Auch wenn es sonderbar oder nutzlos
erscheinen mag, bewahrt er es vertrauensvoll auf. Wann immer
er seinen Brüdern auf dem Weg begegnet, schenkt er ihnen seine

liebevolle Aufmerksamkeit, auch wenn sie ihn verspotten oder verhöhnen. Am Ende eines klassischen Märchens ist dieser dritte Bruder derjenige, der die wahre Prinzessin und ein Reich gewinnt, über das er mit ihr gemeinsam herrscht. Weisheit, Liebe und Freude haben ihn auf seinem Weg geleitet. Durch seine liebevolle Führung können seine älteren Brüder oft auch zu einem besseren Lebenswandel finden.

Auch in einer kurzen, unkomplizierten Geschichte, die nach dem alten Muster von drei Brüdern handelt, können Sie regelrecht zuhören, wie sich Ihr Herz aufschließt. Der »Dummling« wohnt in Ihnen – in der Bereitschaft Ihres Herzens, mit Offenheit und Freude auf Liebe und Abenteuer zuzugehen. Ohne die Gegenwart dieses weisen, furchtlosen und sanften Wesens führen kaltherzige Gedanken und Begierden uns alle in die Irre. In der Märchenwelt, wie im Leben, verwandelt der »Dummling« alle Hindernisse, Bedrohungen und Herausforderungen in positive Energien.

Stellen Sie sich drei Brüder vor, von denen jeder einzelne ein anderes Verhältnis zur Arbeit und zum Vergnügen hat. Achten Sie vor allem darauf, die Tugenden der Güte, Großzügigkeit und Heiterkeit im Dummling besonders hervorzuheben. Lassen Sie diesen »einfältigen« Bruder im Verlauf der Geschichte auf klassische Weise die beiden anderen retten.

Ganz gleich, als welches Kind Sie in Ihrer eigenen Familie geboren wurden: Wenn Sie sich durch Ihre eigene Vorstellungskraft über Ihren üblichen Sinn für Ordnung hinausbewegen, ist es, als würden Sie steife Muskeln dehnen. Erfinden Sie eine lange Geschichte über drei Prinzen, die auf Abenteuer ausgehen. Der erste hat einen äußerst starken Verstand. Der zweite hat einen äußerst starken Willen. Der dritte hat ein offenes und liebevolles Herz. Lassen Sie den ersten, den zweiten und den dritten Sohn jeweils voneinander lernen, wie sie in ihrem Leben zu größerer und feinerer Harmonie und besserem Gleichgewicht finden können.

Die klassische weibliche Triade in den alten Märchen besteht meist aus zwei grausamen, kaltherzigen »älteren Schwestern«, die sich verwandeln oder sterben müssen, und einer dritten Schwester. Nach diesem universalen Muster können Sie sich in den Bildern Ihrer Geschichten richten und darauf vertrauen, daß es gut funktioniert. Ältere Schwestern sind Gestalten, gegen deren Mätzchen und Kaltherzigkeit sich die Lieblichkeit und Tiefgründigkeit des »Herzenskinds« abheben. Die ersten beiden Schwestern werden als älter dargestellt, damit die spontane und verwundbare »jüngste« ihren Weg durch die bedrückenden Wutgefühle, Eitelkeiten und Eifersüchte der älteren hindurchfinden kann. Die jüngste wird oft als die unterdrückte Bedienstete und Magd der anderen Schwestern dargestellt, der Sprößlinge einer grausamen Mutter, die die Sanftheit und das liebevolle Verhalten der jüngsten und verletzbarsten keineswegs besser versteht als ihre Töchter. Diese »Stieftochter« unter geringeren Frauen ist die Prinzessin, die in jedem von uns steckt, die in der Asche unserer eigenen Selbstleugnung sitzt – bis sie, wie Aschenputtel, genug Klarheit und Selbstvertrauen gewonnen hat, um auf den Ball der wahren Liebe zu gehen. In den großen alten Märchen verlieren Neid, Zorn, Stolz, Faulheit, Spott und Eitelkeit angesichts des natürlichen Adels dieser Prinzessin stets ihre Kraft.

Diese »jüngste« oder »erste« Tochter aus einer glücklicheren Ehe wird oft als überaus schön, von einer fast überirdischen Schönheit dargestellt. In den alten Märchen manchmal in Gewänder aus Sternenlicht, Sonnenlicht und Mondlicht gekleidet, tanzt sie mit übernatürlicher Leichtigkeit. Mit den tiefsten spirituellen Grundsätzen des Universums vereint, findet sie aus den hohen Sphären der Seele zu irdischer Liebe und Erfüllung. Am Ende des klassischen Märchens wohnen die beiden anderen Schwestern und die stumpfsinnige, verständnislose Mutter der Hochzeit der Jüngsten bei. Manchmal sind sie aufgrund der Schönheit der jüngsten Schwester und ihres Erfolgs in der Liebe etwas weicher geworden; manchmal bleiben sie so, wie sie sind, und weisen auch mitten im großen, allgemeinen Jubel den

Hohen Weg zur erhabenen Erfüllung zurück. Wenn Sie die würdige Schwester darstellen, die sich mit Geduld und Hingabe nach dem Prinzen der wahren Liebe sehnt, wird sie in besonderem Maße ein Bildnis der willigen Disziplin und Weisheit Ihrer eigenen Liebesnatur sein. Indem Ihre reine Magd durch viele Prüfungen hindurch zu der von ihr gesuchten Liebe vordringt, stellt sie einen Aspekt Ihrer eigenen Seele und der Seele aller dar.

> Erfinden Sie eine Geschichte über drei Schwestern, die einander helfen, eine große Suche zu verwirklichen. Unterwegs treffen sie eine Familie, in der die jüngste nach klassischer Aschenputtel-Art unterdrückt wird – von der täglichen Arbeit und von schlechter Behandlung verzehrt. Dennoch sind Mut und positives Bestreben noch in ihr lebendig. Die vereinten Schwestern laden diese jüngere ein, mit ihnen zusammen auf die Reise zu gehen. Nimmt sie die Einladung an? Warum tut sie es oder tut es nicht? Falls sie es tut, was hat das für eine Auswirkung auf die Familie, die sie zurückläßt?
>
> Basteln Sie drei weibliche Puppen, mit denen Sie spielen können, welche die drei archetypischen Schwestern darstellen. Sie könnten auch das Konterfei einer guten und einer bösen Mutter basteln.

Böse Hexen

Das Wissen um das Böse kräftigt die Macht des Guten in uns. Schreckliche Widrigkeiten und die Kraft, sie zu überwinden, sind das Thema vieler großer alter Märchen. Böse Zauberinnen sind oft in dunkle Kleidung gekleidet, werden als außergewöhnlich häßlich oder als grausam schön, als eifersüchtig, stolz, habgierig oder mörderisch dargestellt. In Kindern wie in Erwachsenen rufen sie Staunen und Schrecken und auch eine gewisse unbändige Freude hervor. Mit ihren schrecklichen Kräften bewegen sie sich auf verzauberten Besen oder mit Hilfe eines anderen Zaubers durch Zeit und Raum und weben entsetzliche Verwünschungen. Die Paläste und auch die bescheidenen Hütten, die sie bewohnen, üben eine seltsame, magnetische Anziehung auf jeden aus, der in ihre Nähe gerät. Dort gehen Besuchern unter Umständen das Sprechvermögen, das Denkvermögen und die Liebesfähigkeit verloren; die menschliche Freiheit verfällt in tierische Unwürde oder gedankenlosen Gehorsam. Mit nur wenigen Worten kann eine solche Figur ganze Landschaften und sogar starke Menschen in Statuen und bescheidene kleine Tiere verwandeln. Der Zorn böser Hexen ist brennend heiß, ihre Gier ist maßlos. Sie sind keine Spur an Güte oder Maßhalten interessiert, können ganze Seen auf einen Zug leertrinken und kleine Kinder mit einem Bissen verschlingen. Sie üben eine magnetische, läuternde Anziehungskraft auf jeden aus, dessen Lebensimpulse übermäßig zurückgehalten wurden und sich deshalb innerhalb des sicheren Rahmens einer Geschichte ohne Gewissensbisse in Zorn, Begierde, wilden Bewegungen und äußerster Selbstsucht entladen müssen.

In den großen alten Geschichten werden böse Hexen unweigerlich von den gutherzigen Menschen überlistet, denen sie unterwegs begegnen. Wassilissa die Wunderschöne, eine Kind-Hexe aus der Sphäre der gemeinschaftlichen Sittlichkeit, gewinnt dadurch ihre Freiheit von Baba Yaga, daß sie sich um die Bediensteten der Hexe kümmert. Zum Dank für ihre Aufmerksamkeit befreien diese sie von der Plackerei im Dienst der Hexe. Nachdem sie ihr Opfer verloren hat, kehrt eine Hexe vielleicht in ihre düstere Hütte im dunklen Wald zurück, um dort auf eine weitere Episode und eine weitere Gelegenheit zu warten, ihr böses Werk zu verrichten. Oder vielleicht stirbt sie auch im gleichen Feuer und in der gleichen Pein, die sie sich für die anderen ausgedacht hatte.

Die weibliche Bosheit kann auch in Ihrer eigenen Geschichtenwelt lauern. Doch nach den weisen Gesetzen der alten Märchentradition werden die Guten aus ihren Klauen befreit, manchmal durch ihre Bereitschaft, Gutes zu tun, manchmal durch eine geheimnisvolle Macht, die ihnen zu Hilfe kommt. Alle dunklen Triebe in Ihrer eigenen Natur – willentliches Unwissen, Habgier, Faulheit, Neid, Eifersucht, Zorn, Rachegelüste – können durch die Weisheit Ihrer eigenen erzählerischen Phantasie symbolisch verwandelt werden.

Tiefere Einsicht in die dunklere Seite der Frauen habe ich unter anderem dadurch gewonnen, daß ich Workshops zum Puppenbasteln geleitet habe. Sehr oft entscheiden sich gewissenhafte, liebe Frauen dazu, eine Hexe zu basteln, und nähen und sticken stundenlang und mit großem Fleiß an deren schrecklichem Gesicht. Unsere schöpferische Imagination ist eine tiefe Quelle des Ausgleichs und der Heilung auf vielen Ebenen. Eine schöne Frau in der Gruppe mußte sehr dicke Brillengläser tragen, um sehen zu können. Die Augen ihrer Hexenpuppe stickte sie mit besonderer Sorgfalt in allen Farben des Regenbogens.

Ich hatte schreckliche Angst, als ich mich das erste Mal hinsetzte, um eine Geschichte über eine Hexe zu schreiben. Zu der Zeit war ich voll von Wut über viele Erlebnisse in meiner Kindheit und ich wußte, ich würde mich selbst besser verstehen, wenn ich meine Wut in einer Flut von Bildern aufwallen ließe. Die Hexe in meiner Geschichte war ekelhaft und hinterlistig.

Wenn sie höhnisch lachte, knisterte es geradezu, und jahrelang wußte es keine einzige Seele auf dieser Erde. Die meiste Zeit lebte sie auf der anderen Seite eines leeren Abgrunds. Kalte Felsen umschlossen ihre chaotischen Ausbrüche von bitterem Haß und Zorn. Eines Abends kam sie in die Stadt, als alte Frau verkleidet, die eine Miene unschuldiger Neugier zur Schau trug.

Bald entdeckte ich, daß sie eine schreckliche Mission hatte und auf ihre »liebste Art von Anschlag« erpicht war. Durch geschicktes Bedrängen verwandelte sie eine gottesfürchtige Familie in einen gelähmten, verwirrten Haufen. Während ich meinen Weg durch die Schrecken meiner Kindheit hindurchschrieb, konnte ich einige von ihnen mit neuer Klarheit sehen. Meinem jungen Selbst gegenüber empfand ich eine beschützende Zärtlichkeit, besonders als ich in der Geschichte zwölf wurde. Ich wollte meinem Geschichtenkind alles erzählen können, was es wissen mußte, um sich vor dem Vorhaben dieser Hexe zu schützen, aber ich konnte das Kind nicht erreichen. Es schien sich in der

Geschichte verfangen zu haben. Doch als ich weiterschrieb, fand das Mädchen durch die Eheschließung den Weg in eine große Halle, die mit der Schönheit und Kraft der größten Weltreligionen angefüllt war. Ich war zutiefst erleichtert, als ich dann endlich schrieb:

Musik drang durch das Glas, und am Ende des langen Ganges überflutete eine einzige Kerze den ganzen Raum mit Licht. Vor dem Licht war ein Altar aus einem leuchtend blauen und durchsichtigen Stein. Obwohl sie voller Ehrfurcht war und überwältigt von der Kraft dieses Ortes, fühlte sich die junge Frau dort plötzlich mehr zu Hause, als sie sich jemals in in ihrem ziemlich kurzen Leben gefühlt hatte. Sie fühlte sich vom Altar angezogen. Diejenigen, die jenseits des Altars standen, besaßen die Macht, alle Bosheit aufzulösen. Sie standen dort als Abgesandte.

Hier hörte meine Geschichte auf. Aber für mich hatte sie bereits ihren Zweck erfüllt. Ich hatte in mich hineingeblickt; die Auseinandersetzung mit den sehr konkreten, dunklen Vorhaben der »Hexe« hatte mich zu einer echten Offenbarung geführt.

Benennen und beschreiben Sie einige böse Hexen. Schildern Sie ihre Pläne und ihre Freuden. Erfinden Sie in einer Geschichte ein weises Kind oder mehrere weise Kinder, die die üblen Pläne der Hexe durchkreuzen.

Erzählen Sie die Geschichte eines wahren Prinzen und einer wahren Prinzessin, die in der Höhle einer Hexe festgehalten werden, und der Plackerei und Langeweile, die sie dort erleben. Finden Sie dann einen Weg, um sie zu befreien. Als Gretel die Hexe in den Ofen stieß, wußte sie genau, was sie da tat!

Einige Ihrer Stärken und Fähigkeiten schlummern wie unter dem Bann einer Hexe. Verleihen Sie dieser Hexe in sich selbst eine Stimme und hören Sie ihrer Lust zu. Sie ist ein Teil von Ihnen, aber letztendlich ist sie machtlos, wenn Sie sie aus ihrer Verzauberung erwecken.

Ob durch Faszination, Staunen oder gar durch Schrecken – wer magische Kräfte walten läßt, lädt eine Geschichte mit neuen Energien auf. Gute Zauberinnen und wohlwollende Hexenmeister und Magier können oft mit großer Freiheit und großer Tiefe Vergangenheit, Gegenwart und Zukunft ergründen. Sie sind imstande, die baldige Ankunft und die Identität von Besuchern vorauszusagen, bevor diese überhaupt zu ihrer Höhle oder ihrem Turm gelangen, und sie können weise, wenn auch rätselhafte Ratschläge und Warnungen von sich geben. Manchmal sprechen sie in Versen oder mit altertümlicher Sprache und Gesten. Obwohl sie meistens als alt und erfahren dargestellt werden, wie der Zauberer Merlin, können sie manchmal auch ein jugendliches Erscheinungsbild haben.

In George MacDonalds Geschichte *Der goldene Schlüssel* wird der Schöpfer des Universums als neugeborenes Kind dargestellt. Um sie von anderen Menschen abzuheben, ist die Kleidung von Zauberern manchmal grob oder von seltsamer Machart, und ihre Wohnungen liegen oft in einer einsamen Gegend, an einem Gebirgspfad oder tief im Wald versteckt. In der Welt der Geschichten wie auch im wirklichen Leben warten diese hellsichtigen Zauberer-Gurus auf jene, die nach neuen Tiefen und Höhen des Verständnisses über sich selbst und das Universum suchen. Suchende bleiben eine Weile bei ihnen und verlieren dabei ihren normalen Sinn für Zeit und Raum, bis sie, nachdem sie die nötigen Lektionen gelernt und die nötigen Geschenke empfangen haben, größeren Abenteuern entgegengehen.

Gütige Magier-Lehrer verleihen exakt den neuen Antrieb, den ein Abenteurer braucht. Böse Zauberer werfen, genau wie ihre weiblichen Kollegen, einen anstrengenden Zauber über junge Abenteurer und über ganze Reiche, Wälder und Täler. In Märchen sieht man sie oft, wie sie im Stillen wirken, um glückliche Reiche in den Einflußbereich ihrer dunklen Mächte zu bringen. Ihre ahnungslosen Gäste verwandeln sich vielleicht plötzlich in abstoßende Gestalten oder müssen auf einmal harte Lebensbedingungen auf sich nehmen. Wenn sich Zauberer danach sehnen, durch wahre Liebe von den Mühen der Bosheit befreit zu werden, belasten ihre Verzauberungen ganze Familien und Königreiche unter Umständen jahrelang, bis diese die Kraft aufbringen können, ihre Häßlichkeit und zerstörerische Macht mit der Wahrheit der Liebe auszuleuchten.

Ihre Geschichtenwelt ist eine Bühne für Ihr Seelenleben. Sie können mutig und absichtsvoll einen Ort in Ihrer Phantasie erschaffen, an den sich Ihre Charaktere begeben können, um Heilung und Hilfe von einem wohlwollenden Weisen zu empfangen. Sie können den bösen Zauberern auch absichtlich einen Wirkungskreis lassen, damit Sie und Ihr Publikum die vielen Masken des Bösen in der realen Welt erkennen können. Menschen und Orte, über die ein Bann gesprochen wurde, Menschen, die in Tiere oder Steine verwandelt wurden, Geister, die handlungsunfähig gemacht wurden oder in den dunklen Fesseln der Sklaverei gefangen sind, zeigen Ihnen Aspekte Ihres eigenen Selbst und anderer Menschen, die auf positive Weise verwandelt werden können.

Die folgende Puppengeschichte stammt von zwei phantasievollen zehnjährigen Mädchen, die an einem Geschichtenerzählkurs an einer Schule in meinem Stadtteil teilnahmen. Eines der Mädchen, das die Rolle der Erzählerin einnahm, hat die besondere Gabe, innere Vision mit poetischer Rede zu verbinden. Sie nannten ihre Geschichte »Die Höhle der Teiche«.

»Diese Teiche sind die Welt«, singt die Erzählerin und zeigt mit einer großen Geste über die ganze »Bühne« – blaue und diesiggraue Tücher, über eine Schulbank mit daraufstehenden, umgedrehten Stühlen drapiert. »Das sind die Höhlen des Elends und die Höhlen des freudigen Glücks. Alle Höhlen sind Variationen dieser beiden. Ich bin der Kobold, der diese Höhlen versorgt. Wenn du in diese Höhle des Elends eintrittst, wirst du dich betäubt fühlen oder vielleicht gar nichts spüren, außer einer Kuppe aus klebrigem Dunst. O, da klopft's – wer ist da?«

Ein böser Zauberer betritt die Szene. »Sagte ich doch, daß das eine schwere Aufgabe ist«, spricht der Kobold und versteckt sich, um sich vor dem bösen Zauber des Magiers zu bewahren.

Der Zauberer bemächtigt sich der Höhlen. »Ha!« sagt der Zauberer, »ich nehme diese ganzen Teiche aus Elend und Glück und mische sie durcheinander. Dann kann ich den Dunst aufsammeln. Ich habe alle magischen Kräfte, die ich brauche. Ha! Jetzt bin ich Herrscher über das ganze Land. Niemand soll lachen.«

Ein gütiger, junger Prinz will die Höhlen vom Bösen befreien. Er betritt sie heimlich. »Ich muß einen klaren Kopf und ein reines Herz bewahren, damit ich nicht vom Bösen erfaßt werde. Es gibt nur einen Weg, wie man die Welt retten kann. Die einzige Hoffnung ist die Halskette des Glücks, die hier irgendwo verborgen ist. Ich weiß, daß sie hier irgendwo in diesem vertrockneten Meer begraben liegt. Ach du heiliger Bimbam, ich darf keinen Bissen beißen und keinen Schluck schlürfen, damit ich nicht vom Bösen verschlungen werde.«

Die Erzählerin zieht eine andere Puppe heraus und sagt: »Dieser Junge kam aus dem dunklen Wald und wurde durch das Licht geblendet. Er fiel in die Teiche und wurde von ihnen verschlungen.«

Der Junge und der gütige Prinz beraten sich flüsternd: »Ach, dieser Ort ist so verwirrend. Ich bin ein kleines Kind. Ich wurde von den Tieren großgezogen. Ich hoffe, Prinz, daß ich dir vertrauen kann. Du hast nicht das Unwissen der anderen, die vom Dunst verzaubert sind.«

»Zusammen suchten und suchten sie nach der Halskette der lebendigen, glücklichen Welt«, fuhr die Erzählerin fort.

»Die Halskette ist unsere einzige Hoffnung«, sagte der Prinz. »Ach, ich habe solchen Hunger, solchen Durst. Es sind Tage und Nächte vergangen. Ach, die Höhle. Psst – sonst sieht mich vielleicht der Zauberer. Jetzt sieht es ziemlich ungefährlich aus. Ach, ich habe eine Regenbogenkette gefunden. Es ist die Halskette der lebendigen Welt! Schau', die Nebel weichen! Jetzt soll alles Böse gebannt werden.«

»Ach, ich besitze allen Zauber!« ruft der böse Zauberer. »Allen außer den unseren!«

»Das Böse wurde aufgehoben«, sagte die Erzählerin. »Der Zauberer wurde ebenfalls gen Himmel gehoben, aber er fiel wie-

der zur Erde zurück, weil das Böse so schwer ist.« Dann kehrte
das Licht wieder in die Höhle der Teiche in dem vertrockneten
Meer – so heiß, so schwer – zurück«, sagte die Erzählerin mit
tiefer, kräftiger Stimme. Ihre Partnerin im Drama warf ein helles,
buntes Tuch über die trüben Stoffe.

»Jetzt müßt ihr immer gut für diese Zauberteiche sorgen«,
sagte der Kobold zum Jungen und zum Prinzen. *»Ich werde euch*
zeigen wie.«

Diese Kinder hatten ein metaphysisches Drama in Szene gesetzt,
das mich zu Tränen rührte. Ich staunte damals und staune heute
noch über den unglaublichen Mut und die fürsorgliche Weisheit,
die aus Kindern sprechen, wenn sie über einen sicheren und
schöpferischen Raum verfügen, in dem sie sich ausdrücken können ganz wie sie selbst wollen. Natürlich halfen ihnen die Puppen und die wunderschön gefärbten Seidentücher, mit ihrem tiefsten Selbst in Verbindung zu treten, während sie spielten.
Erwachsene lassen sich so leicht durch viele verschiedene Arten
von Klugheit und durch nebelhafte Unklarheit von diesen weisen
Tiefen ablenken. Doch wenn es auch nur die kleinste Chance
bekommt, kann das weise Kind in Ihnen, genau wie diese Kinder, große Dramen in Szene setzen.

Ich hatte die Ehre, für ein sehr energiegeladenes, ältestes Kind,
das den Wald sehr liebt, eine Geburtstagsgeschichte über einen
Zauberer zu erfinden. Die Mutter des Kindes äußerte den
Wunsch, daß die Geschichte sehr phantasievoll sein möge, weil
sie befürchtete, daß ihre Tochter dabei war, zu nüchtern und
ernsthaft zu werden. Die Heldin der Geschichte hieß »Prinzessin
Sternenfeuer«, und sie war das jüngste Kind eines gütigen
Königspaars, das viele Kinder hatte.

Als die Prinzessin Sternenfeuer Mathilde schon etwas älter und
mutiger war, bat sie, allen möglichen Festen und Feiern beiwoh-
nen und sie mit den von ihr mitgebrachten Blumen und den von
ihr verzierten Kerzen lustiger zu gestalten zu dürfen. Und so
zogen viele Monde über die Dächer des Palastes hinweg,
während sie heranwuchs.

Eines Tages, als sie das reife Alter von sieben Jahren fast erreicht hatte, kam ein Bote mit einer traurigen Nachricht zum Palast. »*Wenn nicht sofort etwas unternommen wird, wird der königliche Wald zerstört und der Waldzauberer muß zusammen mit allen seinen Schützlingen sterben.*«

»*Ach weh, ach weh*«, *klagte die gute Königin und rang verzweifelt die Hände.*

»*Ich muß einen Rat einberufen*«, *verkündete der gute König und strich über seinen langen weißen Bart. Und als die tüchtigsten Berater des Königs angekommen waren, sagte der König:* »*Und nun, meine jüngste Prinzessin, sollst du unter keinen Umständen aus deinem Zimmer herauskommen. Die Zeiten sind ernst, und wir dürfen nicht von kleinen Stimmen gestört werden.*« *Und er ließ die schwere Staatstür zufallen.*

Prinzessin Sternenfeuer, die eine wahre Prinzessin und in ihrem Herzen gehorsam war, zog eine Grimasse und ging unwillig auf ihr Zimmer. Dort saß sie lange trübsinnig da, ihr Kinn auf ihre Faust aufgestützt. Einmal warf sie einen roten Pantoffel gegen die Tür, und dann den zweiten. Plötzlich kam eine kleine braune Maus mit einem winzigen grünen Hut auf dem Kopf herangehuscht.

»*Folge mir!*« *quietschte die Maus mit hoher, aber musikalischer Stimme.* »*Folge mir zum Wald des Zauberers.*« *Prinzessin Sternenfeuer traute ihren Augen und ihren Ohren nicht.* »*Folge mir*«, *wiederholte die Maus.*

»*Aber ich darf nicht allein in den Wald.*«

»*Ich werde dich beschützen. Komm mit mir zum Baum des Zauberers. Es ist sein Wunsch und sein Befehl*«, *quietschte die Maus.*

Im weiteren Verlauf der Geschichte traf die Prinzessin den alten Waldzauberer, der dazu verurteilt war, sein Leben in einem hohlen Baum zu verbringen, und nicht die Kraft aufbrachte, sich von dort fortzubewegen.

»*Was kann ich tun?*« *fragte die Prinzessin mit großer Hilfsbereitschaft.*

»Setz dich hin, und ich sage es dir.« Obwohl Prinzessin Sternenfeuer nicht sitzen wollte, gehorchte sie. »Als ich jung war, sangen die Vögel hier in großer Zahl; alle Feen des Nordens, Südens, Ostens und Westens kamen auf meinen Befehl hin zusammen, und so konnten Bäume aller Art dank ihrer helfenden Flügel und ihres lautlosen Gesanges wachsen und gedeihen. Nun sind die Wälder bar neuen Lebens, und ich kann meine Arbeit nicht mehr allein ausführen.« Der Zauberer hielt inne und schaute die Prinzessin lange an, bis sie sich sehr unwohl fühlte. »Ich höre von der Maus, daß du dich aufs Singen und aufs Feiern verstehst.«

»O ja«, nickte sie.

»Gut«, sagte er. »Ich hoffte, du würdest uns helfen können.« Sie nickte wieder, diesmal sehr entschlossen. »Unter diesem Baum ist mein Rufstein. Such' ihn bitte.«

Prinzessin Sternenfeuer klopfte die alten Baumwurzeln ab, bis sie schließlich ein kleines, erdfarbenes Säckchen fand. Das Nicken des Zauberers ermutigte sie, es aufzumachen, und siehe da, ganz unten im Säckchen, leuchtete ein Stein!

Die Geschichte ging noch weiter:

Mit dem Stein des Zauberers und ihrer kräftigen menschlichen Stimme war die Prinzessin in der Lage, die hilfreichen Feen und Kobolde jenes Waldes anzurufen. Während sie sang, tanzten sie im Kreis um die beiden herum. Ein großes Jubeln brach in der Lichtung aus, denn die Feen und Kobolde hatte viele Jahre lang darauf gewartet, daß der Zauberer seine Kraft wiederfände. Die Kobolde überreichten der Prinzessin viele schöne Rufsteine, die sie ebenfalls mit sich führen sollte. Und der Zauberer bat sie, ihre Brüder und Schwestern und alle, die sie liebte, in den Wald zu bringen. »Wann immer du einen Rufstein hältst und mit Liebe im Herzen singst, werde ich in deiner Nähe sein, auch wenn du mich nicht sehen kannst«, sagte der Waldzauberer, »und meine Waldfeen und Kobolde werden bei mir sein.«

Er nannte ihr viele Möglichkeiten, wie sie und ihre menschlichen Artgenossen helfen könnten, die Wälder aufzuräumen und die kleinen Bäumchen dazu zu bringen, sich erneut dem singenden Licht entgegenzustrecken. Dann war der Zauberer plötzlich weg... und die kleine braune Maus mit dem grünen Hut sagte, als hätte sie den Reim vom Waldzauberer selbst gelernt: »Menschenprinzessin, so treu und so gut. Folge mir nach! Sei auf der Hut!« Und sie führte die Prinzessin an Dornenbüschen und Dickichten, an alten, gefallenen Baumstämmen und Ästen und alten, abgestorbenen Bäumen vorbei, über die große, offene Wiese wieder zurück in ihr eigenes Zimmer im Palast.

Von diesem Tag an führte Prinzessin Sternenfeuer viele Kinder in ihren Wald. Sie zeigte ihnen, wie man still stehen und zu allen Jahreszeiten nach dem zarten Tanz der Feen schauen und die Kobolde bei ihrer Arbeit unter der Erde beobachten kann. Von da an wurden die Wälder wieder gesund und füllten sich mit allerlei Leben...

Als Prinzessin Sternenfeuer selbst erwachsen war und eigene Kinder mit leuchtenden Sternen in den Augen zur Welt gebracht hatte, ging sie immer noch in den Wald des Zauberers, um zu hören, zu schauen und ihren Kindern beizubringen, wie man für den Zauberer singt, der, so hieß es, nun niemals sterben müsse. Und als sie dann Königin wurde, gab sie jedes Jahr ein großes Fest zu Ehren des Waldzauberers und seiner Leute.

Stellen Sie sich das größte Hindernis in Ihrem Leben als bösen Zauberer vor. Beschreiben Sie diesen Zauberer mit ein paar charakteristischen Einzelheiten. Erfinden Sie jetzt die Figur, die seinen Zauber lösen kann. Stellen Sie sich diese beiden Gestalten als Gegner in einer Geschichte vor, die nicht länger als sieben Minuten dauert. Achten Sie darauf, daß Sie mit einem Partner arbeiten, der Ihnen hilft, auf Ihre eigene Geschichte zu hören, während Sie sie erzählen. Machen Sie weiter, bis der Zauber gelöst ist.

Erzählen Sie eine Geschichte über einen gutmütigen Zauberer, der seine Zauberkräfte verloren hat, weil die Menschen sie nicht mehr respektieren. Eine gute Inspiration ist *Die unendliche Geschichte* von Michael Ende.

Traditionelle »Trickster« sind in der Lage, jeden zu überlisten, den sie in ihren Bann ziehen wollen. Kämpferisch wetteifernd wie ein junger Hund oder Löwe, vermitteln sie ein Gefühl von wilder, ja kosmischer Tollkühnheit. Das Spiel – den anderen, ob Freund oder Feind, auszutricksen, mit welchen Mitteln auch immer – ist nicht unbedingt erbaulich. Manchmal geraten solche Figuren in wilde Abenteuer und erleiden dabei Schiffbruch; doch sie bleiben immer außerordentlich stolz auf ihre Taten und prahlen und protzen, ganz laut, falls nötig, um ihr Scheitern zu verschleiern. In Geschichten, in denen zerbrechliche menschliche Wesen bedroht werden oder leiden, wenden sie sich an diese phänomenalen Trickster um Hilfe. Der Rabe der Nordwest-Pazifik-Indianer, der wie ein Gott verehrt wird, ist bisweilen zu allem fähig, gleichzeitig aber auch unvollkommen und deshalb die unschuldige Ursache irdischer Unvollkommenheit. Mutig stellt er sich jeder Auseinandersetzung und jeder Schlacht. Übermütig, gierig und selbstsüchtig wie er ist, werden die Situationen, in die er sich verstrickt, oft sehr schwierig, auch wenn am Ende seine Entschlossenheit und seine außergewöhnlichen Mächte die Oberhand gewinnen.

Narren wirbeln im Schatten von Märchenpotentaten herum, die angesichts ihrer Verantwortungen würdevoll und von »weiser« Zurückhaltung gekennzeichnet bleiben müssen. Durch ihre wilde, verspielte Sprache, ihren Spott, ihre Lieder, ihre Tänze und ihren Unsinn bringen sie spielerische Energien in eine Geschichte und erschließen drollige Perspektiven auf alle Charaktere und Ereignisse der Geschichte. Ein Narr tauscht vielleicht eine kurze Zeit lang den Hut mit einem König oder einer Prinzessin, um ihr einmal die Möglichkeit zu geben, wild auf dem Rasen zu tanzen.

In Ihrem Märchen-Selbst können Sie den Trickster suchen, der den Willen hat, sich jedem Widerstand in den Weg zu stellen und grenzenlose schöpferische Kraft, grenzenlosen Mut zu erfahren. Seine rohe Kraft wird eine Herausforderung für Ihre eigenen, zurückhaltenden Spiele sein. Sie können auch einen verspielten

Narren in Ihre Geschichtenwelt einladen, der in den Charakteren, die Sie erfinden, jedes übermäßige Schicklichkeitsgefühl munter untergräbt.

Stellen Sie sich das größte Hindernis vor, das sich Ihrer Gesundheit und Ihrem Wohlergehen in den Weg stellt. Verkleiden Sie es als Märchenfigur und geben Sie ihm einen schrecklichen und ungeheuerlichen Namen. Beschreiben Sie es jetzt in ein paar Einzelheiten. Zum Beispiel: Wie groß sind seine Füße und sein Mund? Wie bewegt es sich? Was ist seine Lieblingsgeste? Was macht es für Geräusche? Übertreiben Sie ruhig alles ein bißchen. Erfinden Sie dann einen »Trickster«, der diese Gestalt vollkommen überlisten kann. Beschreiben Sie diesen Trickster in liebevoller Ausführlichkeit. Wie setzt er sich durch?

Erfinden Sie für den Hof eines ernsthaften und hochgesinnten Königspaars oder für ein königliches Kind einen Narren oder Clown, der die übertrieben stolzen und verantwortungsbewußten Rituale dieser Figuren durch den Kakao zieht. Wenn die herrschenden Potentaten in den Krieg ziehen wollen – mit welchen Mätzchen bringt Ihr Narr sie zum Lachen?

KÖCHE

Sie sind ein Kind der Erde, das essen und trinken muß, um überleben zu können. Das Anbieten und Annehmen von Speise und Trank in einer Geschichte kann Ihnen die Speise des Todes sowie die Speise des Lebens vor Augen führen: Verdrängung, Habgier und weise Disziplin; ein Mahl aus Staub und Hunger; ein Festschmaus aus Sternenlicht und reinster Liebe. Köche in Geschichten, ob jung oder alt, männlich oder weiblich, befassen sich mit Substanzen aus allen Sphären der Natur. Vielleicht springt ein Fisch oder ein Vogel in dem Moment, in dem sie ihn zubereiten wollen, plötzlich auf und spricht mit ihnen. Sie werden oft als gutmütig und selbst sehr gut genährt dargestellt. Ein würdiger Koch gibt dem müden Wanderer genau das, was er braucht.

Die weise Frau in George MacDonalds Geschichte *Der goldene Schlüssel* ist typisch für diejenigen, die, indem sie Brot und Wein oder Milch anbieten, ein heilendes Sakrament verabreichen. Ein Koch kann über die Weisheit eines Engels verfügen und mit einem Blick erkennen, welche Nahrung vollkommen und passend ist. Ein weniger guter Koch bietet vielleicht Nahrung an, die eine schädliche Wirkung auf die unschuldige, nach oben strebende Seele hat, die im Mittelpunkt der Geschichte steht. Egal, ob er aus Dummheit oder mit bewußter Absicht zum Schaden anderer handelt, ein solcher Koch oder Essenslieferant kann ein böses Leuchten von sich geben, wie die eifersüchtige Königin, als sie Schneewittchen den vergifteten Apfel anbot, und wie die Hexe im Märchen *Hänsel und Gretel*.

Der häusliche Herd kann ein Ort traumhafter Geborgenheit und Fürsorge sein. Zwischen dem »dritten Kind« im klassischen Märchen, dessen Herz stark und rein ist, und einer Köchin als Ersatzmutter, die eine stetige, sichere Quelle der Wärme darstellt, besteht oft eine enge Beziehung. Aber das Feuer in einem Ofen kann auch zu einer schlimmen Bedrohung werden, wie in den Häusern einiger Riesen und Hexen, wo bisweilen kleine Kinder gebraten und verschlungen werden.

Zunächst ist ein Kind, in einer Geschichte wie auch im Leben, voll und ganz auf die Barmherzigkeit anderer angewiesen, was seine Ernährung betrifft. Mit der Zeit wird diese Hilflosigkeit überwunden. Manchmal wird ein Kind in einer Geschichte zum Helfer des Kochs. Zu lernen, wie man Nahrung auswählt, vorbereitet und serviert, stärkt das Bewußtsein und das Unterscheidungsvermögen auch in vielen anderen Lebensbereichen. Allerleirauh lernt, eine göttliche Suppe zu kochen, damit ihre wahre Liebe sie erkennen kann. Während Gareth König Artus und seinem Hof als Küchenjunge dient, wird er auf andere Aufgaben und Herausforderungen vorbereitet.

Oft muß eine Geschichtenfigur lernen, sich eine Zeitlang die Nahrung zu versagen und Askese zu üben, um eine bestimmte Befreiung herbeizuführen. In der alten englischen Geschichte

Childe Roland erinnert sich der jüngste Sohn an Merlins Warnung, im Elfenland keine Nahrung zu sich zu nehmen; so kann er den Kampf mit dem Elfenkönig gewinnen und seine geliebten Geschwister wieder zum Leben erwecken. Essen heißt oft verzaubert werden, sogar sterben, es sei denn, die richtige Nahrung wird unter den richtigen Umständen aufgenommen. Das Erlernen einer solchen Selbstkontrolle um der Vollbringung großer Taten willen ist ein häufiges Märchenthema. Durch seine Selbstbeherrschung wächst dem Heiligen Georg die Kraft zu, den Hals des Drachen zu durchbohren und so die umliegenden Königsreiche von großem Leid zu befreien. Solche Geschichten haben alle ihr Gegenstück in unserer Seele und unserem Körper, wo unsere Kräfte gefesselt sein mögen, bis Disziplin und richtiges Denken wieder vorherrschen.

> **Erfinden Sie die Geschichte eines guten Kochs, der immer weiß, was gebraucht wird und wie er es genau zubereiten muß. Die stets interessanten Kreationen dieses Kochs sind vielleicht eine Überraschung für einen müden Reisenden, der in seine Herberge oder an sein Herdfeuer gerät.**
>
> **Erfinden Sie einen bösen, aber mächtigen Koch, der durch seine Machenschaften den König und/oder die Königin schwächt. Welche Bestrafung verdient dieser Koch, wenn seine Intrigen entlarvt werden? Stellen Sie sich die königlichen Herrscher als Aspekte Ihres Selbst vor, die mit gutem Willen und weisen Entscheidungen genährt werden müssen.**

RIESEN

Primitivere Herrscher und Konflikte in Märchen und Geschichten treiben unsere Entwicklung auf feinere, weisere Ebenen der Existenz zu. Die großen, ungelenken Schritte, die Gesten, die Gier solch schwerfälliger Ungeheuer oder Riesen rufen Schrecken und mitfühlenden Humor hervor. Ihre tolpatschigen Hände und

Füße sind zu feineren Betätigungen nicht imstande; ihr Hunger ist unersättlich. Die Frauen von Riesen sind stets den Bedürfnissen ihres Mannes nach Nahrung und Schlaf ausgeliefert. Wenn sich in den alten Märchen zwei oder mehr Riesen begegnen, sind sie auf seltsame Weise langsam und schwer von Begriff. Sie werden immer ganz leicht durch die heitere Gerissenheit der aufgeweckten Helden überlistet, welche ihnen auf dem Weg begegnen und selbst unbeschadet davonkommen, die Riesen jedoch in einem Knäuel der Ungeschicklichkeit oder auch wüst aufeinander einknüppelnd zurücklassen. Sie werden meist als draußen unter großen Bäumen lebend dargestellt. Jack findet seinen Riesen auf der Spitze einer ellenlangen Bohnenstange, wo er auf menschliches Blut für sein Nachtmahl wartet. Im Grimmschen Märchen *Der Teufel mit den drei goldenen Haaren* ist der Riese der Teufel, der unten in der Hölle lebt. Auch er wird schließlich überlistet.

Auch in Ihnen schlummert ein primitiver Vielfraß, der, wie die Drachen in den alten Erzählungen, nur lebt, um zu essen, zu schlafen, zu töten und sich zu paaren. Ein solcher Urhunger verlangt nach sofortiger Befriedigung. Er trachtet danach, sich »das Blut eines Christenmannes« sowie jede entwickeltere menschliche Qualität einzuverleiben, die seine primitive Natur in Frage stellt. Dieser Urhunger stellt eine »Rohfassung« der sich entfaltenden menschlichen Größe dar.

Als ich einmal verhindert war, an einem großen Friedensmarsch teilzunehmen, aber meine Anteilnahme ausdrücken wollte, schrieb ich eine Geschichte über einen Riesen. Ich dachte an die riesigen Waffenlager auf der ganzen Welt und an das relativ kleine Ausmaß der Friedensinitiativen. Ich fragte mich, was Politiker und Arbeiter in Waffenfabriken wohl empfinden würden, wenn sie mit dieser Gruppe engagierter Pazifisten direkt konfrontiert würden. »Wie fühlte sich Goliath im Verhältnis zu David?« fragte ich mich. Ich nahm einen Bleistift und ließ meine Hand schreiben. Während ich schrieb, war ich plötzlich sehr zielbewußt und gesammelt, obwohl ich keine Ahnung hatte, wie sich meine Geschichte entfalten würde. Ich las Goliaths Beschreibung in der Bibel nach. »Nun, es ist ein langer Weg von hier nach dort und auch ein langer Weg wieder zurück, aber dennoch...« Ja, das war eine meiner authentischen Erzählstimmen! »Es war einmal ein Jüngling namens Goliath, und zunächst war er ein Junge, der keineswegs größer war als Bob oder irgendeiner der Jungs, die bei uns leben.« Ich dachte, ich hätte irgendwann die Möglichkeit, die Geschichte an der Schule vorzutragen, an der ich unterrichtete. »Seine Eltern waren verreist, zu einer Konklave von Riesen gefahren. Er war der jüngste, und sie hatten ihn allein zurückgelassen, um die Ziegen zu hüten.«

Ich ließ meinen »inneren Erzähler« uneingeschränkt walten. Die Sonne schien an dem Tag sehr strahlend, und ich wußte, daß die Geschichte eine Tat für den Frieden sein soll. Während ich schrieb, wechselte ich immer wieder den Platz, damit die Sonne mir immer auf den Kopf schien und ich mein trüberes Selbst vergessen konnte.

Goliath der Riesenjunge trat aus dem Licht des Morgengrauens in die Hütte seiner Familie und fand dort unter den Dachbalken und unter dem Holzboden die riesigen Waffen seines Vaters. »Raus«, grunzte er und nahm sie heraus. Es gab eine Lanze, groß wie ein Weberkamm, und die Spitze wog 300 Schekel Eisen. Es gab auch einen Speer aus Bronze, und Goliath hängte ihn zwischen seine Schulterblätter.

Dann zog er aus, mit seinen Plattfüßen die Gänseblümchen zertrampelnd. »Das sind aber popelige Sterne«, sagte er, während er ihre winzigen, weißen Feenaugen in den Schlamm stampfte. Dann fraß er einen Vogel roh, mitsamt den Federn und allem anderen. »Ich hol' mir noch einen Hasen«, brummte er. »Nein, einen Bussard. Nein, einen Büffel. Einen wilden Stier. Nein, das ist alles nicht groß genug. Ich werde die Sonne anfallen«, sagte er. »Warte nur, bis sie so hoch steht, wie sie stehen kann. Wenn sie nicht mehr höher hinauskann, dann habe ich sie mit all ihrem Feuer – ich bringe sie zu Fall und halte ihre Asche hier in meiner Hand. Dann hacke ich sie in den Garten meines Vaters ein.« Er war ein bißchen irre, dieser Riesenjunge.

Also setzte er sich hin und wartete darauf, daß die Sonne aufgehen möge. Und während er dort saß, fiel sein Kopf auf die

Seite, und seine Schultern beugten sich nach vorn, und dann fielen nach und nach seine fetten Augenlider zu und er wurde in das Land der Träume geführt. In seinen Träumen erschienen große, ölige Ungeheuer mit roten Knochen zwischen den Zähnen und ohne jedes Erbarmen und Tänzer ohne Form und Kämpfer ohne Sterne in den Augen. Doch zum Schluß, im entferntesten, trübsten Winkel seines Traumes, kam auch ein schlaksiger, wunderschöner Jüngling dahergelaufen. »Nein«, stöhnte Goliath im Schlaf.

Der Jüngling war goldfarben und hatte den Kopf voller Locken wie Korkenzieher. Und David kam über die Hügel von Goliaths Mittsommerschlaf gewandert. Die Arme des Traumdavid waren eine goldene Lyra, und sein Hals war lauter Gesang. Was er sang, war warm und weise und stärker als der Tod.

Jetzt wußte ich, daß ich die Geschichte zu Ende schreiben wollte. Sie schrieb sich selbst, und ich drückte darin meine Hoffnung und meinen Glauben aus, daß jedem Waffenhersteller eine tiefe Sehnsucht nach Frieden innewohnt.

Goliath erbrach tote Vögel im Schlaf. Dann stand er auf. Die Waffen seines Vaters lagen um ihn verstreut, schrecklich anzusehen. Und er sehnte sich nach Gesang. Sein eigener Hals war wie ein heiserer Rauchfang voll fetter, haariger Fledermäuse – aber jetzt hatte er Gelüste auf Lieder, auf die Schönheit des Gesangs...

Er wandelte wie ein Wahnsinniger über die Hügel von Gath. Und als sein Vater ihn fand, legte er ihn in Fesseln und knüttelte und knüppelte ihn, bis alles in Vergessenheit geriet, so daß sich der schöne Traum von Schönheit und Frieden auflöste und der wilde, junge Goliath den neuen Glanz des Lichts völlig vergaß.

Als ich den letzten Absatz geschrieben hatte, hatte ich das Gefühl, einen Einblick ins Herz der Waffenhersteller dieser Welt zu besitzen. Wenn Goliath seine eigene Vision akzeptiert hätte, hätte er dann David in einer anderen Weise begegnen können? Der Prozeß des Schreibens an dieser Geschichte half mir zu erkennen, wie wichtig es ist, daß ich meine erzählerische Phantasie kultiviere, damit sie mir hilft, mit Dingen fertigzuwerden, die ich sonst nicht verstehen könnte.

Erfinden Sie eine Geschichte, in der drei Riesen von einem Helden oder einer Heldin überlistet werden. Lassen Sie die Riesen einige Ihrer schlimmsten Ängste in bezug auf die menschliche Natur verkörpern. Dabei können Sie jede erdenkliche Hilfe anrufen. Was wird aus den Riesen, nachdem sie überlistet oder vernichtet wurden?

Erzählen Sie die Geschichte eines Riesenkindes, das in der Welt der Riesen lebt, sich manchmal aber auch in Orte von normalen Ausmaßen wagt.

Entdecken Sie Ähnlichkeiten zwischen modernen Waffen, vorgeschichtlichen Urtieren und mythologischen Riesen. Stellen Sie eine Gruppe von weisen Kindern als Gegner auf und lassen Sie sie bis zum Sieg gegen all diese Wesen ankämpfen.

KOBOLDE UND ZWERGE

In vielen alten Geschichten und in Ihrer eigenen Erzählerphantasie können Sie listige Wesen antreffen, die unter der Erde wohnen. Diese Naturgeister haben es nicht gern, wenn gewöhnliche Menschenaugen sie sehen. Stets männlicher Gestalt, zumindest in den alten Geschichten, sind sie äußerst beschützend und auf das Sichern ihres Reviers bedacht. Meistens besuchen sie die menschlichen Sphären nur des Nachts, aber in Verbindung mit der Erde und ihren Ursubstanzen sind sie zu großem Fleiß fähig. Ihre Gedanken sind scharf und strahlend, wie ein schneidender Edelstein, und wenn sie gereizt werden, können sie erbarmungslos und vernichtend sein. Bestimmte Zwerge haben die Macht, die Steine, die Erde und auch Besucher ihres Reiches mit einem Bann zu belegen. Obwohl diese Naturgeister mit den magnetischen Sphären der Erde in Verbindung stehen und dieser Welt verpflichtet sind, werden sie in Geschichten manchmal mit einem starken Wunsch nach Kontakt mit den Menschen dargestellt.

Als Schneewittchen die bergige Heimat der sieben Zwerge betritt, spüren diese ihre reinen und strahlenden menschlichen Qualitäten und schließen sie in ihren Schutzkreis. Als Gruppe verkörpern diese sieben Zwerge den Einfluß der Planetensphären – Mars in den Eigenschaften des Eisens, Venus in Kupfer, Saturn in Blei und so weiter. Die schneeweiße Prinzessin ist wie ein vollkommen durchsichtiger Kristall in ihrer Mitte, der ihnen das Versprechen harmonischer menschlicher Liebe widerspiegelt. Jeder schenkt ihr seine Liebe, so gut er kann, bis sie schließlich einen wahrhaft menschlichen Prinzen als Gatten nimmt.

Zwerge haben manchmal den Wunsch, ein menschliches Wesen wie ein Juwel zu besitzen, und müssen deshalb überlistet werden. Im Märchen *Rumpelstilzchen* wird die einsame Sehnsucht eines zwergischen Außenseiters dargestellt, der als Alchimist in der Lage ist, aus gewöhnlicher Materie Gold zu spinnen. Seine seltsame Natur hat die Gier nach irdischem Gold gemeistert, doch er muß abseits leben, wie ein alter Hase oder ein Fuchs, und sich nach der goldenen Wärme menschlicher Liebe sehnen. Sobald die Königin einen Willen entwickelt hat, der stark genug ist, um ihn zu identifizieren, verschwindet er wieder in die Erde.

Auch Sie können den knorrigen, strahlenden, genialen alten Beschützern der Erde in Ihren Geschichten Gesicht und Gestalt geben, woraufhin sie sich vielleicht weiterhin fähig zeigen, die Erde und Ihre eigenen inneren Schätze zu verwandeln und zu veredeln. Dort, wo Sie die subtile Verschmelzung von deren Wesenszügen mit den Ihren erkennen, können Ihre Figuren immer mutiger, klarer und wacher werden, wie die Königin in *Rumpelstilzchen*.

> Stellen Sie sich einen Kobold oder eine Gruppe von Kobolden als Beschützer eines Stückchens Erde vor, das Sie kennen und lieben. Lassen Sie die Gestalt(en) Ihrer Phantasie sehr real werden. Was möchte(n) sie Ihnen gern mitteilen? Warum zeigt/zeigen sie sich nicht?
>
> Stellen Sie sich eine Gruppe von guten Zwergen vor, die sich, durch das Verhalten der Menschen verwirrt, tief

unter die Erde zurückgezogen hat. Welche Rituale könnten diese Zwerge erfinden, um weiterhin als Beschützer von Edelmetallen, Edelsteinen und der »gewöhnlichen« Erde tätig zu sein? Könnten sie daran interessiert sein, außerirdische Helfer anzulocken?

FEEN

Zu den vielen geheimnisvollen Bewohnern echter und märchenhafter Landschaften zählen auch die Naturgeister, »Feen« oder »Devas« genannt, die das zarte Leben der Pflanzen behüten und beschützen. Auch wenn sich unser moderner Verstand dagegen sträubt, gibt es und wird es auch in Zukunft unzählige Geschichten geben, die die subtilen Verflechtungen zwischen dem Reich der Feen und dem der Menschen erforschen. Geräuschlos und für unser normales menschliches Auge unsichtbar, sind diese kleinen Abgesandten besonders interessant für Kinder, die sie fraglos als »echt« ansehen, bis die Skepsis der Erwachsenen sie vertreibt. Sie versammeln sich um Blumen, Felsen und Bäume herum und singen und tanzen in das Licht hinauf. Sie sind im Licht des anbrechenden Tages anzutreffen, während sich die Nebel verlieren, und am Abend, wenn sich die Blütenblätter zusammenfalten. Manchmal biegen sie Sonnenstrahlen gerade, vielleicht um sie gebündelt auf irgendein vernachlässigtes Büschel Waldmeister oder Veilchen zu richten. Sie tanzen im Südwind und schicken Wärme zu den Keimlingen in der Erde. Regenfeen sprenkeln Tautropfen und Niederschläge dorthin, wo sie am meisten gebraucht werden, wenden unfreundliche Stimmungen des Himmels ab und leiten den Regen in ordentliche Pfützen und Ströme. Schnee- und Eisfeen arbeiten mit dem winterlichen Wetter zusammen, um an täuschend warmen Tagen die Schneedecke über den Gartenbeeten zusammenzuhalten und die Samen daran zu erinnern, daß es noch nicht Zeit ist, um aus dem Winterschlaf zu erwachen.

Menschen, die sich in ihre bezaubernde Atmosphäre verlieben, können die Feenreiche als unheilvoll anziehend erleben. Wie die Sirenen der Meere halten Feen Reisende manchmal zu lang im Bann ihrer zerbrechlichen Schönheit. Doch Ariel, eine männliche Fee in Shakespeares Stück *Der Sturm*, hat umgekehrt das Glück, in die Macht eines großen, menschlichen Magiers zu gelangen, der ihn durch und durch versteht. Dadurch, daß er sich Prosperos menschlicher Weisheit und gutem Willen unterwirft, gewinnt Ariel neue Freiheit.

Durch die Vision Ihrer Geschichten können Sie etwas über die Evolution der Erde erfahren. In Ihnen steckt ein Stück sowohl pflanzlicher als auch tierischer Natur. Was Sie singen, was Sie sagen, wie Sie sich unter den Vögeln und den Blumen, den Blättern und den zarten Ranken bewegen – alle Ihre menschlichen Gesten sind fein mit dem Leben der Pflanzen verwoben. Die Wirklichkeit der Feen lebt in Ihnen. Auch Sie sind ein Hüter und Helfer des Sonnenlichts, des Wassers, des Winds und der sich ständig wiederholenden Jahreszeiten der Erde. Sie können unbesorgt Devas in Ihr Märchenreich einladen und sie tanzen, singen und viele Wunder wirken lassen, während Sie deren Bedürfnis erleben, mit Ihnen zu kommunizieren.

Ich hatte als Mädchen nie etwas von Schneefeen gehört, obwohl ich in einem Teil des US-Bundesstaates New York aufgewachsen bin, in dem sich der Schnee jeden Winter zu wahren Bergen auftürmt. Als ich in meinen Dreißigern eine Zeitlang in England lebte, begegnete ich vielen Menschen mit einem feinen Sinn für Phantasie. Nach einiger Zeit der Verwirrung und Verblüffung fing ich an, die Vorstellung von Feen zögernd als etwas Mögliches und Reelles zuzulassen. Ein wirbelnder Ort in meinem Geist akzeptierte sie. Ich fand viele Bücher, in denen sie bunt und überzeugend dargestellt waren. Schließlich bekam das englische Wort »fairy tale« (zu deutsch »Feenmär«, Anm. d. Übers) eine ganz neue Bedeutung für mich.

Ein junges Mädchen, das in der Jugendherberge wohnte, in der ich damals arbeitete, nähte ein paar Feen aus zarten Taschentüchern. Ich nahm sie in den Waldorfkindergarten mit, an dem ich Geschichtenerzählerin war. An den Maßstäben meiner eigenen Kindheit gemessen, war der Winter in England recht mild. Die braunen Ginsterbüsche, die mit Hunderten von wunderschönen, spitzenartigen Spinnweben behangen waren, waren mit Rauhreif bedeckt. Ich spürte die ebenfalls spitzenähnliche Präsenz in meiner Tasche und dachte an die gespannten Gesichter der Kinder. Auf dem Weg zum Kindergarten wurde also eine Geschichte über eine Schneefee geboren. Heute mußte ich mich nicht mehr vor Schneeballschlachten mit meinen Brüdern und deren Freunden in Acht nehmen. Im Gegenteil, hier in dieser englischen Atmosphäre wurde meine Beziehung zur Berührung durch die Kälte immer stärker beseelt und immer komplexer. Ich fragte mich, was meine Brüder wohl für ein Verhältnis zum Schnee gehabt hätten, wenn uns als Kindern eine lebendige Vorstellung von Feen nahegebracht worden wäre.

Lassen Sie für eine Weile Ihre Zweifel im Hinblick auf Feen beiseite. Worin könnten ihre tatsächlichen Ziele bestehen? Erzählen Sie eine Geschichte über eine Fee oder eine Gruppe von Feen, die den Auftrag hat, eine Blume, einen Baum oder ein luftiges Gebiet vor den zerstörerischen Impulsen der Menschen zu schützen.

Erzählen Sie eine Geschichte über ein Kind, das das Feenreich entdeckt, und wie es diese Entdeckung beschützt.

ELFEN

Ein Elf hat eine flötenhafte, luftige Präsenz, doch er lebt mit den Füßen auf der Erde. Elfen sind verspielte Erdgeister, die mit fröhlicher Ausgelassenheit durch die Menschenwelt tollen, kleinen Hündchen oder Kätzchen nicht unähnlich, aber mit einer höheren Intelligenz begabt und von einem höheren Zweck beseelt. Sie sind imstande, durch kleine Öffnungen in Bäume, Schlösser, Häuser und Schuppen einzudringen. Weil ihnen der menschliche Sog der Schwerkraft unter den Füßen fehlt, treten sie in den alten Märchen manchmal über die Grenze zum Feenreich, und es sprießen ihnen Flügel. Ihre Schuhe und Hüte sind meist mit verspielter, federhafter Leichtigkeit nach oben gebogen. Leichtfüßige

Kinder mit süßen, schelmischen Gesichtszügen scheinen manchmal den grünen, elfischen Sphären entsprungen zu sein. Solche Kinder können sich voll und ganz mit ihren Abenteuern in Wäldern und Wiesen und um alte Häuser identifizieren. Ihnen können Elfen ihre freudigen Reime und lispelnden Rhythmen beibringen.

Die Sprache der Elfen in Märchen und Geschichten, ihre Streiche und Versteckspiele, die geheimnisvolle Art, wie sie Geschenke machen und empfangen, all das erinnert an das wechselhafte Spiel der braunen und grünen Schatten, die entstehen, wenn das Sonnenlicht in den Blättern der Büsche und Bäume spielt. Tief in den Wiesen und Wäldern unseres Herzens schmieden die Elfen ihre subtilen Pläne. Wir spüren, wie sie sich danach sehnen, hervorzutreten und draußen zu spielen, und wissen, daß sie in der spielerischen Substanz unserer Märchenphantasie immer bereit sind, schnelle, freudige, witzige Streiche zu spielen.

In der englischen Landschaft nahm ich mit der Zeit zahlreiche unsichtbare Präsenzen wahr. An einem Frühlingstag nähte ich, von der Phantasie der Kinder im Waldorfkindergarten inspiriert, einen kleinen Elf. Ich wußte nicht genau, wie seine Geschichte verlaufen solle. Er begleitete mich zur Schule, in meiner Tasche versteckt. Am Ende des Vormittags setzte ich mich, noch eine Anfängerin im Geschichtenerzählen, in den goldenen Geschichtenstuhl, während sich die Kinder um mich herum versammelten. Die Geschichte war sowohl für mich als auch für die Kinder eine Überraschung; sie begann so:

Nicht so sehr weit weg von hier, im tiefen Wald, lebt ein Elf. Jeden Morgen, wenn die Sonne aufgeht, öffnet er die Tür zu seiner Hütte und tritt hinaus. Seine Ohren wechseln die Farbe und fangen an, nach vorn und nach hinten zu wackeln, und während er auf den umliegenden Pfaden wandelt, hört er nach den Wesen, die ihn brauchen. Seine Ohren sind so groß und so fein und so breit und so voll lieber Gedanken, daß sie auch die winzig kleinen Stimmen von Tausendfüßlern, Ameisen und Schildkröten hören können.

Das war ein Elf, der keinem etwas zuleide tun würde! Während ich diese Geschichte erfand, überwand ich meine Angst vor den häßlichen Elfen, die ich einmal als Kind in einem Bilderbuch gesehen hatte. Später erkannte ich, wie sehr die Angst meine elfische Phantasie im jungen Alter verkrampft hatte.

Eines Morgens, als er früh hinausschritt, hörte er ein sehr zartes Schluchzen, das aus der Mitte des Waldes kam. Er ging immer seinen Ohren nach, an großen, sich wiegenden Buchen und Eichen und alten, gefallenen Baumstämmen vorbei, bis er schließlich die Gestalt fand, die so traurig war. Es war eine winzigkleine Schneefee, deren Flügel auf den sehr scharfen Dornen eines Ginsterbusches aufgespießt waren. »Arme Schneefee, was kann ich für dich tun?« fragte der Elf.

»Kannst du bitte meine Flügel befreien?« schluchzte sie zornig. »Alle anderen sind weggeflogen und haben mich hier zurückgelassen.« Und tatsächlich baumelte sie inmitten der leuchtenden Ginsterblüten wie eine Fliege, die in einem Spinnennetz gefangen war. Sie fühlte sich zu schwach und alleingelassen, um die Schönheit ihres Gefängnisses bemerken zu können.

»Wie ist es denn dazu gekommen?« fragte der sanfte Elf. Er wußte, daß eine Schneefee sich nur äußerst selten verflog.

»Im Dunkeln war ich unsicher«, sagte die Fee, »und der Wind war stark und zog mich an diesen schrecklichen Ort. Wo bin ich denn überhaupt?« fragte sie schmerzerfüllt.

»Deine Flügel sind auf den Dornen eines Ginsterbusches aufgespießt«, sagte er, »aber bald bist du frei.« Dann begann der Elf, sorgfältig und geschickt ihre Flügel aus dem Busch zu befreien. Der Ginsterbusch beugte sich, um ihm dabei zu helfen. Schließlich gelang es ihm. Dann hob er die Fee so sanft wie möglich herunter und band ihre kleinen Flügelchen auf Schienen aus Eichenschößlingen und Federn.

»Komm doch mit mir eine kleine Weil'. Bald bist du gesund und heil«, sang er der Fee zu. »Halte dich einfach an meinen Ohren fest«, sagte er, nachdem sie es sich auf seinen Schultern gemütlich gemacht hatte.

In meiner Geschichte brachte der Elf die Fee zu seiner Hütte, wo er ihr die allerbeste Pflege zukommen ließ. Am Ende flog sie auf vollkommen geheilten Flügeln davon. In anderen Folgen der Geschichte half dieser Elf einer alten Motte, einer verletzten Feldmaus und einigen Honigbienen, die sich im ersten Frühlingswetter Frostbeulen zugezogen hatten. Während sich diese Geschichte entfaltete, liebte ich sie immer mehr. Vier Jahre, nachdem ich sie erzählt hatte, traf ich eines der Kinder, die in meiner Kindergartengruppe gewesen waren. »Erinnern Sie sich noch an den Elf?« fragte sie mit einer fast erwachsenen Miene und einem verblüffenden Lächeln. »Ich weiß nicht mehr ganz genau«, sagte ich. Ich hatte die Geschichte inzwischen vergessen. »Kannst du mir helfen, daß ich mich daran erinnere?« fragte ich. »O ja!« sagte sie und nahm mich bei der Hand. Wir setzten uns auf eine Bank, und sie erzählte mir die Geschichte. Ich ging nach Hause und schrieb sie für sie auf. Sie fand, diese Geschichte wäre ein schönes Geburtstagsgeschenk von ihrer früheren Lehrerin für sie und ihre Zwillingsschwester.

Ich war dankbar, als mir eines Tages, nachdem man mich gebeten hatte, bei einer Geburtstagsfeier auszuhelfen, eine andere Elfengeschichte einfiel. Ein außergewöhnlich fröhlicher Junge, der sechs Jahre alt wurde, war von der Idee des »Gespensterjagens« besessen. Seine Eltern überlegten, wie sie dieses Thema auf der Geburtstagsfeier ansprechen konnten. Sie spürten, daß ihrem ansonsten so furchtlosen Sohn beim Gedanken an Gespenster nicht ganz wohl war. Die Geschichte begann so:

Es lebte einmal in einem kleinen Häuschen ein vergnügter, lachender kleiner Mann, der nicht größer war als ein Blumentopf. Obwohl er klein war, konnte er auch sehr grimmig sein. Er hieß »Stachelbart-der-Lacher«. Mäuse huschten in ihre Nester, wenn er im Morgenlicht aus seinem Häuschen trat, um seine Glieder zu strecken. Wenn er vorbeiging, flohen die Spinnen in die entferntesten Ecken ihrer Spinnweben und Ameisen standen ehrfürchtig still oder rannten in ihre Hügel. Wo er auch hinging, traten Stachelbarts Füße fest auf die Erde, und er pflegte, aus voller Kehle laute Lieder zu singen...

Hier war also wieder ein mächtiger, gutmütiger Elf! Während ich schrieb, seufzte das verängstigte Kind, das ich einmal gewesen war, zutiefst erleichtert auf.

An einem Nachmittag versammelten sich am Himmel schwere, graue Wolkenklumpen über den Wipfeln der Bäume. »Das ist ein schöner Tag für Gespenster!« sagte der kleine Mann. Nach Gespenstern jagen war eine seiner Lieblingsbeschäftigungen. »Ich werde mal sehen, was ich finden kann.« Er stapfte los, der weit entfernten Stadt entgegen und sang dabei herrliche Lieder vor sich hin, bis ihm die Zunge wackelte. Bald kam er zu einem roten Eichbaum. »Hast du heute irgendwelche Gespenster gesehen?«

Die große Eiche nickte. »Sehr früh heute morgen ging eines hier vorbei und verschwand über die Hecke.«

»Ich werde es suchen«, sagte Stachelbart. Also suchte der Elf nach Gespenstern, bis er zu einem Schloß kam, das randvoll damit war. »Ich vertreibe Gespenster«, verkündete der kleine Mann stolz.

»Ach ja? Ach ja?« flatterte ein Schmetterling. »Da hast du aber viel vor!«

»Zweifle nicht!« rief er. »Du wirst schon sehen! Wirst schon sehen!« – und er schüttelte vergnügt seine kleine Faust. Der kleine Mann mit dem großen Auftrag trat in das stille Schloß, das die »größte Versammlung von Gespenstern« enthielt, die er »je auf einem Haufen gesehen« hatte. Aus seiner Tasche zog er seinen Gespenster-Einfang-Stein und richtete ihn erst auf ein Gespenst, dann auf ein anderes und noch ein anderes. Nachdem er sie alle mit seinem mächtigen Kristall eingefangen hatte, rief er die königlichen Leuten zusammen, die sich im Schloß versteckt gehalten hatten.

»Stachelbart, lieber Stachelbart, hast du sie alle?«

»Mit meinem treuen Stein und meinem ganzen Herzen«, erwiderte er. Da ertönte ein großes Freudengeschrei im ganzen Schloß. Fahnen wurden zu den Fenstern hinausgehängt und flatterten heiter im Wind. »Stachelbart der Befreier!« Der Elf lachte laut auf. »Stachelbart-der-Lacher!«

In dem Moment brach die Sonne durch eine dunkle Wolke am Horizont. Lange, schöne Finger aus Sonnenlicht waren am Himmel jenseits des Schlosses zu sehen. Ein großes Festmahl wurde aufgetragen. »Es lebe Stachelbart-der-Befreier!«

Nach dem Essen setzte sich die Eule auf die hohe Schloßmauer, um bei der Vollendung der Befreiung mitzuhelfen, falls ihre Hilfe erforderlich sein sollte. Im Beisein des Königs, der Königin, der ganzen königlichen Familie und aller Gäste drehte der Gespensterbefreier seinen Kristall im Licht des Feuers. Das erste Gespenst schoß aus dem Kristall heraus, hoch hinauf in den sich verdunkelnden Himmel. Alle schauten zu, wie es, von der Eule begleitet, ganz weit ins Sternenlicht hinaufflog und dann verschwand. Dann schoß ein zweites Gespenst aus dem Kristall. Und noch eins und noch eins, und jedes wurde von der weisen Eule in den Himmel begleitet und hinweggeführt.

»Wo fliegen sie denn hin?« fragte eine Prinzessin.

»Auf die andere Seite der Sonne, wo ihre Reise begann«, rief Stachelbart. Mit jedem Gespenst, das freigelassen wurde, schlug er einen wilden Purzelbaum, was ihm einige der Königskinder nachmachten.

»Haben die Gespenster Angst, so weit zu reisen?« fragte die Prinzessin.

»Die Eule hilft ihnen, den Weg nach außen zu erkennen. Sie sind nicht gern Gespenster, aber sie haben Angst, da hinauszugehen, wo sie neu erschaffen und bessere Menschen werden können.« Nach einer Weile gab es in Stachelbarts Kristall keine Gespenster mehr. »Hab' mein Tagewerk vollbracht!« rief er fröhlich, obwohl er sich in Wahrheit ein bißchen müde fühlte. Doch bevor sie alle ins Bett gingen, rangen die Königskinder ihm das Versprechen ab, daß sie ihm in Zukunft bei seiner Arbeit helfen dürften.

»Gewiß«, sagte er. Und von jenem Tag an fanden und vertrieben Stachelbart, seine königlichen Freunde und die kleine Eule viele Gespenster, bis im ganzen Land keine mehr zu finden waren. Sie waren glücklich, wenn sie sich an ihre Taten erinnerten, und erzählten im Schloß Geschichten von ihren Abenteuern mit dem Lacher und Befreier – Stachelbart-dem-Großen.

Alle Geburtstagsgäste bekamen eigene Kristalle geschenkt. Vom jungen Gastgeber angeführt, nahmen sie im weiteren Verlauf der Geburtstagsfeier an einer vergnüglichen »Gespensterbefreiungsaktion« teil; am Ende wurden viele weiße und silberne Luftballons losgelassen. Die Geschichte hatte die Phantasie des Jungen unter Kontrolle gebracht, und alle waren zufrieden. Die ältere Schwester des Jungen schrieb die Geschichte in ein Buch, illustrierte es und machte es ihm nach der Feier zum Geschenk.

> Stellen Sie sich ein Haus am Waldrand vor, in dem ein hilfreicher oder schelmischer Elf wohnt, der mit der menschlichen Familie Umgang hat, die ebenfalls dort lebt.
>
> Modellieren Sie einen Märchenelfen aus Knetmasse oder Wachs, der auf einem leeren Buch sitzen kann. Füllen Sie das Elfenbuch nach und nach mit kleinen Reimen und Geschichten. Widmen Sie diese einem Kind, das Sie kennen, und auch dem sehr echten Kind, das in Ihnen lebt. Ein inspirierendes Buch über Elfen ist *The Seven Year Wonder Book* von Isabel Wyatt.

ENGEL

Auf der Schwelle zu neuen Wirklichkeiten und in Augenblicken der Gefahr, in Ihren Geschichten wie auch im wirklichen Leben, können ganz plötzlich Helfer und Heiler erscheinen. Wer diese Helfer in seinem Leben annimmt, wird darin unterstützt, vergnügt und heiter weiterzumachen, wird gestärkt, beruhigt, vielleicht von tiefem Leid oder Kummer geheilt. Wer – in einer Geschichte wie im Leben – diese geheimnisvoll wohltätigen Helfer zurückweist, muß weiter leiden und sich auf der Abwärtsspirale nach unten ziehen lassen. Auch wenn sie nicht immer wunderschön und geflügelt sind, weisen diese Erscheinungen wohlwollend den Weg aus dem Elend. Trotz ihrer Zurückhaltung geben sie oft weisen Rat. Ein Engel nimmt unter Umständen die Gestalt eines wandernden Weisen mit verfilztem Bart, einer weisen Frau in Umhang und Stiefeln, eines Gärtners, der seine Rosen oder seinen Weißdorn pflegt, eines blinden Kuhhirten oder eines strahlenden kleinen Hirtenmädchens an.

Wie in den Geschichten von George MacDonald kann die helfende Gestalt friedlich in einer Hütte im tiefen Wald hausen und ein wunderschönes, grünes Gewand tragen oder in der obersten Kammer eines Palasts wohnen, wo sie im ewigen Mondlicht den Lebensfaden ihres geliebten Kindes spinnt. In anderen Geschichten mag ein engelhafter Beschützer in der unansehnlichen Gestalt eines Bettlers oder eines schwachsinnigen Kindes erscheinen. Im Märchen *Schneeweißchen und Rosenrot* werden die Mädchen, die am Rand eines Abgrunds einschlafen, die ganze Nacht hindurch von einem in Weiß gekleideten Kind beschützt. Manchmal erscheint eine entkörperte himmlische Heerschar als fliegender Vogelschwarm oder wundersam singender Wind. Was solche verkleideten Engel gemeinsam haben, seien sie nun häßlich oder lieblich, menschlich oder entkörpert, ist ihr uneingeschränktes Wohlwollen gegenüber dem Wandernden, der im Mittelpunkt der Geschichte steht. Auch wenn ihr Geheimnis gewahrt bleibt, bis eine Aufgabe zur Vollkommenheit ausgeführt wurde, oder wenn ihre Talismane oder anderen »Zauber« nur unter bestimmten Umständen wirken, wird ihre Hilfe genau das sein, was benötigt wird.

Robert, ein außergewöhnlich lieber und nachdenklicher Vater, schrieb eine Geschichte mit dem Titel »Ein Schaukelstuhl-Tag«. Sie begann mit der Beschreibung eines jungen Mannes, der vom vielen Arbeiten und Feiern verzehrt wurde.

An einem Sonntagmorgen, als er dasaß und schaukelte, war es als flüstere jemand ihm zu. Als er am nächsten Tag die Augen öffnete, fühlte er sich wie vom Blitz getroffen, so anders sah die Welt jetzt aus. Fragen stürmten auf ihn ein. Freunde, welche seine Kameradschaft genossen hatten, die auf der Wirkung des Weines beruhte, konnten seine sich verwandelnde Seele nicht mehr ertragen und verschwanden allmählich einer nach dem anderen. Warst du schon einmal nüchtern auf einem Fest, wo alle anderen betrunken waren? Eine Präsenz, bis dahin nicht wahrgenommen, trat in sein Leben und gemeinsam schlugen sie einen anderen Weg ein.

Atmen Sie zwölfmal große Güte und Fürsorge ein und aus. Hören Sie auf Ihre Atemzüge, als wären es Flügelschläge.

Erzählen Sie die Geschichte eines wahren, geheimnisvollen Eingriffs in Ihr eigenes Leben. Um diese Präsenz wieder zu erleben, möchten Sie vielleicht einen oder mehrere Partner bitten, Ihre Geschichte mit Ihnen auszuagieren.

Erzählen Sie eine Geschichte von einem oder mehreren Kindern, die zu einer Reise aufbrechen und sich dabei verlaufen. Lassen Sie sie drei Gefahren begegnen. Achten Sie darauf, daß die Kinder jedesmal von beschützenden Wesen sicher geführt werden.

Tiere als Begleiter

In Ihren Geschichten können Sie die Eigenschaften von Tieren als Aspekte Ihres Selbst erleben. Jedes Tier, jedes Insekt, jeder Vogel bietet uns eine bestimmte Energie an: den Fleiß der Biene, die Leichtigkeit und Schnelligkeit des Vogels, die geschmeidige Kraft des Tigers, den Stolz des Pfaus. Tierische Begleiter von Märchenfiguren können auch für Qualitäten oder Energien stehen, die wir verwandeln wollen. Eine giftige Schlange, eine kläffende Hündin, ein aufreizender, lüsterner alter Ziegenbock oder ein anderes unangenehmes Tier mag eine Gestalt eine Zeitlang verfolgen, bis es schließlich im Dunst oder im Ödland der Geschichte verschwindet oder aber schnell und geheimnisvoll erlöst wird. Eine abgeworfene Schlangenhaut kann Heilkraft besitzen. Die Hündin verschreckt mit ihrem ewigen Kläffen unter Umständen schlimmere Wesen als sie selbst. Der Ziegenbock erhebt sich vielleicht in das Tierkreiszeichen Widder und fordert vom Himmel aus den lüsternen König heraus.

Manchmal begleiten Tiere die Figuren einer Geschichte als Totem auf ihren Abenteuern. Ein einsamer Wolf inspiriert ein Indianerkind, seine geschickten Überlebensstrategien nachzuahmen. Die Katze bringt der Prinzessin ihre uralte Fähigkeit der Einsicht und Innenschau bei. Fuchskinder zeigen einem Mädchen schnelle und subtile Bewegungen für gefährliche Momente an dunklen Orten. Eine Eule erweckt die schlummernden Kräfte eines Nachtwächters, der seine Lethargie und seinen normalen Schlaf überwinden muß, um zur Wahrheit der Träume zu gelangen. In manchen Geschichten finden die Tiere zu einer Art menschlicher Stimme; das, was sie dem Abenteurer auf seiner Reise sagen, kann von entscheidender Bedeutung sein. Um die Sprache der Tiere von der der Menschen zu unterscheiden, sind ihre Mitteilungen oft in Reime gefaßt oder weisen originelle Wörter oder eine eigenwillige Syntax auf. Dank der gereimten Befehle des grauen Wolfs im Märchen *Der Feuervogel* wurde der Prinz auf seiner Reise zu wahrer Liebe und Erleuchtung immer und immer wieder gerettet.

In den Geschichten anderer und auch in den Geschichten, die Sie selbst erzählen und schreiben, taucht vielleicht ein schwer faßbares Wesen auf, das eine zukünftige Aufgabe oder Begegnung darstellt, die sich manifestieren wird, wenn der richtige Zeitpunkt gekommen ist und bestimmte Bedingungen erfüllt wurden. Vielleicht ist es ein visionärer Vogel, wie bei Hänsel und Gretel, der den Kindern zusingt, um ihnen bei der Flucht aus dem Hexenwald zu helfen. Vielleicht wartet dort, wo das Tier lebt, die wahre Liebe. Jemand hat es als Abgesandten oder Kundschafter für seinen Herzenswunsch losgeschickt. Im Grimmschen Märchen *Die zwei Brüder* werden die Zwillinge von einer Parade aus treuen Tieren begleitet, die ihnen helfen sollen, den bösen Ereignissen, zu begegnen, denen sie ausgesetzt sind.

Die Bewohner des Tierreichs zeichnen sich durch ihre große Bereitschaft aus, der Welt der Menschen zu dienen, sofern wir ebenfalls bereit sind, ihnen zu dienen. Es ist wichtig und befriedigend, diese gegenseitigen Verflechtungen der menschlichen und tierischen Sphären mit der erzählerischen Phantasie zu ergründen. Was die Tiere zum Helfen befähigt, ist oft die Pflege und Aufmerksamkeit, die von einem Menschen ausgehen. Den Gesetzen von Ursache und Wirkung zufolge muß derjenige, der ihre Bedürfnisse ignoriert, entsprechend leiden. Im Märchen *Die Bienenkönigin* sagt die Bienenkönigin selbst dem sanften Dummling, wie er sich und seine achtloseren Brüder davor retten kann, zu steinernen Statuen in einem leblosen Garten zu werden. Tierische Helfer sind wie weise Gedanken und Taten, die in schwierigen Zeiten zu uns zurückkehren und uns dazu befähigen, unseren Weg zu erkennen und beharrlich zu verfolgen. Auf geheimnisvollen Wegen kehren gute Taten zu dem zurück, der sie ausgeführt hat. In Geschichten wird dieser subtile Prozeß, der sich durch jedes Leben zieht, in einer Weise dargestellt, die wir mit unserem rationalen Verstand kaum erfassen können.

In Ihrem Herzen brennt die zarte Flamme des Mitgefühls für alle Lebewesen. In diesem Herzenslicht können Sie die Bedürfnisse und Nöte selbst der kleinsten Tiere erkennen. Auf der anderen Seite ist Ihr Geschichtenselbst mit tierischen Wesen aller Größen, Formen und Temperamente gefüllt, die manchmal nur darauf warten, den Bedürfnissen menschlicher Wesen nachzukommen. Sie werden in dem Maß auf die Ihnen innewohnenden kreatürlichen Qualitäten aufmerksam werden, in dem Sie deren Bereitschaft erkennen, ihre Weisheit in Ihre Geschichtenwelt einzubringen, wundersame Eigenschaften auf Ihre Charaktere zu übertragen und ihnen Hilfe und Unterstützung mit auf den Weg zu geben.

Als ich einmal ohne besonderen Grund wochenlang traurig war, dachte ich mir: »Ich habe aufgehört zu singen.« Ich fragte mich, ob ich eine Geschichte schreiben könnte, die auf den Grund dafür hinweisen würde. Ich hatte oft für andere Leute Geschichten geschrieben, aber nun wollte ich meine Medizin selbst probieren. Ich gab mir eine Stunde Zeit und setzte mich mit einem Bleistift und einigen Bogen Konzeptpapier hin. Dabei fiel mir ein, daß ich meine besten Sachen oft dann geschrieben habe, wenn ich mit mir selbst nicht zurechtkam und es nicht schaffte, mich mit meinem Verstand zu einer zufriedeneren Einstellung durchzuringen. Als ich mit dieser Geschichte fertig war, wußte ich bis in die Knochen über die seltsame, dunkle Kraft in mir und anderen Bescheid, die Schönheit vernichten und Liebe verbannen will. In meiner Geschichte wurde ein Mädchen in einen Papagei verwandelt, dessen Stimme zusammen mit der vieler anderer verzauberter Vögel von einer schrecklichen Hexe zum Schweigen gebracht wurde. Ein Blinder wußte, wo das Haus der Hexe war.

Die Hexe sah ihn, wie er in einem Sonnenstrahl an der Hauswand lehnte. Schnell spannte sie ihn als Wächter für ihre Vögel ein. Immer dann, wenn die Hexe im Haus war, hielt er den Käfig, der ihm am nächsten war, ans Herz und weinte. Gegen Abend kam ein Reh an den Rand der Lichtung. Der Blinde stieg auf das Reh und verschwand zwischen den Bäumen.

Es vergingen nicht sehr viele Tage und Nächte, bis der Blinde mit dem Reh im Mondlicht zurückkehrte. Mit ihm kam Wasser aus einer uralten Quelle. Nachdem er dort, wo das Reh ihn hingebracht hatte, sehr tief gegraben hatte, grub der Blinde eine Rinne, damit das Wasser ihm durch den Wald nachfolgen konnte. Das Wasser sang leise vor sich hin. Wo immer das Reh im Mondlicht hintrat, ertastete der Mann den Weg und grub weiter seine Rinne. Bevor die Hexe wach wurde, war ihr ganzes Haus von einem Wassergraben umkreist, der von den singenden Wassern voll war. Im Morgengrauen hörte sie den Gesang des Wassers, und die Angst packte sie. Sie krallte sich an der Bettdecke fest. Bitterkeit und Verwirrung knoteten sich in ihrem Bauch zusammen; Haß verkrampfte ihr Herz. Sie stopfte sich die Ohren mit den Daumen zu. Der wunderschöne Klang des Wassers drang durch die Fenster und durch die Wände. Sie wagte nicht zu schreien, aus Angst, ihre Vögel könnten sich zu noch schlimmeren Klängen inspiriert fühlen. Schließlich floh sie in eine geheime unterirdische Kammer und versteckte sich darin.

Das Reh stand strahlend vor der Tür. Der Blinde öffnete sie. Als er die alte Hexe in ihrem Versteck fand, schleppte er sie ins Freie und steckte sie in einen großen Käfig, den er neben dem singenden Wasser aufgestellt hatte. Dort mußte sie sich hineinkauern. Das Reh stand Wache. Dann trat der Blinde ins Haus

und begann, sich seinen Weg zu den mit dem Bann des Schwei-
gens belegten Vögeln zu ertasten. Für ihn war jeder ihrer Käfige
ein Knoten, den er lösen, ein Knäuel, das er entwirren mußte. Er
nahm jeden einzelnen in seine sensiblen Hände. Er spürte in
ihnen die wilde Angst der alten Hexe vor Schönheit.

Am Ende dieser Geschichte, nachdem diese ganze, kraftvolle
weibliche Energie befreit worden war, »stand das Reh am Rand
des strömenden Wassers, ein regungsloser Wächter,« und die
Hexe lag tot auf dem Boden ihres Käfigs. Ich war völlig verblüfft
über die Bilder, die nur dadurch entstanden waren, daß ich mir
selbst die Aufgabe gestellt hatte, meinen Weg schreibend aus
dem Elend zu finden. In einer Geschichte, die ich einige Wochen
später schrieb, erschien das weiße Reh als engelhafter Wächter in
einem anderen Teil des gleichen Waldes.

> **Erfinden Sie eine Gestalt, die in großer Not ist, und las-
> sen Sie ihr ein Tier zu Hilfe kommen. Lassen Sie Ihrer
> Phantasie freien Lauf, um sich dieses hilfreiche Wesen
> bildhaft vorzustellen. Ob es in Reimen spricht oder, wie
> das weiße Reh in meinen Geschichten, schweigt, lassen
> Sie sich von ihm über eine Eigenschaft aufklären, die
> Ihnen hilft, in Ihrem eigenen Leben und im Leben ande-
> rer mit Widrigkeiten fertigzuwerden. Lassen Sie das Tier
> das sehen, was die Menschen noch nicht oder nicht mehr
> sehen können.**
>
> **Erfinden Sie eine heitere Reihe von Tieren, die ein
> Kind begleiten, das in die Welt hinauszieht. Wie hilft
> jedes dieser Wesen dem Kind aus einer schwierigen Lage?**

DRACHEN UND FABELWESEN

Tief in den evolutionären Windungen Ihres Gehirns träumt ein
»Reptilienhirn«. Geschichten können Sie ganz nah an den Atem
dieses Urtiers heranführen, dessen langer Schwanz bis in jede
einzelne menschliche Nervenfaser hinabreicht. Manchmal er-

wacht es aus seinem Schlaf in seinem uralten Versteck in unserem Innern. Indem wir »Drachen« und andere Urtiere in die Landschaft unserer Geschichten aufnehmen, damit wir ihre Kräfte, Gewohnheiten und Bedürfnisse besser verstehen, können wir lernen, ihr Feuer, ihre Langlebigkeit und ihre sagenumwobenen, periodisch auftretenden Freßgelüste für unsere Zwecke einzusetzen. In den traditionellen Drachengeschichten kommt genau im richtigen Augenblick ein Eroberer mit ausreichender Kraft und ausreichendem Mut, um den Drachen zu bändigen. Dann kehren die reine und edle Jungfrau und ihr Held triumphierend in die Stadt zurück, die gebändigte Bestie in ihrer Mitte oder hinter ihnen herlaufend – oder tot. Wir können jeden Aspekt solcher Geschichten als Teil unseres Selbst ansehen. Manchmal scheinen wir in Todesgefahr zu schweben, vom Feuer unseres Hungers, unseres Durstes, unserer Gelüste verzehrt zu werden, kurz davor, der sagenhaften, rohen Gewalt unserer Natur, diabolischen Machenschaften, der Entropie zu unterliegen; doch die Seelenkräfte, die wir in Äonen entwickelt haben, erlauben uns, uns über diese Einflüsse zu erheben. Die archetypische Drachengeschichte und ihre zahlreichen Varianten helfen uns, uns selbst sowohl als brutales Ungeheuer als auch als reine Jungfrau und heiligen Krieger zu sehen und diese Kräfte immer und immer wieder miteinander in Harmonie zu bringen.

Einhörner tauchen rein und weiß aus der Tiefe von Wäldern und Wiesen auf. Diese Fabeltiere warten nur darauf, durch die liebevolle, zarte Berührung einer reinen Jungfrau gezähmt zu werden. Ein Einhorn, das liebevoll gezähmt wurde, zwingt niemanden mehr, es zu jagen und zu töten, und kann all denen, die es wirklich in Ehren halten, seine geheimnisvollen Kräfte und Mächte anbieten.

Feuervögel und andere geflügelte Fabelwesen erinnern uns an die erhabenen Höhen, in die wir hinauffliegen können, besonders nachts oder in unseren Tagträumen, wenn wir uns von der irdischen Schwerkraft frei fühlen. Diese visionären Vögel aus den königlichen Gärten unserer Seele fliegen hoch hinaus und setzen sich in wunderschöne Bäume außerhalb jeder normalen Reichweite. Im russischen Märchen *Der Feuervogel* bietet der

Zar Vyslav Andronovich sein ganzes Reich demjenigen, der diese flüchtige Leuchtkraft für ihn einfangen kann. Nur der Sohn, der am stärksten mit Disziplin und Herz ausgestattet ist, kann seinem Vater den Vogel heil und lebendig bringen und damit auch das große Geheimnis der wahren, wiedergefundenen Liebe. Der Vogel, eine engelhafte Kraft, gibt den Anstoß für eine neue Ordnung im Zarenreich.

Drachen verkörpern feurige, urwüchsige Gelüste, Einhörner hingegen das wilde Bedürfnis nach liebevoller Berührung. Drache, Einhorn und Feuervogel-Phönix werfen alle ein Licht auf die »alte Ordnung«. Kraft Ihrer Bemühungen, sie zu verstehen und sich dadurch weiterzuentwickeln, entstehen neue Reiche freudiger Liebe und Weisheit.

Der Herbst ist Drachenzeit. Die Bäume scheinen in Flammen zu stehen; in der Luft liegt ein Hauch von Asche und Brand. Normalerweise wollen wir die gewaltigen Feuer in uns nicht erwecken oder entfachen, da sie uns auffressen oder alles zivilisierte Leben in Brand stecken könnten. Doch andererseits wissen wir auch, daß das Drachenfeuer immer da ist und uns ständig bedroht.

Kinder, besonders solche mit einer feurigen Natur, fühlen sich manchmal wie in den Klauen eines Drachen. Sie bewegen sich kraftvoll und impulsiv, stoßen gegen Menschen und Möbelstücke. Wenn Kinder in einer solchen »feueratmenden« Verfassung sind und für die »Jungfrau« kein besonderes Verständnis aufbringen, können wir das Feuer in ihnen noch mehr schüren. Die Abenteuer eines Helden, der mit Kraft, Mut und Mitgefühl ausgestattet ist, helfen dem Kind, seine wilde Energie zu verwandeln.

Eine Drachengeschichte für ein Kind, das eine luftigere Natur hat, könnte hingegen viele leichte Details aufweisen. Das Kind könnte sich für die Farben des Drachen interessieren, für die Vögel, deren Federn im Vorbeifliegen angesengt werden, und für die genaue Bezeichnung der Insekten und Blumen, die von seinem feurigen Atem verbrannt wurden. Solche Kinder sind nicht so sehr an der inneren Kraft des Helden interessiert als vielmehr an Beschreibungen seines Hutes, seines Schwertes und seiner

Edelsteine. Benennen Sie die Edelsteine und beschreiben Sie Größe und Gewicht und wo sie herkommen. Diese Kinder werden Ihre Exkurse genießen. Sie brauchen weniger Feuer und Blut. Am Ende einer solchen Geschichte könnten die Jungfrau und der Held bunte Schuppen und Zähne des Drachens einsammeln, um sie, etwas sentimental, in einer mit Edelsteinen besetzten Schatulle aufzubewahren.

In einer melancholischeren Stimmung könnten Sie einen alten Drachen heraufbeschwören, der seit immer und ewig da ist. Nur ein alter Mann, vielleicht ein Einäugiger, hat vor langer, langer Zeit diesen Drachen gesehen. Oder vielleicht war es ein kleiner Junge, der seit zwei Wochen nicht schlafen kann, weil er davon schlechte Träume bekommen hat. Vielleicht ist er ein erbärmliches Tier, dem alle Zähne schon ausgefallen sind und das nur dann herauskommt, wenn es besonders ungefährlich ist, traurig zu zischen. Melancholische Kinder und auch erwachsene Melancholiker fühlen sich oft müde. Im Grunde sind sie ihr unaufhörliches, zwanghaftes Grübeln wirklich leid; aber sie können auch sehr heroische Seelen besitzen. Wie Hamlet denken sie über großartige, herrliche Taten nach, haben aber Schwierigkeiten, sie durchzuführen. Das Traumschwert des heiligen Michael oder Georg verschwand, doch der weise Vater in der Geschichte sagt: »Es ist wahr. Das Geschenk des Traumschwerts ist echt – mit dieser inneren Kraft kannst du eine edle Tat vollbringen.« Diese Art von Kind weiß die ernsthafte Bedeutung eines Schwertes zu schätzen. In seiner Geschichte gibt ein Junge sein Schwert vielleicht jemandem, der stark und aktiv ist und verbindet seine Gedanken und Einsichten mit der Kraft des Herzens und der Hand des anderen.

Eine Geschichte für ein langsames, verträumtes Kind könnte von einem kuscheligen Drachen handeln, der unter der Veranda schläft. Ein Kind stochert mit einem Rechen an dem kleinen Drachen herum. Es holt einen Spielgefährten, der ebenfalls daran herumstochert. Phlegmatiker lieben die Wiederholung. Sie holen die Großmutter – vielleicht holen sie sieben oder siebzehn andere Menschen. Die Anhäufung ist wichtig. Mehr Erbsen bekommen, mehr Kartoffeln bekommen, von allem und jedem immer mehr bekommen zu wollen, ist ein Kennzeichen der phlegmatischen Seele. Schließlich wacht der Drache auf – und hat Hunger! Was ißt er gern? Nach und nach bringen alle Menschen das, wovon sie meinen, daß der Drache es gern essen würde. Im Haus backt die Großmutter gerade einen Kuchen. Sie kommt heraus und bietet ihn dem Drachen an. Der kleine Drache nimmt einen Bissen, sein Schwanz zittert, und dann steht er auf, kommt ins Haus und setzt sich an den Tisch. Er wird zum Liebling des ganzen Haushalts. Dann breitet der Drache seine Flügel aus und fliegt kurz durchs Zimmer und dann das Treppenhaus hoch und wieder herunter, bis er sich wieder in sein ruhiges, herbstliches Nest zurückbegibt.

Auch für Erwachsene, die mit ihrem »inneren Kind« in Kontakt treten wollen, kann es hilfreich sein, einen Drachen in solcher Weise der Stimmung kleiner Kinder anzupassen.

Stellen Sie sich in allen Einzelheiten einen Drachen vor, der einen Menschen, eine Familie oder sogar eine ganze Stadt terrorisiert. Erfinden Sie einen Helden, eine Heldin oder einen Helden und eine Heldin, die diesem Drachen begegnen, sich seine Macht erfolgreich einverleiben und sie mitfühlend und klug im Dienst an anderen einsetzen.

Erzählen Sie sich selbst eine Drachengeschichte, als wären Sie ein Kind, und gestalten Sie den Drachen nach Ihren eigenen Stimmungen und Bedürfnissen.

Schreiben und illustrieren Sie eine Geschichte über ein Einhorn, in der ein Held oder eine Heldin den Tastsinn verloren hat und außerdem taub geworden ist. Die Begegnung mit dem Einhorn verwandelt sein/ihr Leben.

Erzählen Sie eine Geschichte über einen wunderschönen Feuervogel, der sich danach sehnt, von den Menschen gesehen und akzeptiert zu werden. Immer dann, wenn der Feuervogel in Ihrer Geschichte auftaucht, könnten Sie mit einem Musikinstrument, wie zum Beispiel einer Lyra, musikalische Akzente setzen.

Wenn Vögel in Ihre Geschichten hineinfliegen, können sie ein erhebendes Gefühl von luftiger Freiheit mitbringen. Als die weißen Täubchen und die Turteltäubchen und dann »alle Vöglein unter dem Himmel« durch das offene Küchenfenster zu Aschenputtel geflogen kommen, lassen sie sich um die Asche nieder, um die guten Körner aufzupicken, die ihre Stiefmutter da ausgeschüttet hat, damit Aschenputtel sie wieder auslese. Sie sind mit dem Vogelgeist verwandt, der in dem Baum wohnt, welchen Aschenputtel auf das Grab ihrer Mutter gepflanzt hat. Ganz gleich, was sie sich wünscht, dieser weiße Vogel des Schutzes gewährt es ihr.

Wenn Vögel in Geschichten als Helfer auftreten, können sie auch Rätsel und Geheimnisse lösen und singend verraten, was in einer bestimmten Situation am besten zu tun ist. Wie Besucher aus engelhaften Sphären sehen und sprechen sie jenseits des üblichen menschlichen Seh- und Sprechvermögens. In dem merkwürdigen Märchen *Die drei Sprachen* aus der Grimmschen Sammlung ist der »unbelehrbare« Sohn eines Grafen imstande, von einem erleuchteten Meister die Sprache der Vögel zu lernen. Für den alten Grafen hat diese Fähigkeit des inneren Hörens keinen Wert, aber am Ende der Geschichte schafft es der Jüngling, der gelernt hat zu hören, selbst ein hoher Geistlicher zu werden und die reine Weisheit zu sprechen, die seine Vogel-Führer ihm ins Ohr flüstern. Nachdem seine Zunge mit Drachenblut benetzt worden war, verstand Siegfried die Sprache der Vögel; wie er das, was er hört, begreift, spielt für die besondere Entwicklung seiner Geschichte eine wesentliche Rolle. Helden und Heldinnen der amerikanischen Indianer spüren, wie der Geist des Falken oder des Adlers aus ihrem Kopf oder ihrem Rücken wieder nach oben in die Höhen dringt, aus denen er gekommen ist; sie nehmen die weite Sicht, den schnellen Flug und das sichere Orientierungsvermögen des Vogels in sich auf, während sie um des Wohls ihres Volkes willen losziehen.

Vögel bringen unterschiedliche Qualitäten in Geschichten hinein. Die Augen von Eulen bleiben beispielsweise lange Zeit geöffnet und haben einen seltsam menschlichen und goldenen Blick. Auf einem Märchenbaum sitzend, können sie den Aufstieg darstellen, den wir durch die Äste unseres eigenen Körpers und Verstands machen, die so oft umnachtet erscheinen, wie Bäume in einem nächtlichen Wald. Die Eule sieht auch im tiefsten Dunkel der Nacht, und wie ein spiritueller Meister verteilt sie von ihrem hohen Sitz im Baum aus weisen Rat. Adler zeichnen sich durch eine majestätische Spannweite der Flügel und eine eindrucksvolle Breite der Sicht aus. Mit seiner Fähigkeit, höher hinauszufliegen und weiter zu sehen als jedes andere geflügelte Wesen ist der Adler das Emblem des engsten Gefährten von Jesus, des Heiligen Johannes. Seine Vision bildet den Abschluß des Neuen Testaments. In der Welt der Phantasie kann ein Vogel, der die Welt von seinen Höhenflügen her kennt, weitsichtige Visionen auf die Erde herunterbringen.

Laden Sie das Wohlwollen der Vögel in Ihre Geschichtenwelt ein. Durch ihre wunderschönen Bewegungen, ihre durchdringende Sicht, sowohl bei Tag als auch in der Nacht, ihren Fleiß und ihren Gesang sind sie mit den engelhaften Sphären oberhalb Ihrer Geschichtenfiguren verbunden. Ihre Vorstellungskraft ermöglicht es, daß »alle Vöglein unter dem Himmel« in Ihrem eigenen Körper und Geist zu Hause sind. Sie können diese geflügelten Wesen als Bilder der inneren Weisheit ansehen, die Sie brauchen, damit Ihre Visionen und Geschichten ebenfalls beflügelt werden.

Eine Mathematikerin um die fünfzig beschwerte sich, daß sie überhaupt nicht kreativ sei. Eines Abends forderte ich die kleine Gruppe, zu der sie gehörte, auf, eine Geschichte zu erfinden, in der jemand, der irgendwo festgehalten wurde, wie ein Samenkorn zum Licht findet. Alle schrieben etwa eine Stunde ohne Unterbrechung, von der schöpferischen Energie der Gruppe getragen, im zunehmenden Dämmerlicht um eine Kerze herum sitzend mit leiser Musik aus dem Nebenzimmer. Hier der erste Teil der Geschichte, die diese Frau schrieb:

Penelope schlief, fest zusammengerollt, in einer dunklen Höhle in der Erde. Es war, als wäre sie schon sehr lange dort gewesen.

Sie wachte immer wieder auf, spürte, daß sich nichts verändert hatte, und schlief wieder ein. Sie war in ihre langen, goldenen Haare eingehüllt.

Sie hörte ein Klopfen, das sie wieder zum Bewußtsein zurück-brachte. Sie schaute um sich und sah nichts; sie hörte aber wei-terhin das Geräusch. Da sie seinen Ursprung nicht erkennen konnte, zog sie sich auf die Knie hoch. Sie konnte nicht stehen; der Raum war zu klein. »Wie lange bin ich schon hier?« fragte sie sich. Das Klopfen wurde lauter. Sie stellte sich vor, daß irgend etwas die Wand ihrer Höhle durchbrach. Sie fand die Richtung, aus der das Geräusch kam, und starrte dorthin. Es war so dun-kel, daß sie kaum etwas erkennen konnte. Schließlich erkannte sie ein Fleckchen Grün an der bräunlichen Wand vor sich.

Bald erkannte sie, daß das kleine Fleckchen offensichtlich ein Schnabel war – der Schnabel eines grünen Vogels, eines großen grünen Vogels. Der Vogel hackte ein Loch in die Wand, breitete seine Flügel aus und hüllte sie darin ein. Komischerweise hatte sie keine Angst, sondern fühlte sich nur wohl. Sie konnte das starke Pochen des Vogelherzens spüren. Er erhob sich mit ihr und drängte sich durch die Decke der Höhle. Sie traten in einen größeren Raum, der einen unterirdischen Fluß und einen Wasser-fall beherbergte.

Das war der Anfang einer Reise, auf der Penelope bei jedem Schritt von der wohlwollenden Gegenwart des grünen Vogels be-gleitet wurde. Die Energie und der Mut, die die Mathematikerin aus dem Schreiben dieser Geschichte bezog, erschienen ihr auf traurige Weise nur flüchtiger Art zu sein, auch wenn sie die Ge-schichte einer Reihe von Freunden vorlas. Doch das nächste Mal, als sie sich hinsetzte, um eine Phantasiereise aufzuschrei-ben, hatte sie mehr Selbstvertrauen. Ihre visuelle Phantasie, die so klar und lebhaft war, führte sie zu einem neuen Gefühl von Bewegung und Vertrauen in sich selbst und in andere. Als sie nach diesen Erfahrungen mit dem Geschichtenschreiben einmal nach Hause fuhr, um ihre betagte Mutter zu besuchen, beschloß sie, daß sie sich dieses Mal nicht so oft zurückziehen und »zu-sammenrollen« würde, um Bücher zu lesen, wie sie es sonst tat, sondern sich vornehmen würde, am Umgang mit sich selbst und mit ihrer Mutter und ihrer Schwester mehr Freude zu haben.

In einer Geschichte, die ich für eine Freundin schrieb, die an ihrem Geburtstag eine fiebrige Erkältung hatte, erhob sich eine Tigerin zu meiner großen Überraschung plötzlich in die Luft und flog.

Nach einer Weile des Wendens und Wirbelns sprang die Tigerin auf ihren weichen Pfoten wieder auf die Erde, überschwenglich und freudig strahlend. »Ich werde dich überall hinfliegen, wo du hingehen willst.«

»Fliege mich in Luft, die tanzt«, rief Felina. »Fliege mich zu Winden, die singen.«

Die Tigerin flog mit Felina auf dem Rücken eine lange Weile geradeaus, durch die Dschungelhitze hindurch, bis Felina schließlich etwas Tänzelndes in ihrer Nähe spürte, und als sie nach unten blickte, sah sie große Bäume, die tanzten. Doch die Tigerin, die keine menschlichen Ohren hatte, hörte das wunderschöne Singen nicht, das Felina hörte.

Im weiteren Verlauf der Geschichte sang und tanzte Felina selbst, dank der helfenden Kraft der geflügelten Tigerin. Meine Freundin dankte mir, sagte aber, daß die Geschichte ihr nicht gefalle. Das erzähle ich hier, um zu zeigen, daß natürlich nicht jede Geschichtenmedizin wirkt.

Mein Korb voller archetypischer Puppen wird von einem weißen Vogel mit großen, ausgebreiteten Flügeln bewacht. Die Flügel können durch die blauen Fäden, die an den Flügelspitzen befestigt sind, bewegt werden. Obwohl ich ihn ohne große Sorgfalt an einem Morgen bastelte, bevor ich zur Schule eilte, fand er seither in vielen Geschichten Verwendung. Wenn er nicht einfach nur Ausschau hält, ist er unzählige Male mit zwei und manchmal mehr Charakteren auf Abenteuer ausgeflogen und hat sie dann schließlich in Geborgenheit und Frieden zurückgeführt.

Stellen Sie sich einen Vogel vor, der Frieden, Freude, Güte, Glück oder andere Qualitäten verkörpert. Lassen

Sie Ihren Protagonisten an einem unbelebten Ort oder in einem anderen Dilemma festsitzen, wo es keine Hilfe zu geben scheint, und lassen Sie den Vogel freiwillig kommen, um dieser Person und anderen zu dienen, sie emporzuheben und zu beschützen.

Lassen Sie eine Eule in einer ansonsten düsteren Geschichte sehr klar erkennen, was gerade erforderlich ist.

Malen Sie in einer Geschichte einen Ort aus. Das kann irgendein Bereich in Ihrem eigenen Leben sein, der Ihrem Empfinden nach beengt ist, wo Sie die Perspektive verloren haben. Vielleicht kommt Ihnen Ihre eigene Wohnung oder Ihr Arbeitsplatz wie ein stacheliges Dornengestrüpp oder ein trübes Tal vor. Lassen Sie in Ihrer Geschichte einen bunt gefiederten Adler aus dieser Verwirrung emporfliegen und von oben nützliche Gegenstände und Botschaften herabwerfen.

PFERDE

Pferde, denen man in Mythen und in Märchen begegnet, vermitteln Kraft und Grazie. Mit einem Satz können sie ihren Reiter überdies in den Bereich göttlicher Ideen befördern. Die Griechen stellten Pegasus als die reine, weiße, treibende Kraft dar, die auf ihren großen und willigen Flügeln die poetische Natur zu den Sternen tragen konnte. Im Märchen *Ferenand getrü und Ferenand ungetrü* wird zwei armen Leuten ein Kind geboren, für das sie keinen Paten finden können, bis ein Fremder in einer Kirche ihnen einen Schlüssel gibt, der sicher aufbewahrt werden soll, bis der Junge das vierzehnte Lebensjahr erreicht. Dann findet der Jüngling das Schloß, zu dem der Schlüssel paßt, und darin ein weißes Pferd. Das Pferd sagt dem jungen Mann alles, was er wissen muß, um die Prüfungen, die ihm gestellt werden, überleben zu können. Während er jede Hürde überwindet, fungiert das Pferd als sein kosmischer Helfer, bis der junge Mann es fertigbringt, ein geordnetes, von Liebe erfülltes Reich zu erschaffen, in dem er leben kann. Eine ähnliche Rolle spielt das Pferd der

Königstochter, Falada genannt, im Märchen *Die Gänsemagd*. Falada kann sprechen und ist während all der schrecklichen Prüfungen, die das Mädchen bestehen muß, ein äußerst treuer und loyaler Begleiter.

Im Buch der Offenbarung erscheinen die vier apokalyptischen Pferde in verschiedenen Farben. Das weiße Pferd der reinsten spirituellen Weisheit und Führung weicht einem roten Pferd der Leidenschaft und des Egoismus, dann einem schwarzen Pferd, das die Waage des Urteils und Unterscheidens trägt. Das vierte Pferd ist »blaß«, sein Reiter der Tod. Ganz gleich, welche Farbe ein Pferd in einer Geschichte oder einem Märchen aufweisen mag, es trägt uns weit in die Sphären der Wahrheit hinein. Die Rosenkreuzer schätzten das Bild eines grauen Pferdes, das sich zwischen Hell und Dunkel hin- und herbewegt und beides zu einem verschwommenen Licht vermischt, aus dem in jedem Augenblick die volle Farbpalette hervorgehen könnte.

In Ihren Geschichten wechselt ein von Ihnen erfundener Reiter vielleicht von einem Pferd zum nächsten, während er durch verschiedene innere Landschaften reitet und dabei verschiedene Farben und Eigenschaften annimmt. Pferde, die eine Affinität zum Licht oder zum Dunkel haben, können einen Reiter auf einen weisen oder auf einen verwirrten oder zerstörerischen Weg führen. Märchenpferde verfügen über große Wärme, sich weit aufblähende Nüstern und eine fließende Muskulatur. Der zitternde, warme Eifer, die sanfte Kooperation, die Intelligenz und Schönheit von Pferden fügen dem, was sonst vielleicht nur ein alltägliches Abenteuer wäre, viel Kraft und Schwung und manchmal auch unermeßliche Höhen, Tiefen und Entfernungen hinzu.

Nehmen Sie die alles tragende Stärke eines Pferdes in die Palette Ihrer Geschichtenfiguren auf, denn oft braucht man diese Qualität auf dem Weg durch die Geschichtenlandschaften. Wie der Esel im Märchen *Der wunderliche Spielmann* tragen Sie in sich die Kraft, Tolpatschigkeit und Beschränkungen zu überwinden, um zu freudiger, graziöser, geselliger Stärke zu gelangen.

Denken Sie an eine Qualität, die Sie in Ihrem eigenen Leben als sehr eingeschränkt oder unwirksam erleben,

und nehmen Sie sie als kennzeichnend für den Protagonisten, den Sie am Anfang Ihrer Geschichte beschreiben und benennen. Statten Sie Ihren Protagonisten mit einem herrlichen Pferd aus, auf dem er – oder sie – auf Ihre wahren Ziele zureiten kann. Vielleicht besitzt Ihr Pferd auch die Gabe der Rede und der bescheidenen und geduldigen Selbstaufopferung. Im ganzen Verlauf Ihrer Geschichte wird es Ihnen helfen, Ihre Ziele auf überraschendem Weg zu erreichen, ganz gleich, wie groß die Hindernisse sind, die es dabei zu überwinden gilt.

Machen Sie eine Märchenreise auf einem großen Roß mit riesigen, weißen Flügeln.

FÜCHSE UND WÖLFE

In der Symbolsprache der Märchen stellen Tiere uralte »Wörter« dar – jedes mit seiner eigenen Bedeutungsnuance. Ein Fuchs kann wie eine Ratte Schlauheit verkörpern, schweigendes Beobachten sowie die Fähigkeit, mit flinken Füßen durch Dickicht und über Hindernisse zu rennen. Zu schlau und zu schnell, um problemlos in einer Falle gefangen zu werden, kann er geduldig warten und beobachten, mit der schonungslosen Fähigkeit, weniger aufgeweckte Naturen zu überlisten und den eigenen Willen durchzusetzen, mit Erfolg und zur eigenen Zufriedenheit die eigenen Gelüste zu befriedigen. Im Mittelalter wurde der Teufel manchmal als aufrechtstehender, sprechender Fuchs dargestellt.

Wölfen wurde ebenfalls oft eine Schurkenrolle zugeschrieben: dunkel, gierig, gnadenlos, der Macht des Dunkeln vergleichbar, die in ihrem mächtigen Zugriff alles Leben und Licht verschlingt. Die alten Perser stellten sich den Tod als Wolf vor. Das zerbrechliche, unschuldige Selbst, das sich auf den Weg durch den großen Wald des Lebens macht, wie das Rotkäppchen mit seinem Auftrag, die alte, kranke »Großmutter« zu besuchen, wird vom Wolf verschlungen. »Wolf« kann verschiedenes bedeuten: zerstörerische Wissenschaft; primitive Gier nach Sex, Geld oder Dingen; Verzweiflung – alles, was unsere Fähigkeit auffrißt, Liebe und Gesundheit in die Welt hinauszuschicken.

Als der Gott Wotan ein Geschlecht von Menschen zeugte, die frei über ihren Willen verfügen konnten, nannte er diese Sprößlinge »Wolflinge« und kleidete sie in Wolfspelze. Jeder menschliche »Wolfling« muß raubgierige, wölfische Begierden erleben, um die freie Entscheidungskraft entwickeln zu können. Bei der Gründung dessen, was sich später zu den weitläufigen Domänen des Römischen Reichs ausbreiten sollte, entwickelte sich dieser Mythos in der Geschichte von Romulus und Remus weiter, die, wie es hieß, von einer Wölfin gesäugt wurden und so deren Eigenschaften übermittelt bekamen, die sie dann an das ganze Reich weitergaben. Märchen wie *Der Wolf und die sieben jungen Geißlein* aus der Grimmschen Sammlung zeigen, daß aus der alles verzehrenden Kraft des Wolfs auch die Rettung erwächst. Das Geißlein, das sich im Uhrkasten versteckt hat, weiß die wahre Geschichte über den Betrug des Wolfes und kann sie erzählen. Die liebevolle Geiß-Mutter und der alles beobachtende, geschickte Jäger können es befreien. Die kleinen Geißlein kommen viel schlauer ins Leben zurück, als sie vorher waren.

Die geheimnisvollen Grenzen zwischen dem tierischen und dem menschlichen Reich zeigen und verschieben sich auch in der russischen Erzählung *Der Feuervogel*. Darin reitet ein Prinz, nachdem er sein graues Pferd verloren hat, auf dem Rücken eines grauen Wolfs durch die dunklen Felder. Während er nach dem Phönix-Vogel sucht, trägt der Wolf ihn durch Wald und Dunkelheit, wobei er sich Kräfte zunutze macht, die dem Jüngling unbekannt sind. Die Anerkennung und das Annehmen der geheimnisvollen, helfenden Energien des Tiers helfen den Märchenfiguren, ihre menschlichen Ziele zu erreichen. In dieser Geschichte ist der Wolf ein verkleideter Mensch, der, wenn alle Prüfungen überstanden sind, wieder eine menschliche Form annehmen kann. In solchen Geschichten stehen die Tiere den Menschen schon sehr nahe, müssen aber auch gute Taten verrichten und die Mitarbeit der Menschen gewinnen, um sich von ihrem Tierkörper befreien zu können. Sie haben sich lange danach gesehnt, ihre Dienste einer menschlichen Seele anbieten zu können, die bereit ist, mit ihnen zusammenzuarbeiten, damit sie eine höhere Form annehmen können.

Über Geschichten können Sie Ihre Verbindung zu Wesen pflegen, deren Qualitäten Ihre eigenen ergänzen. Kraft Ihrer Phantasie können Sie auf innige Weise die Sehnsucht erleben, von den Beschränkungen der tierischen Natur frei zu sein. Indem Sie Ihre Aufmerksamkeit mitfühlend auf Fuchs und Wolf richten, können Sie Ihre Fähigkeit erwecken, die raubgierigen und dominanten Schliche Ihrer eigenen tierischen Natur in großzügige, mächtige, menschliche Liebe zu verwandeln.

Als eine Lehrerin eine Gruppe von Kindern verlassen mußte, die sie sehr liebhatten, hatte ich das Privileg, eine Geschichte erfinden und erzählen zu dürfen, die ihr und den Kindern helfen sollte, sich voneinander zu verabschieden. Immer, wenn ich mir eine Geschichte ausdenke, die eine bestimmte Situation erleichtern soll, ist in meinem Bewußtsein viel mehr als nur das gegenwärtig, was ich selbst zusammengetragen habe, damit die Geschichte ein gutes Ende nimmt. In diesem Fall waren auf irgendeine Weise die Kinder bei mir, hinter ihnen ihre Eltern und das Wohlwollen der anderen Lehrer. Das Bild des spirituellen Meisters dieser Lehrerin erschien auch vor meinem inneren Auge.

Die Lehrerin liebt Füchse, und das Bild einer jungen Füchsin trat in mein Herz. Ich stellte mir vor, daß sie tagsüber frei als Füchsin umherstreifte und nachts ihren Fuchspelz abwarf und zur Hüterin der Kinder wurde, die sich so weit in den Wald hinausgewagt hatten, daß sie ohne ihre Hilfe nicht mehr nach Hause finden konnten. Je mehr ich schrieb, desto inspirierter und zufriedener wurde ich. Als ich am Ende der Geschichte angekommen war, wußte ich daß sie ein Heilmittel sein würde, weil ich spürte, daß ich meine Intuition erfolgreich angezapft hatte. Ich schrieb die Geschichte sorgfältig ab und machte ein Buch daraus, damit die Lehrerin es zur Erinnerung behalten konnte. Während ich »Fuchspelz« erzählte, lachte und weinte sie ganz offen mit den Kindern, und sie fühlten sich einander sehr nahe. Als Geschenk für die Kinder und als letzte Abschiedsgeste für die Schule schrieb die Lehrerin in jenem Sommer selbst eine wunderschöne Geschichte. Seither hat sie viele wunderbare

Geschichten geschrieben, alle mit dem Ziel, Kindern mit Problemen zu helfen.

Ein außergewöhnlich sanfter Mann entdeckte einmal in einer seiner Geschichten ein wolfartiges Ungeheuer. Dieses kurzschnäuzige Wesen lauerte in einem Schloß. Es lockte ein dreijähriges Kind auf einen Festungswall und warf sich voller Gier an seinen Hals, bis es das Kind getötet hatte. Die Gegenwart dieses tragischen Ereignisses in seiner Phantasie bekümmerte den Mann. Er fühlte die Hilflosigkeit und den Schrecken des Kindes in seiner Geschichte und grübelte, dessen Notlage vor Augen, über viele Fragen nach. Erst nach mehreren Monaten dämmerte ihm eine Erkenntnis: Kinder werden oft von tödlichen Ängsten gleichsam »am Halse gepackt«. Danach konnte der Mann mit seiner Geschichte weitermachen. Wie im Märchen *Von dem Machandelboom* wurde sein totes Kind wieder zum Leben erweckt und heil. Ein goldener Vogel verkündete allen singend die Wahrheit. Das Ungeheuer wurde verwandelt.

Erzählen Sie die Geschichte eines verzauberten Wolfs, der sich dagegen wehrt, ein Mann zu werden. Immer und immer wieder sträubt er sich gegen die Verwandlung, bis er sich endlich der Entzauberung beugt und feststellt, daß er, vielleicht seinem eigenen Willen zum Trotz, älter und weiser geworden ist.

Erzählen Sie die Geschichte von Rotkäppchen auf Ihre eigene Weise nach. Was ist die zerstörerischste Gewohnheit, die Sie kennen, die Sie ganz auffressen kann? Führen Sie ein unschuldiges Kind, Ihr eigenes »inneres Kind«, durch einen dunklen Wald, um Ihrem weisen, alten Großmutter-Selbst Brot und Wein als Heilmittel zu bringen. Erzählen Sie, wie Ihr Kind durch diese dunkle Zerstreuung vom Weg abgebracht wird. Am Ende dieser Geschichte muß der gutherzige »Jäger«, der bildhaft für Ihre eigene Einsicht und Ihr Gefühl der inneren Richtung steht, Ihr Kind und Ihr weises altes Selbst befreien.

Die ganze Katzenfamilie ist mit Ihnen verwandt und Sie mit ihr. Sie müssen nur Ihre eigenen katzenhaften Kräfte anrufen und sie in Ihrer erzählerischen Phantasie spielen lassen. Das Brüllen des Löwen übersteigt bei weitem jedes normale menschliche Vermögen. Wahrscheinlich übersteigt sein durchdringendes Sehvermögen ebenfalls das unsrige. Wenn ein Löwe oder eine Löwin zu menschlicher Erkenntnis und Rede findet, können goldene Wahrheiten zutage treten. Die Grenze zwischen Tier und Mensch verschiebt sich ständig. Im Märchen *Die zwölf Jäger* spricht der Löwe des Königs Wahrheiten aus, die kein Mensch zugeben will.

In *Die zwei Brüder* sprechen die beiden jungen Löwen, welche die menschlichen Zwillingsbrüder begleiten und beschützen, die Wahrheit und geben weisen Rat. Einer von ihnen setzt dem gebrochenen Körper seines jungen Herrn den Kopf falsch auf, berichtigt seinen Fehler aber schnell wieder. Er versteht es auch, mit seinem Schwanz an die Tür des Königs zu klopfen und seinem Herrn Wein zu bringen, indem er den Griff des Korbs im Mund trägt. Als tapferer, strahlender Diener trägt er das »goldene Schlößchen« der wahren Liebe seines Herrn, bis dieser sie heiraten kann.

In der christlichen Ikonographie steht der Löwe, der mit dem Markusevangelium des Neuen Testaments assoziiert wird, den Gestalten Stier, Adler und Mensch gegenüber, die den anderen drei Evangelisten entsprechen. In der »Geschichtensprache« bildet ein Löwe ein hervorragendes Pendant zu einem Stier und einem Adler, wobei jedes Tier seine ganz eigene Gabe des Fühlens, des Wollens und des Sehens mit sich bringt.

Kleinere Vertreter der Katzenfamilie finden ebenfalls ihren Platz in den Geschichten, die Sie erfinden. Die Ruhe, Grazie und Sauberkeit der ganzen Katzenfamilie rufen unsere Bewunderung hervor. Katzen können in Krypten und Tempeln als Hüter der Toten leben. Wenn es gelingt, ihre Stimmen und Gesten innerhalb der sicheren Grenzen einer Geschichte zu verstehen, können sie aus diesen unterweltlichen Sphären viel Weisheit vermitteln. Im Märchen *Der gestiefelte Kater* trägt eine weiter nicht auffällig wirkende Katze Stiefel, die sie in wenigen Augenblicken auf große Reisen führen können. In *Der Fuchs und die Katze* ist die Katze, im Gegensatz zum stolzen Fuchs, in der Lage, sich gänzlich vor Hunden zu schützen.

Eine Erziehungsberaterin machte sich daran, eine Geschichte für einen Sechsjährigen zu erfinden, der zu Hause und in der Schule Schwierigkeiten hatte. Sie übersetzte seine Probleme in Phantasiebilder.

Dalgha sah seinen Vater, den König, nur selten, weil dieser oft mit seinem Heer in fremden Landen unterwegs war. Dalghas Vater hatte ihm die wichtige und geheimnisvolle Aufgabe gegeben, seinen Lieblingsgegenstand jeden Tag durch die Stadt zum Haus seiner Großmutter und wieder zurück zu tragen. Es handelte sich keineswegs um eine gewöhnliche Blumenvase. Sie war aus Kristall und hatte die Form eines Löwen. Wenn die Sonne darauf fiel, leuchteten die Augen des Löwen, und seine Mähne schillerte mit dem Glanz von tausend bunten Regenbogen. Es war ein majestätischer Kristallöwe, und Dalgha liebte ihn fast genauso wie sein Vater. Deshalb tat er jeden Tag, worum sein Vater ihn gebeten hatte, und trug die Löwenvase durch die Straßen der Großen Stadt zum Haus seiner Großmutter.

Im Verlauf dieser Geschichte läßt der Junge den Löwen auf den Boden fallen, und er zerbricht in tausend Scherben. Dieser tragische Zwischenfall bringt ihn jedoch mit einem weisen und mächtigen alten Händler zusammen, der das Glas zuerst in Gold und dann, nachdem der Junge in der Schule großzügiger und mutiger geworden ist, wieder in einen perfekten durchsichtigen Löwen verwandelt.

Das Verabreichen von Geschichten als Heilmittel kann sehr wirksame Verhaltensänderungen herbeiführen, besonders wenn die Geschichtenbilder von den Erwachsenen wie auch von den Kindern akzeptiert und über einen Zeitraum von mehreren Tagen behutsam in das kindliche Bewußtsein zurückgerufen werden. Zum Glück ist sogar das nicht immer erforderlich; manchmal ist die Sehnsucht nach einem Heilmittel so stark und die

Verabreichung so liebevoll, wie es hier der Fall war, daß eine einzige, gute Dosis ausreicht.

Erfinden Sie eine Geschichte über einen zahmen Löwen oder eine zahme Löwin, die, wenn sie das Maul aufreißen, immer die Wahrheit brüllen.

Erfinden Sie eine Halloween-Geschichte über eine weise kleine Katze, die auf einem Friedhof lebt oder in einem unterirdischen Tempel die Geister der Toten bewacht. Lassen Sie dieses Tier in den Träumen von Kindern auftauchen und deren Ängste mit schnurrender Würde beruhigen.

Lassen Sie einen Löwen, einen Stier und einen Adler einer einsamen Figur, die ein unwegsames Gelände überqueren muß, Kraft und Heilung bringen.

BIENEN, AMEISEN UND ANDERE INSEKTEN

Sowohl Ameisen als auch Bienen geben ein Bild von beispielhafter Zusammenarbeit und Ordnung sowie erstaunlichem Fleiß ab. Wie ein Honigkorb speichert der menschliche Geist die süßen Dinge des Lebens in ordentlichen Mustern, und wie in einem Ameisenbau errichtet er innere Reiche mit zahlreichen Kammern und Durchgängen. Im Märchen *Die Bienenkönigin* verlangt der Dummling, daß seine Brüder die Tiere in Frieden lassen, die sie nur zu ihrer eigenen Unterhaltung und aus Spaß gestört haben. Deshalb kommen, als das Leben des Dummlings in Gefahr ist, winzigkleine Wesen, um ihm zu helfen, und sprechen zu ihm aus der Erde, der Luft und dem Wasser. Der König der Ameisen befiehlt seinen Arbeitern, schnell zu laufen und nichts Geringeres als die Perlen seiner wahren Liebe zusammenzutragen. Dann hilft ihm die Bienenkönigin selbst, die Liebe seines Lebens zu erkennen, damit er sie und ihr ganzes Reich zu neuem Leben erwecken kann.

Die tätige Weisheit, die in diesen winzigen, geselligen Wesen am Werk ist, erfüllt jede Geschichtenwelt mit großer Freude. Die gesellligen Lebensmuster der Bienen und Ameisen erwecken das Vertrauen in die Muster der Weisheit, die in allen Dingen angelegt sind. Wenn Sie die kleinen Kreaturen in ihrem eigenen Reich respektieren und schützen, kann sich deren Weisheit direkt auf Sie und die Gestalten in Ihren Geschichten übertragen, die danach trachten, mit sich und anderen in Harmonie zu leben.

Es hatten sich einmal mehr Ameisen in meiner Wohnung breitgemacht, als ich wieder zur Küchentür hinausbefördern konnte. Zu dieser Zeit hatte ich sehr oft *Die Bienenkönigin* erzählt, und es war eins meiner Lieblingsmärchen geworden. Eines Tages, als ich früh am Morgen dasaß und frühstückte, sah ich, wie sich die Königin des Ameisennests mit großer Würde über den Küchenboden schleppte. Mein erster Impuls war, sie zu zerquetschen, aber mit einem Schlag wurde ich von der Beziehung des Dummlings zu den Ameisen im Märchen inspiriert. Ich ließ mich vor dieser Ameisenkönigin auf den Boden nieder und beugte den Kopf ganz nach unten. Mit einer Aufrichtigkeit und Höflichkeit, die mich selbst überraschte, hörte ich mich sagen: »O große Königin, dein emsiges Volk bewundere ich schon seit geraumer Zeit. Nun habe ich aber eine Bitte. Könntest du bitte alle deine Untertanen aus meiner Wohnung hinausführen?« Ich erzählte ihr von den Schönheiten des Gartens. Ich sagte, daß ich nicht auch nur einem einzigen ihres Geschlechts Schaden zufügen wollte, es ihrer aber soviele waren und sie mir keinen Respekt zeigten. Zu meiner großen Überraschung schienen wir uns ausreichend verstanden zu haben, denn während der drei Jahre, die ich weiter in dieser Wohnung wohnte, war nie wieder auch nur eine einzige Ameise in meiner Küche zu finden.

Es gibt noch eine andere Geschichte, die mich sehr tief berührte und mein Verhältnis zu Insekten weiter beeinflußte.

Vor langer Zeit lebte ein großer Heiliger, Columba genannt, auf der schottischen Insel Iona. Eine der vielen Geschichten aus seinem Leben erzählt davon, wie er sich in seine Zelle zurückzog, um drei Tage und drei Nächte lang, von keiner Menschenseele gestört, zu beten. Doch eine große schwarze Fliege wollte seine Zelle nicht verlassen. Nach zwei Tagen und zwei Nächten unauf-

hörlichen Summens verlor der Heilige die Geduld und schrie:
»Bist du des Teufels?« Durch diesen Aufschrei wurden ihm die
Ohren geöffnet, und er konnte die Stimme der Fliege verstehen.
»Du hast all den Vierbeinern dieser Insel deinen Segen gege-
ben«, beschwerte sich die Fliege. Du hast die Fische und die
anderen Tiere des Meers gesegnet. Du hast die geflügelten Vögel
gesegnet. Aber du hast die geflügelten Insekten nicht gesegnet,
und zu denen gehöre ich.«
    Als Columba das hörte, rief er sofort alle heiligen Brüder des
Klosters zusammen. Sie versammelten sich in einem Kreis am
Meeresufer und sprachen gemeinsam Gebete und Segnungen für
die Fliegen und alle geflügelten Insekten der Insel. Von jenem
Tag an hatten Columba und seine Brüder Macht über die Insek-
ten und lebten mit ihnen in gegenseitigem Einvernehmen.

Diese Geschichte hat mich schon viele Male inspiriert, einen
Segen über Schnaken und Fliegen auszusprechen. Meistens habe
ich festgestellt, daß sie darauf »hören«. Während sie zur Tür
oder zum Fenster hinausfliegen, sage ich: »Dir wird es dort viel
besser gefallen. Sag' bitte auch deinen Verwandten, daß sie nicht
hierherkommen sollen. Vielen Dank!«

> **Erzählen Sie die Geschichte einer Biene, als wäre dieses
> kleine Wesen ein Teil von Ihnen, der es versteht, all das
> einzusammeln, was er braucht, auch wenn die Pollen
> knapp sind.**
> **Erzählen Sie eine Geschichte, in der Insekten ihre
> Bedürfnisse mitteilen. Lassen Sie sie mit Menschen spre-
> chen, die bereit sind, sich ihre Wünsche anzuhören und
> sie zu respektieren.**

SCHLANGEN

Mit ihren wellenartigen, geheimnisvollen Bewegungen und ihrem
plötzlichen Erscheinen erfüllen Schlangen jede Geschichtenwelt
mit machtvoller Energie. Eine sprechende Schlange kann eine

Person vielleicht irgendwo hinführen, wo sie noch nie zuvor war. Gutmütig und flink wie ein Wind, der durchs Gras weht, kann sie einem menschlichen Wesen helfen, Zeit und Raum zu überwinden und in Sphären einzudringen, die sonst unzugänglich geblieben wären. Die Fähigkeit der Schlange, tief in dunkle Orte einzudringen, hat dazu geführt, daß sie mit dem Prinzip des Bösen assoziiert wurde. Doch ihre Fähigkeit des leichten Zugangs und der schnellen Vorwärtsbewegung kann auch das Weiterkommen einer Figur begünstigen. Angst beinhaltet stets ein Element des Risikos; Risiken, die mit positivem Ausgang bestanden wurden, ziehen erfrischenden, neuen Mut und Vertrauen zum Leben nach sich. Der Auftritt eines so aufrichtigen und farbigen Lehrers in einer Geschichte vermag auch denen, die nicht willens sind, seine Lektionen anzunehmen, neues Leben zu entlocken. Die Fähigkeit einer Geschichtenfigur, auf die zischende Stimme einer Schlange zu hören, bringt sie unter Umständen dazu, die gute Schlange von der schlechten, die helfende Schlange von jener mit bösen Absichten zu unterscheiden.

Der Äskulapstab, das Sinnbild der Heilkunst, zeigt zwei Schlangen, die sich um den Baum des Lebens winden. Sie stehen symbolisch für jene Energien, die in der menschlichen Wirbelsäule miteinander verflochten sind. In einer Geschichte begegnet man vielleicht Vertretern dieser beiden Schlangen, deren geheimnisvolle Augen Düsterheit und Dunkel durchdringen können, deren blitzschnelle Zungen von der wahren Ursache der Krankheit eines bestimmten Herzens, Körpers, Geists oder einer bestimmten Gruppierung von Menschen singen, in wie seltsamen Tönen auch immer. Einer, dem die Gnade gegeben ist, diesen Gesang zu hören und seinen Sinn zu verstehen, kann anderen Personen in einer Geschichte viel heilende Weisheit bringen. Der Baum, um den sich solche Schlangen winden, hält vielleicht auch große Wahrheiten für jene bereit, die seiner raschelnden Stimme lauschen und das, was sie hören, zu respektieren wissen. Eine Reise, die unternommen wird, um diesen vitalen alten Baum zu finden, führt eine Geschichtenfigur unter Umständen in weite Ferne, bis der Baum gefunden wird – möglicherweise im eigenen Garten. Das, was tief in uns sitzt, muß manchmal als außerhalb von uns gesehen werden, damit wir es als Teil unseres Selbst akzeptieren können.

Eine große und weise Schlange kann eine Geschichtenfigur vielleicht auch über das menschliche Energiesystem der Chakras belehren, das eng mit dem schlangenförmigen Nervenstrang verknüpft ist, der in jeder Wirbelsäule sitzt. Wenn Sie Ihre natürliche Angst vor den Schlangenkräften in sich selbst annehmen, können Sie sich vorstellen, daß sie Gift und auch weise Medizin bergen. Sie können tief in sich hineinblicken und die schlangenartigen Formen und Eigenschaften entdecken, die in jedem von uns leben und sich bewegen.

Lassen Sie eine freundliche und belebende Schlange Ihre Geschichtenfigur dorthin führen, wo sie noch nie gewesen ist. Erzählen Sie eine Geschichte über eine oder zwei Schlangen, die verkleidete Ärzte sind. Mit ihren Augen können sie alles erkennen, was die Lebenskräfte beeinträchtigt. Der Baum des Lebens selbst ist ihr Behandlungsraum, ein Ort, der eindrucksvolle Maßstäbe für Gesundheit und Vitalität setzt. Führen Sie einen Teil Ihres Selbst, dem es nicht so gut geht, wie es ihm gehen könnte, in diesen prächtigen Raum und lassen Sie sich von diesen weisen Schlangen durchdringen, damit sie das, was fehlgelaufen ist, diagnostizieren und heilen können. Wen könnten Sie noch zwecks Heilung in diese Praxis führen?

BLUMEN

Jede Blume bringt heilende Energien in die Welt. Die Eigenschaften von bestimmten Pflanzen und Blumen können auch Ihre Geschichten beseelen. Die sternenartigen Formen von Blatt und Blüte, die hinreißenden Farben der Blüten sowie der Duft, den sie ausströmen, können leicht zum Thema einer Geschichte gemacht werden. Ein Protagonist, der sich auf die Suche nach einem heilenden Kraut für einen kranken König, ein verzaubertes Kind oder ein unglückliches Wesen macht, muß vielleicht zahlreiche Abenteuer in Feldern, Gärten, Wäldern oder unter Wasser bestehen, bis er genau das richtige findet. Die Suche nach einer roten Blume läßt an freudiges, gesundes Blut denken, die nach einer blauen oder lilafarbenen Blume an spirituelles Erwachen und die Suche nach einer gelben Blume an frische, klar-leuchtende Gedanken.

Im Märchen *Rapunzel* gelüstet es die werdende Mutter nach grünen Rapunzeln, und infolgedessen müssen sie, ihr Mann und ihr Kind lernen, mit der Hexe umzugehen, welche die Wächterin der Rapunzelpflanzen ist. Jeder von uns muß der Welt manchmal wie ein schwacher König, eine schwache Königin oder wie ein gefangener Liebhaber gegenübertreten. Dabei können Blumen, sowohl echte als auch imaginierte, zu Hilfe kommen und unseren schwachen Willen, unser schwaches Herz und unsere schwachen Gedanken heilen. Sie können die Farben, die Formen, den Duft und die Vitalität der Pflanzenwelt anrufen, um die Welt Ihrer Geschichten damit zu füllen.

Durch eine magische Märchenblume können Gefühle Form annehmen und sprechen. Im klassischen bretonischen Märchen *Perronique* tritt der Held in einen Garten.

Es gab Rosen in allen Farben, spanischen Ginster, rotes Geißblatt, und über allen anderen erhob sich eine lachende Feenblume; aber ein Löwe mit einer Mähne aus Schlangen rannte im Garten umher, rollte die Augen und knirschte mit den Zähnen, als würden zwei frisch geschliffene Mühlsteine sich aneinander reiben.

Der Held besiegt den Löwen und eilt mit der prächtig lachenden Blume davon. Wenn sich die Blume öffnet, bricht strahlende Freude wie Sonnenlicht aus ihr heraus und vertreibt Kummer und Angst. Diese Blume hilft dem Protagonisten, den Tod zu besiegen, ewige Liebe zu gewinnen und den bösesten Zauberer im ganzen Reich zu überwinden. Diese innere Blume ist ein geheimnisvoller Aspekt jedes Menschen.

Eine andere mächtige Blume taucht in dem alten deutschen Märchen *Jorinde und Joringel* auf. Joringel sieht „die blutrote Blume» zunächst in einer Traumvision und sucht sie dann in Berg und Tal, bis er sie am frühen Morgen des neunten Tages findet. Was er da gefunden hat, verleiht ihm absoluten Schutz, damit er das Tor zu einem verzauberten Schloß aufmachen kann. Diese auf geheimnisvolle Weise robuste Blume öffnet alle Käfige, in der die Hexe unzählige junge Frauen in der Gestalt von blassen Vögeln gefangengehalten hatte. Sie ist ein Emblem der Gesundheit, die von Seele zu Seele fließt, wenn wahre Liebe angesichts scheinbar unüberwindbarer Hindernisse ausharrt.

Das erste Mal, als ich beschloß, meinen eigenen Lebenskampf als Märchen darzustellen, war ich sehr traurig und mit meiner Weisheit am Ende. Meine Beziehung zu einem Freund, der die Gärtnerei liebte, war zu Ende gegangen, und ich mußte irgendwie eine neue Perspektive und Trost finden. Ganz früh an einem Frühlingsmorgen begann ich zu schreiben, und gegen Mittag war ich fertig und fühlte mich schon besser. Ich las die Geschichte Freunden vor, von denen ich wußte, daß sie sie verstehen würden, und konnte feststellen, daß es mir durch ihr Zuhören noch besser ging. Später schickte ich die Geschichte sogar an meinen Freund, obwohl ich wußte, daß Teile davon für ihn schmerzhaft sein würden. Die Geschichte begann so:

Es lebte einmal ein jugendlicher alter König, der vital und edel und um das Wohl seines ganzen Landes bemüht war. Wenn sich der grüne Umhang dieses Königs öffnete, zeigte sich ein herrlicher Brustharnisch, auf dem ein fein gezeichneter Rosenbusch mit goldenen und silbernen Blättern leuchtete; über seinem erwartungsvollen Herzen umschlossen die grünen und roten Wurzeln der Rose einen Smaragd und einen Rubin.

Dieser König betrat mit seiner Gefolgschaft von Fürsten und Hofdamen einen sehr tiefen Wald. Dort verlor er im Verlauf der Geschichte buchstäblich den Kopf; an dessen Stelle bekam er den schreckenerregenden Kopf eines Trolls. Ich staunte selbst, als ich folgendes schrieb:

Plötzlich stand da an der Stelle des Königs ein Troll in einem Königskörper. In seinem kalten Herzen herrschte der Zorn – Undankbarkeit und Wollust. Die Töne, die er von sich gab, waren tyrannische Schreie, Befehle und Vorwürfe. Überwältigende Häßlichkeit strömte aus seinen Augen und überflutete alles, was er ansah. Seine Gefolgschaft zog sich zurück. War das ihr Spielgefährte, ihr König? Die Vögel hörten auf zu singen. Der Rosenbusch auf seinem Brustharnisch, der im Morgenlicht so edel geglänzt hatte, war nun zu einem kümmerlichen Dornenbusch zusammengeschrumpft. Die heilenden, roten und grünen Edelsteine fielen auf das dunkle, verfilzte Gras.

Erst nachdem ich diese Geschichte geschrieben hatte, konnte ich mir aus dem komplizierten Verhalten meines Freundes etwas zusammenreimen. Ich schrieb:

Und von jenem Zeitpunkt an wuchs eine neue Macht der Wahrheit in ihm. Er kannte die dunklen Orte. In seiner Seele erklang die Melodie – jetzt konnte er harmonisch mitsingen. Dankbarkeit leuchtete wie eine Rose in seinem Herzen. Und die Eule wachte treu über den Troll, bis er alt wurde und sich mit seinem einen schrecklichen, übriggebliebenen Kopf und seinen bitteren, lieblosen Zornausbrüchen den Wasserfall hinunterstürzte und starb.

Diesen Mann mit der Rose in Verbindung zu bringen, half mir, Einsicht in die dornigen Tiefen seines Verhaltens zu gewinnen. Ich war zutiefst erfreut, daß ich diese Methode gefunden hatte, mit meinem Schmerz und meiner Verwirrung umzugehen. Die Geschichte so aufzuschreiben, wie sie aus mir herausströmte, zeigte mir vieles, was ich bisher nicht fähig gewesen war, zu akzeptieren oder klar mit meinem rationalen Verstand zu erkennen.

Eines Abends im Frühsommer stellte ich einer Kunsttherapiegruppe die Aufgabe, eine Geschichte zu schreiben, in der drei blühende Pflanzen ihre Geschenke einem bedürftigen Reisenden zukommen lassen. Ich sprach über die Arbeit Edward Bachs und

anderer, die tief in die Welt der Pflanzen hineingespürt haben.
Eine Sozialarbeiterin, die es gewöhnt war, ihre Zeit und Fürsorge so vollständig für andere aufzuopfern, daß sie nicht fähig
war, ihre Freizeit zu genießen, schrieb über Zeba, ein sechsjähriges Waisenkind, das von ihrem Dorf im Gebirge ausgestoßen
wurde.

*Sie hatte Hunger, war müde und fühlte sich sehr schwach. Den-
noch lief sie immer weiter. Menschen gingen an ihr vorbei und
fragten sich nicht, weshalb dieses Kind allein, schmutzig und
kränkelnd war. Irgendwann fiel sie zu Boden. Während sie verängstigt dort lag, spürte sie unter ihrem rechten Ohr ein Zittern.
Nach einer Weile erkannte sie, daß das Zittern von den Wurzeln
eines alten Olivenbaums kam. Sie wartete, empfänglich für das,
was die Wurzeln ihr sagen konnten. Und wie sie sprachen! Sie
sprachen sanft und liebevoll, sie riefen ihren Namen. »Zeba, du
bist eine von uns. Du bist ein Kind der Erde. Du bist voll liebevoller Güte und Schönheit, wie wir.«*

*Zeba hatte in ihrem kurzen Leben noch nie etwas Vergleich-
bares erlebt. Sie fühlte sich, als ob sie dazugehöre, als sei sie ein
Teil des Ganzen! Sie erhob sich über ihre eigene Leere und Einsamkeit. Sie fühlte sich erfrischt, als hätte sie einem üppigen
Festmahl beigewohnt. Zeba mußte weinen, so sehr fühlte sie sich
gerührt und geliebt.*

*Die Wurzeln sagten: »Wir werden immer hier sein; wir sind
ein Teil von dir, und du bist ein Teil von uns.« Sie legten ihr
nahe, die Veilchen besuchen zu gehen, die etwa zwei Meilen weit
entfernt am Straßenrand standen. Die Veilchen, die Gesichter
zum Himmel gewandt, bedeuteten ihr, sich in ihren Armen hin-
zulegen, da sie »Teil von ihnen war und sie Teil von ihr.« Sie
spürte, wie jede Zelle ihres Körpers von der heilsamen Gnade
des Geistes der Blumen erfüllt wurde.*

Die Geschichte von Zeba half dieser Frau, sich selbst auf einer
sehr tiefen Ebene zu akzeptieren und sich zu Hause einem süßen,
erholsamen Schlaf hinzugeben.

Erzählen Sie eine Geschichte, in der Pflanzen mit verschiedenen Farben, Düften und Eigenschaften einem müden Reisenden helfen. Es gibt sehr gute Bücher, die Sie für die Energien von Pflanzen sensibel machen können. Dazu gehört beispielsweise die Biographie von Edward Bach. Weitere Literaturhinweise finden Sie auf Seite 240 dieses Buches.

Stellen Sie sich eine Blume vor, die wie ein Zauberstab ist. Welche Eigenschaften beschützt sie oder führt sie herbei? Wer bedient sich ihrer in Ihrer Geschichte?

BÄUME

Sie sind, wie jeder andere Mensch auch, ein wandelnder Baum, auf mysteriöse Weise mit der ganzen Geschichte der Menschheit und mit dem ganzen Universum verbunden. Sowohl der Baum des Lebens als auch der Baum der Erkenntnis lebt in Ihnen. Die Bäume Ihres Blutkreislaufs, Nervensystems und anderer lebenswichtiger Systeme Ihres Körpers verbinden Sie mit allen Bäumen, die in der Erde verwurzelt sind. Sonne, Mond und Sterne, Wind und Wasser, alle Elemente der Erde nähren Sie. In der nordischen Edda wird die Welt als ein einziger kosmischer Baum – Yggdrasil – dargestellt. Himmel, Erde und Hölle sind in seinen Ästen, seinem Stamm und seinen Wurzeln enthalten. Die menschlichen Wesen, die auf der Erde leben, werden als zarte Schößlinge betrachtet, als kleine, mikroskopische Kinder des Großen Baums. Vielleicht sind überhaupt alle Bäume in Geschichten Vertreter dieses einen Großen Baums.

Der dunkle Wald, in dem Sie sich manchmal wandern spüren, oder gefangen fühlen, mag zwar von einem dunklen Gewirr aus Wurzeln und Blattwerk erfüllt sein, aber er birgt auch Pfade, die zur Erleuchtung führen. Dante stieß auf einen »dunklen Wald«, den Vorraum zu seiner eigenen Vorstellung von der Hölle. Solche düsteren Tiefen spüren wir manchmal, wenn wir uns unseren Geist oder unseren Körper als destruktiven Organismus vorstellen, der uns in Dunkelheit und Schatten festhält. Wir können uns wie ein Dickicht oder ein endloser Wald vorkommen, der böse, angsterregende Gestalten birgt. Doch können sich dort auch fürsorgliche, sanfte, leuchtende Gestalten zu uns gesellen. Es gibt Pfade durch diese überwucherten Wälder unseres inneren Selbst, die uns, so saftig, wild, trocken, kalt, heiß oder finster sie auch sein mögen, an helle Orte führen. Vielleicht wird gerade eine Lichtung freigebrannt, oder vielleicht ist sie voll Eis und Schnee. Vielleicht vergeht Jahreszeit um Jahreszeit, immer und immer wieder, auf dieser Lichtung, um uns Vergangenheit und Zukunft zu offenbaren. Vielleicht quellen Blumen und süße Musik aus ihr hervor, wie Wasser aus einem Brunnen. Vielleicht kommt ein Heiliger in eine solche Lichtung gewandert, der weise Worte und Freude bringt. Vielleicht versucht eine Hexe, uns in ihrem Zauberhäuschen festzuhalten, oder vielleicht unterhält ein Ungeheuer dort wunderschöne Gärten und sehnt sich nach der Schönen, die dableibt und ihn entzaubert.

Solche Bilder aktivieren unsere eigenen, sich verflechtenden Verbindungen mit allem, was uns umgibt, sie beschützen uns und regen neues Wachstum an. Im Grimmschen Märchen *Allerleirauh* muß die Prinzessin, die vor der inzestuösen Liebe ihres Vaters auf der Flucht ist, die ganze Nacht laufen, bis sie in einen großen Wald kommt, wo sie in einem hohlen Baumstamm einschläft. In der schützenden Hülle seiner Rinde verborgen, sammelt sie ihre Kräfte, um weiterzugehen. Der Königssohn, der sie dort findet, hält sie für ein wildes Tier, bis sie schließlich ihm und auch sich selbst beweist, daß sie, wie der Baum, edle, himmlische Qualitäten in sich trägt.

Ein fünfjähriges Mädchen, das seine Familie mit einer Geschichte unterhielt, erzählte von einem sehr großen Baum, nicht ganz so hoch wie der Himmel.

»Er war 2000 Jahre alt«, sagte es mit sehr geheimnisvoller Stimme. »Er würde niemals, niemals sterben.« Eine Wolke kam, um den Baum zuzudecken und vor einem Riesen zu schützen, der ihn fressen wollte. Aber wegen der Wolke konnte er ihn nicht finden. Als der Riese in der Nähe war, taten ein paar sehr besondere Steine, die unter diesem Baum lebten, so, als seien sie Erb-

sen, damit er nicht wissen konnte, was sie in Wirklichkeit waren, und sie nicht wegnahm.

Das Mädchen war mit seiner Geschichte sehr zufrieden.

Erzählen Sie die Geschichte eines Baumes, der drei große Hindernisse überwindet und bei seinem Aufstieg zur Sonne viele Geschenke empfängt. Stellen Sie sich vor, daß dieser Baum Sie selbst darstellt oder jemanden, den Sie kennen und lieben.

Lassen Sie eine Gestalt, die großen Kummer hat, Geborgenheit in einem hohlen Baumstamm tief in einem heiligen Wald finden. Lassen Sie den Baum Ihrem Reisenden etwas zusingen, ihn in Sicherheit wiegen, bis er bereit ist, wie ein Neugeborenes in andere Hände gegeben zu werden.

KAPITEL 7

Kraft und Schutz

In ausreichend großer Anzahl können sogar Flöhe einen Elefanten zum Stillstand bringen. Das Geschichtenerzählen ist da, um die Welt zu verändern.

Brother Blue, Meister des Geschichtenerzählens

SCHUHE UND KRONEN

Das Geschichtenerzählen hilft uns, uns jene gesunden Herrscher vorzustellen, die uns innewohnen und mutig ins Leben hinausschreiten. Wenn wir mit ihnen zusammen eine erfrischende Distanz zu den Dingen einnehmen, können wir über vertraute Horizonte hinausblicken und in Neuland vordringen. In Ihren Geschichten können Schuhe ein Eigenleben entwickeln. Sie können einen Ihrer Wanderer auf neue Pfade oder mit ungeahnter Leichtigkeit auf sicherem Wege nach Hause führen. Mit neuen Stiefeln oder Schuhen kann eine Figur wie zum Beispiel der gestiefelte Kater plötzlich über Berge springen und innerhalb kürzester Zeit weite Strecken zurücklegen. Wer immer Schuhe mit solch besonderen Eigenschaften herstellt, muß ein besonderer Schuhmacher sein, der mit seiner Nadel und seiner außerordentlichen Fertigkeit diese Kräfte durch Leder und Faden fließen läßt. Vielleicht bleiben Fäden von Mondschein und Sternenlicht an den Sohlen himmlischer Tanzschuhe haften. Stiefel aus Schlangenhaut sind womöglich mit einem Gift eingefettet, das überall dort, wo ein Bösewicht hingeht, dunkle Schatten wirft. Mokassins, mit Hirschsehnen genäht, stärken die Fußschritte eines tapferen jungen Indianerkriegers. Beseelte Schuhe können sich auch in Schuhe der Gerechtigkeit verwandeln, wie etwa die brennenden Schuhe, welche die böse Stiefmutter am Ende der ursprünglichen Fassung von *Aschenputtel* tragen muß. Ein feuriger Totentanz bildet auch den Schluß des Märchens *Rumpelstilzchen*. In *Von dem Machandelboom* stehen die leuchtend-roten Schuhe, die der Vogel-Junge als Geschenk für seine Schwester hinabwirft, für die freudige Liebe, die sie sich gegenseitig entgegenbringen und die keine böse Macht zerstören kann. Manchmal müssen Schuhe abgestreift oder begraben werden, um die Füße einer Person für eine andere Art von Bewegung zu befreien.

In anderen Geschichten haben Kronen eine besondere Bedeutung. Eine Krone stellt eine strahlende Verbindung zu letztendlicher Macht und Herrlichkeit dar. Jemand, der eine goldene Krone empfängt, wird vielleicht zu beispielloser Ganzheit emporgehoben. Kronen bedeuten große Verantwortung und tiefe Verpflichtung anderen gegenüber. Eine Krönung drückt die Hoffnung auf weise, strahlende Führung aus. In unzähligen Märchen wird ein armer Hirte, ein Buckliger oder ein Narr zum Prinzen. In jedem von uns lebt die Hoffnung, daß wir, indem wir durch unsere unzähligen Prüfungen hindurchschreiten, auf einen königlichen Sitz zusteuern. In unserer manchmal linkischen und tolpatschigen Güte und Stärke spüren wir die Samen unserer Größe – und so können wir echte königliche Qualitäten, oder deren Mangel, in den Führern erkennen, denen wir uns anschließen.

Ebenso wie uns Schuhe auf eine Reise zu einem Thron führen können, so kann auch der niedrigste Sterbliche, im Leben wie auch in einer Geschichte, großem Glück und großer Selbstmeisterschaft, Kraft und Liebe entgegenstreben und sie manchmal auch erlangen. Die Märchenweisheit garantiert die Erlangung der Krone für jene sanften, reinen Seelen, die am Ende oft das Königreich erhalten. Doch Kronen befinden sich am Anfang einer Geschichte oft im Besitz von Tyrannen, deren Macht erst in den Dienst höherer moralischer Kräfte gestellt werden muß. Wenn ein alter König scheinbar unmögliche Aufgaben stellt, die der Sanfte erfüllen muß, lassen sich diese im Märchen letztendlich zum Erstaunen aller tatsächlich erfüllen. In der Geschichte von Perronique überwindet der Held Verkörperungen des Todes, der Gier und des Bösen, um seine Krone und auch seine wahre Liebe zu gewinnen.

Die heimliche Krone, die Sie als menschliches Wesen stets tragen, erhebt und adelt Sie und verbindet Sie mit dem spirituellen Wirken des Universums. Zauberschuhe in Ihren Geschichten können Sie mit der ganzen Erde und mit jenen Weiten verbinden, die Ihre Figuren jenseits der Grenzen irdischer Schwerkraft erforschen.

Stellen Sie sich eine Krone vor. Führen Sie sich deren Merkmale klar vor Augen. Ist sie aus Gold, aus Silber, aus Mondstrahlen? Ist sie aus fester Materie oder aus ätherischer Substanz? Vielleicht ist sie aus Moosen und Samen oder aus Kristallen verschiedener Art und Kraft. Falls es sich um eine Blütenkrone handelt, stellen Sie sich deren Farben und Formen als lebendig, duftend und viele heilsame Eigenschaften ausstrahlend vor. Ist sie ein Nest voller Singvögel oder aus Spinnengeweben geformt? Oder sieht sie wie ein balinesischer Tempel aus, voll kleiner, schwingender Glöckchen aus Gold und Kristall? Wer trägt diese Krone? Der Träger der Krone ist die zentrale Figur in Ihrer Geschichte. Geben Sie ihm oder ihr einen Namen, ein Reich und ein Ziel. Ein Dekret wird erlassen. Sobald es erlassen ist, müssen andere herbeikommen, um ihm zur Verwirklichung zu verhelfen.

Erfinden Sie einen imaginären Schuhmacher, dessen Arbeit darin besteht, genau die passenden Schuhe für alle zu machen, die an seine Tür klopfen. Stellen Sie sich einen Krüppel vor, der Schuhe bekommt, die ihm wieder volle Bewegungsfreiheit verschaffen, und einen Bösewicht, dessen Schuhe ihn auf der Stelle kleben und sich nicht mehr fortbewegen lassen.

GEWÄNDER UND UMHÄNGE

Kleidungsstücke an- und ausziehen ist eine banale Alltagstätigkeit. In Ihrer Phantasie jedoch kann auch eine so einfache Handlung von tiefer und geheimnisvoller Bedeutung durchdrungen sein. In vielen alten Märchen ist es ein großes Ereignis, wenn eine Prinzessin oder eine junge Königin ein wunderschönes Kleid empfängt. In der ursprünglichen Fassung des Märchens werden dem Aschenputtel drei Ballkleider von einem engelhaften Vogel überreicht, der im Baum über dem Grab der Mutter lebt. Die Kleider kommen dem Mädchen als Geschenke aus dem rein spirituellen Leben zu, in das die Mutter nach ihrem Tode zurückgekehrt ist. Jedes Gewand, das die Tochter bekommt, hat spezifische Eigenschaften: Das eine ist leuchtend wie der Mond, das andere strahlend wie die Sonne, und das dritte spiegelt das Leuchten aller Sterne wider. Sobald das Mädchen bereit ist, den Partner ihrer Seele, ihren wahren Prinzen zu suchen, sorgt das himmlische Einwirken – symbolisiert durch die heiligen Kleider – dafür, daß die beiden sich finden.

Viele aufstrebende junge Seelen erhalten eine ähnliche Reihe von Gewändern, während sie zu ihrer eigenen, vollen Identität als Partner im großen, königlichen Reigen von Leben und Liebe aufsteigen, mit dem viele der alten Märchen enden. Manchmal werden diese Kleider in einer »Nußschale« oder in Säcken verwahrt, bis die Umstände so sind, daß sie in voller Pracht getragen werden können. Allerleirauh kleidete sich in Pelze, bevor sie aus dem Schloß ihres lüsternen Vaters floh, und trug ihre Kleider sicher in einer Nußschale verwahrt, bis sie ein weiseres Reich fand, in dem sie die Liebe verwirklichen konnte.

Wenn ein Held einen Umhang empfängt, kann dieser ihn unsichtbar machen oder ihm Schutz bei Auseinandersetzungen oder im Kampf verleihen. Mit einem magischen Umhang kann er unter Umständen schnell an ein vorbestimmtes Ziel reisen oder sogar fliegen. Oder vielleicht kann er, wenn er darin eingehüllt ist, sich alles wünschen, was sein Herz begehrt. Gewänder schimmern in der Luft um die knospende Prinzessin oder um die Königin in voller Blüte wie ein himmlischer Nimbus; Umhänge hingegen hängen eher gerade und sind mit der Erde verbunden. Zusammen ergeben sie ein Ganzes und sind in einer abgerundeten Geschichte, in der männliche und weibliche Figuren von unvoreingenommenen Zuhörern als Anteile von uns allen begriffen werden, beide notwendig.

In der Sprache von Geschichten können Sie die strahlenden Kleider der vollständigen Identität Ihrer Seele erkennen. Sie können die Gewänder Ihrer himmlischen Natur sowie Mäntel der Stärke, des Mutes und der Ausdauer an- und ausziehen. Eine Frau, die sich noch tief mit einem Mann verbunden fühlte, von dem sie sich hatte scheiden lassen, schrieb ihm anläßlich seines fünfunddreißigsten Geburtstags eine siebzehnseitige Geschichte. Die Mutter ihres Ex-Mannes hatte Selbstmord begangen, als er noch ein Kind war. Seit Jahren hatte er darum gekämpft, sich vom Schock und von der durch diesen Vorfall ausgelösten Verwirrung zu erholen und sein wahres Selbst zu finden. In der Geschichte dieser Frau wurde der Mann als gläserner Prinz, Sohn einer gläsernen Mutter dargestellt. Sie begann so:

Ein König verfluchte seine Frau mit einem bösen Zauber – er verwandelte sie in eine Frau aus Glas. Ihr ungeborenes Kind war ebenfalls aus Glas und konnte leicht zerbrechen. Die junge Königin verließ das Schloß mitten in der Nacht, um Hilfe zu suchen, und kam in einen verzauberten Wald, wo sie von einer verkleideten Hexe beherbergt wurde. Schließlich kam das Kind auf die Welt. Beim Anblick des hilflosen gläsernen Prinzen wuchs die Traurigkeit der Königin noch mehr. »*Du mußt meinem Sohn helfen*«, *bat sie die Hexe.* »*Gibt es nichts, was du für ihn tun kannst?*«

»*Es gibt etwas*«, *erwiderte die Hexe.* »*Ich kann ihm eine undurchdringliche Rüstung geben, die ihn davor bewahren wird zu zerbrechen.*«

»*Dann mußt du es sofort tun*«, *sagte die Königin.*

Die Hexe nahm einen kleinen schwarzen Beutel aus ihrer Speisekammer und sprenkelte eine schattige Substanz über den Körper des winzigen gläsernen Prinzen. Sofort veränderte sich seine Erscheinung. Im gleichen Augenblick begann er zu weinen.

»*Du hast den Zauber gelöst!*« *rief die Königin.* »*Er ist nicht mehr aus Glas.*«

»*Falsch*«, *sagte die Hexe.* »*Das, was du siehst, ist die Rüstung. Wirkt sehr lebensecht, nicht? Niemand wird erkennen können, daß er ein gläserner Prinz ist.*«

»*Aber warum weint er?*« *fragte die Königin, während sie sich über ihn beugte, um ihm das Gesicht zu streicheln.* »*Ach!*« *schrie sie,* »*diese Rüstung brennt wie Feuer. Nimm' sie wieder ab, Hexe, sie tut ihm weh.*«

»*Sie kann nur dann wieder entfernt werden, wenn er selbst das Wort ›Rüstung‹ ausspricht*«, *sagte die Hexe.*

»*Er kann aber nicht sprechen! Hexe, wie böse und grausam du bist. Ach, was soll ich nur tun?*« *In ihrem tiefen Kummer stolperte die Königin über einen marmornen Stuhl, fiel auf den Steinboden und zerbrach in unzählige Scherben.*

Im weiteren Verlauf der Geschichte hieß es dann:

Der Prinz wuchs heran, und wegen seiner verzauberten Rüstung verbrannte er viele auf seiner Suche nach Liebe. Schließlich traf er eine Prinzessin, die sein Dilemma verstand. Die Prinzessin sagte: »*Es gibt etwas, was dich daran hindert, von irgend jemandem oder irgend etwas berührt zu werden.*«

»*Das stimmt nicht!*« *schrie der Prinz.*

»*Deine Mutter beabsichtigte damit deinen Schutz*«, *fuhr die Prinzessin fort,* »*aber wenn du es nicht jetzt aufgibst, wirst du niemals frei sein.*«

»*Ich weiß nicht, wovon du redest*«, *sagte der Prinz.*

»*Es ist das, was uns verbrannt hat – das, was dich ständig verbrennt*«, *sagte sie.*

Seine Augen öffneten sich weit. »*Meine Rüstung?*« *rief er. Als er das Wort aussprach, verschwand die Rüstung, und zum ersten Mal seit dem Säuglingsalter war der Prinz durchsichtig und verletzlich. Er verblüffte die Prinzessin mit einem Schrei reinster Ekstase.* »*Es brennt nicht mehr!*«

»*Paß auf*«, *sagte die Prinzessin.* »*Du könntest zerbrechen.*«

»*Das ist mir egal*«, *rief er und tauchte in das tiefe Quellwasserbecken. Jetzt konnte er auch von der Liebe berührt werden.*

Nachdem die Autorin diese Geschichte ihrem Ex-Mann gegeben hatte, schrieb sie mir: »Um dir zu zeigen, wie echt die Rüstung in der Geschichte ist: Nachdem er die Geschichte gelesen hatte, fragte er mich: ›Sollte das etwas mit mir zu tun haben?‹« Ganz gleich, wie sich die Geschichte auf sein Leben ausgewirkt haben mag, die Bilder und die Handlung waren für sie wahr. Das Erfinden dieser Geschichte war für sie eine wahrhaft befreiende Erfahrung gewesen. Sie hatte sich ihren Mann als von seiner auf schmerzhafte Weise schützenden Hülle befreit vorgestellt.

Eine andere Frau wollte einem Kollegen und Freund helfen, eine erblich bedingte Hautkrankheit zu überwinden, die ihrer Meinung nach Teil seiner Abwehr gegen eine grausame Welt war. In ihrer ironischen Geschichte stellte sie sich sein totales Abwehrsystem als herrliche Rüstung vor,

eine unbesiegbare Festung, gegen jeden Pfeil oder jedes Schwert gefeit. Der heranwachsende Junge fragte sich, wie die Welt wohl durch die winzigen Augenschlitze seines Helmes aussehen würde, und stellte fest, daß er von dort eine viel engere und eingeschränktere Perspektive hatte. Leopold konnte nur das sehen, was direkt vor ihm und in Augenhöhe war. Er stellte sich vor, daß er in der Rüstung edel und galant aussah. Er verwandelte sich in einen mächtigen Krieger, den es nach Kampf dürstete. Er war stolz auf seine Männlichkeit und fürs Leben bereit! Doch als er schließlich groß genug war, um die volle Rüstung anzuziehen, konnte er sie nicht mehr ausziehen. Als er versuchte, das Visier des Helms hochzuheben, bewegte es sich nicht von der Stelle. Da der Helm festgeklemmt war, konnte Leopold nichts sehen und auch die vielen Schnappverschlüsse, Haken und Riemen nicht finden, welche die Platten der Rüstung zusammenhielten. Er saß tatsächlich in der Falle – in seiner herrlichen Rüstung gefangen.

Leopold erlitt stolz viele Begegnungen, bis schließlich ein kleiner Junge ihn fand. Der kleine Junge hatte eine wunderschöne, gütige Schwester und eine weise Mutter. Von diesem herzlichen Trio aufgelockert und geschmeidig gemacht, fiel die steife Rüstung der Männlichkeit einfach von ihm ab. Dann liefen der kleine Junge und der tapfere Ritter Hand in Hand den Hügel hinunter zur Hütte, aus der die Düfte des Abendessens hochstiegen, um sie zu begrüßen.

Die Autorin dieser wunderschönen Geschichte war ebenfalls enttäuscht, als sie den, wie sie meinte, richtigen Augenblick gefunden hatte, um sie ihrem Kollegen zu erzählen. Sie wollte ihm zeigen, was er über sich selbst nicht verstand, aber er zeigte nur sehr geringes Interesse für ihre Geschichte. Doch allein durch das Schreiben hatte sie für sich selbst beträchtliche Erkenntnisse über den Weg gewonnen, den seine letztendliche Heilung einmal nehmen könnte.

Eine andere Frau erfand eine Geschichte, in der der Tastsinn eine ungewöhnlich wichtige Rolle spielt:

Als das Mädchen die Schlange berührte, häutete sich diese sofort und verwandelte sich in sieben Stücke Stoff, die das Mädchen über sich streifen konnte, um durch den Wald zu gelangen. Das erste Gewand, das sie anzog, war ein mit Flicken besetzter, gehärteter Stoff. Durch ihn konnten keine Dornen dringen und sie verletzen – er schützte sie vor allen Stacheln, denen sie auf ihrem Weg begegnete. Das nächste Gewand war etwas leichter und fließender, da sie nun die Dornen hinter sich gelassen hatte. Als sie zum letzten Gewand kam, war es wie Haut – weich, glatt und fließend. Als sie es anzog, war sie am Rand des großen, glitzernden Meers angelangt. Es erlaubte ihr, direkt ins Wasser zu springen und mit voller Kraft zu schwimmen.

Am Ende dieser Geschichte verwandelt sich das Mädchen in eine Prinzessin und hat immer lange fließende Kleider zum anziehen.

Erfinden Sie eine Geschichte, in der ein Kleidungsstück der Person, die es trägt, als Schutz dient. Lassen Sie dann diese Person das Kleidungsstück abwerfen oder dankbar und vielleicht auch erleichtert weglegen.

Geben Sie einem Helden oder einer Heldin ein Kleidungsstück, das sie mit den Sternen ihrer Geburt verbindet und ihrem wahren Schicksal zuführt. Stellen Sie in Ihrer Geschichte jene Gelegenheiten dar, bei denen diese Kleidungsstücke getragen werden.

Eine Reihe von alten Märchen zeigt uns ein Kind, das mit einem goldenen Ball oder Reifen spielt, der aus Versehen verlorengeht. Vielleicht verschwindet er in einen Brunnen, wie in *Der Froschkönig*, oder im Käfig eines Wilden, der vielleicht, wie in *Der Eisenhans*, in einem tiefen See in einem dunklen Wald gefunden wurde. Oder er geht, wie in *Childe Roland*, hinter der Kirche verloren. Die verspielte Zuneigung des Kindes zu diesem glitzernden, rollenden Objekt, aus dem heiligsten der Metalle geschmiedet, führt es in große, neue Abenteuer. Diese spielen sich ab, bis der Ball gleichsam zurückerstattet wird, das heißt die Auflösung erfolgt und ein größeres, umfassenderes Gefühl der Ganzheit erlangt wird. Was lediglich das Spielzeug eines Kindes gewesen war, rollte genau dorthin, wo die notwendigen Lehrer und Lektionen warteten.

Jedes Kind macht solche lebenswichtigen Übergänge durch, bei denen das Gefühl der Geborgenheit dem Bewußtsein der größeren, weiteren Welt weicht. Der Ball symbolisiert unsere sich immer weiter ausdehnenden Grenzen, während wir den Weg in welche Erfahrungen auch immer hinein- und auch wieder herausfinden, die wir brauchen, um zu wachsen. Er symbolisiert auch jenen goldenen Mittelpunkt, an dem wir alle festgehalten werden, während wir ausziehen, um unser größeres Selbst zu finden. Die Weisheit, die in uns leuchtet, hilft uns, die edelsten Qualitäten des Lebens und der Liebe zu erspüren und immer weiter danach zu suchen. Das Kind in Ihnen spielt mit dem Gefühl der Ganzheit. Immer dann, wenn es verloren scheint, können Sie sicher sein, daß eine Lektion auf Sie wartet, während Sie sich aufmachen, um es wiederzufinden.

Eine Mutter von drei kleinen Kindern, deren Bedürfnis nach Kontrolle sehr stark war, hatte zunächst eine Riesenangst, eine Geschichte zu erzählen, die nicht direkt aus einem Buch stammte. Eines Tages kam sie jedoch nach Hause und mußte feststellen, daß eine unverantwortliche Babysitterin ihren Kindern erlaubt hatte, im Haus und auch draußen ein Chaos anzurichten. Am liebsten hätte sie laut geschrieen.

»Ich sagte der Babysitterin, sie solle gehen. Alles war aus den Angeln gehoben. Ich war am Ende meiner Kräfte. Aber ich machte ein Feuer im Kamin und setzte mich in den Schaukelstuhl. Plötzlich, während ich dasaß und schaukelte, sah ich den roten Ball meines Sohnes zu meinen Füßen liegen. Ich wußte nicht, was ich machen sollte, um uns alle wieder zusammenzubringen. Es war ein sehr merkwürdiges Erlebnis. Die Geschichte sprudelte einfach aus mir heraus. Darin spielte ein Junge mit einem roten Ball. Der Ball hüpfte und hüpfte, bis er in die Wolken hinaufhüpfte. Von dort hüpfte er den ganzen Weg bis zur Sonne und zum Mond. Dann hüpfte er wieder nach unten; er war zu einem goldenen Ball geworden. Ich konnte es nicht fassen, daß eine so einfache Geschichte alles wieder in Ordnung bringen konnte. Ich war verblüfft. Sie dauerte nicht länger als fünf Minuten! Seither ist das Geschichtenerzählen zu einem dramatischen und bedeutsamen Bestandteil unseres Lebens geworden. Es ist, als seien die Geschichten die ganze Zeit da gewesen und hätten nur darauf gewartet, daß ich sie erkenne.«

Erfinden Sie eine Geschichte, in der die Hauptfigur(en) in eine Kugel eintreten, wie in eine buntschillernde Seifenblase, die überall hintreiben kann. Ein großer Wind trägt diesen glänzenden, lichtdurchlässigen Ball dorthin, wo viele neue Perspektiven gewonnen werden können.

Stellen Sie sich sieben verschiedenfarbene Bälle vor, die wie die Ringe einer Zwiebel ineinander verschachtelt sind. Lassen Sie jede Schicht eine Episode einer Märchenreise zum goldenen Mittelpunkt darstellen, der ein mächtiges Samenkorn, ein heilender Stein oder eine Essenz der Freude sein mag.

Stellen Sie sich eine heilige, leuchtende Kugel vor, die vor Ihrem Kindheitsselbst davonrollt, um an einem Ort wiedergefunden zu werden, an dem Sie wichtige Lektionen zu lernen haben. Erzählen Sie Ihre persönliche Geschichte, als wären Sie eine Person in einem von Ihnen erfundenen Märchen.

Jedes kleine Geschenk der Verwandlung und Heilung, das ein Beschützer in die Hände Ihrer Geschichtenfiguren legt, kann dem Fortschritt aller dienen. Es kann den Empfänger mit höheren Kräften verbinden, die ihm zur eigenen Entfaltung zugedacht wurden. Jeder von uns wird gelegentlich von Verwirrung und Hilflosigkeit befallen. Manchmal dauert ein kläglicher Zustand lange an, bis, in Geschichten wie auch im Leben, ein Erlöser auftaucht – unsichtbar oder vielleicht mit Engelsflügeln oder mit einer zerlumpten Jacke oder einer Narrenkappe getarnt. Dieses geheimnisvolle Wesen bietet ein Geschenk an. Es paßt in die Hosentasche oder läßt sich schnell auf einen Finger oder um das Handgelenk streifen und trägt die Schwingungen reinster Güte, der ordnenden Kraft des Universums und der Barmherzigkeit der Liebe. Vielleicht interessieren Sie sich als Geschichtenerzähler für die genaue Eigenart des Steins. Ein Geburtsstein, Rhodocrosit, Lepidolit, Blutstein, ein dunkler oder klarer Kristall – sie alle weisen, wie Blumen, bestimmte Eigenschaften des Heilens auf. Vielleicht sieht der Stein auch unscheinbar aus, ist aber mit den liebevollen Kräften des Schenkers aufgeladen. Von diesem Moment an verleiht der Zauberstein demjenigen, der ihn empfangen hat, Vertrauen und Leidenschaft.

In Geschichten kommen auch Talismane vor – merkwürdige Objekte, in die Insignien und andere symbolische Zeichen eingeritzt sind. Wenn ein Talisman auf einem Weg gefunden oder, wie ein Zauberstein, als Geschenk von jemandem empfangen wurde, verleiht er bestimmte übernatürliche Kräfte. Vielleicht wurde er von einem weisen Herrscher in einer großen öffentlichen Zeremonie überreicht, oder vielleicht wurde er in einem unerwarteten Augenblick von einem Schutzgeist oder einer gutartigen Hexe verschenkt oder von einem engelhaften Spatz aus dem Flug hinabgeworfen, ausdrücklich um eine bestimmte Situation zu verwandeln. Vielleicht wurde er auch beim Kartoffelausgraben gefunden oder im Wasser, das aus einem Krug gegossen wurde.

Ich bat eine Gruppe von Neun- bis Elfjährigen, in Zweier- oder Dreiergruppen eine Geschichte zu erfinden über den Sieg des Guten und dessen Gegenteil. Zwei von ihnen erfanden ein Geschichtendrama, in dem sie Puppen und bunte Tücher verwendeten, um das Schloß, den See und den Wald darzustellen, wo sich dunkle und helle Kräfte um eine weise Frau zusammenflochten.

Die Prinzessin bat ihre Mutter, die Königin, um Erlaubnis, neben dem See mit der wunderschönen Aussicht spielen zu dürfen. »Gut, meine Tochter, genieße dein Spiel.« *Die Prinzessin nahm ihren geliebten Kristall mit. Als er verschwunden war, merkte sie es nicht sofort. Dann aber mußte sie bitterlich weinen.* »Ente«, *flehte sie,* »hast du gesehen, wie etwas in den See fiel? Könntest du es für mich suchen?« *Die Königinmutter wartete im Thronsaal auf ihre Tochter.* »Meine Tochter, möchtest du nicht einen anderen Kristall?«

»Nein. Nein. Nein.« *Die Prinzessin weinte viele Tage lang ununterbrochen in ihrem Zimmer. Als sie schließlich herauskam, fühlte sie sich anders. Selbstsüchtig.* »Ist ja albern, über so eine Kleinigkeit zu weinen. Ja, kaufe mir einen anderen Kristall!«

»Irgend etwas stimmt nicht mit dem Mädchen«, *sagte die Königinmutter. Dennoch war eine Kraft am Werk, welche die Prinzessin zwang, nach ihrem Kristall zu suchen, auch wenn er ihr nichts mehr bedeutete. Die Königin ging in den Wald hinaus, wo sich die dunklen und die hellen Kräfte ineinanderschlingen. Sie ging hin, um die weise Indianerfrau Federn der Wahrheit zu finden.*

»O gütige Federn der Wahrheit, meine Tochter trug seit dem Tag ihrer Geburt einen geliebten Kristall bei sich. Sie liebte ihn so sehr, daß er von ihrer Güte durchgedrungen wurde. Als der Kristall in die Wasser unseres Sees gefegt wurde, verschwanden ihre ganze Güte und Selbstlosigkeit gleich mit in den Wogen. Was soll ich nun mit meiner unbarmherzigen, selbstsüchtigen und unhöflichen Tochter machen? O Schamanin, nach ihrer Rückkehr hat sie diese Eigenschaften angenommen.«

»Der Stein muß von deiner Tochter wiedergefunden werden. Niemand kann es für sie tun« – *so lauteten die Worte der weisen Frau.*

»Suche«, sagte die Königin. »Dein Kristall war ein Geschenk von deinem Vater und von mir. Ich befehle es dir.«
Die Prinzessin suchte. »Ach, er liegt wahrscheinlich im Schlamm begraben.« Sie schlief, und als sie erwachte, fühlte sie sich anders. »Ich muß am See suchen«, sagte sie. Wieder bat sie die Ente um Hilfe.
»Schwimm zu dem goldenen Fleck dort drüben auf dem Wasser.« (Die Erzählerin legte ein kleines Stück goldenen Stoff auf ein blaues Tuch und ließ die Entenpuppe dort hinschwimmen.) Die Ente tauchte in das Gold und Blau, bis sie darunter verschwand und dort den Kristall fand.
»O danke. Wie kann ich dir jemals danken? Er ist überhaupt nicht schlammig!« Die Prinzessin kehrte zurück, um ihrer Mutter von ihrem Glück zu erzählen. »Ich habe ihn gefunden!«
»Wir wollen eine große Feier veranstalten«, sagte die gute Königin. Dann umarmten sie sich lange und freudig.

Erzählen Sie eine Geschichte, in der ein magischer Talisman geschenkt, verloren und wiedergefunden wird. Lassen Sie diesen Talisman einen Aspekt Ihres eigenen Herzens darstellen.
Stellen Sie sich einen Stein vor, der Ihnen Freude macht. Vielleicht ist er aus einem alten, ererbten Schmuckstück gefallen, oder vielleicht ist es Ihr »Geburtsstein«. Um mehr über die schwingungsmäßigen und moralischen Eigenschaften gewöhnlicher und seltener Steine zu erfahren, können Sie eines der zahlreichen Bücher zu Rate ziehen, die es zu diesem Thema gibt. Führen Sie einen unschuldigen Helden auf eine Reise, auf der diesem Stein eine wichtige Bedeutung zukommt.

SAMEN UND NÜSSE

Ob die Geschichte, die Sie erzählen, fröhlich oder ernsthaft ist, ein Samenkorn oder eine Nuß im Besitz einer Ihrer Figuren kann darauf hinweisen, daß sagenhafte Überraschungen ihrer harren.

Ein riesiger Eichenbaum ist in der kleinen Kapsel einer Eichel enthalten. Mit ihrer genauen Trennung zwischen den beiden Hälften ähneln Walnüsse auf besondere Weise dem menschlichen Gehirn. Wenn etwas Wichtiges in einer Nuß verwahrt und dort heimlich vor jedem Zugriff gesichert wird, ist es, als wäre das, was bereits voll ausgewachsen war, wieder in den Zustand eines konzentrierten Samens zurückgeführt worden. Vielleicht birgt eine solche Nuß einen Zaubertisch, der, wann immer nötig, einen müden Reisenden mit Speise und Trank bewirten kann. Diese fürsorgliche Nuß paßt mühelos in jede Hosentasche. Vielleicht muß eine Zauberformel gesprochen werden, damit diese Fülle freigesetzt werden kann – ein Mantra, das die materielle Substanz mit der Essenz verquickt. Vielleicht war die Zaubernuß früher im Besitz eines Zwergs oder einer weisen Frau, die sie jemandem, vielleicht als Zeichen der Dankbarkeit, geschenkt hat. Sie steht als Sinnbild für die Kraft und die Schönheit, die selbst aus dem kleinsten Senfkorn einer guten Tat erwachsen kann. In manchen Geschichten ist das ganze Universum in der Zaubernuß enthalten und wird von einer Prinzessin gehütet, bis sie bereit ist, die Fülle ihrer eigenen kosmischen Gewänder auszubreiten, indem sie sich wahrhaftig der Liebe hingibt.

Äußerlich dem Kern einer Walnuß ähnlich, ist auch unser Gehirn so etwas wie ein geheimnisvolles Samenkorn des ganzen Universums. Milch und Honig, ein großzügiger Tisch der Fülle, umhüllende Kleider von sternenklarer Schönheit, Gewänder und Zauberstäbe der Weisheit und Macht; all das liegt in den geheimnisvollen, nußähnlichen Windungen Ihres Verstands verborgen und kann in Ihren Geschichten zur Entfaltung gelangen.

Stellen Sie sich ein Samenkorn vor – seine Farbe und Form und Größe. Lassen Sie dieses Samenkorn in Erde fallen, die wirtlich oder unwirtlich ist. Zurückweisende Erde oder süße, fruchtbare Erde übt eine sofortige Wirkung auf das kleine Samenkorn aus. Lassen Sie das Samenkorn schlafen und dann erwachen. Seine Wurzeln suchen nach den Nährstoffen, die es braucht. Vielleicht empfängt es, wenn es durch Stein oder Asphalt behindert

wird, die große Wohltat des Sonnenlichts oder das kristallklare Lied eines nahegelegenen Bachs. Lassen Sie das Samenkorn, während es sich zum Licht hochstreckt, seine freudige Ausbreitung von der Kleinheit zur Größe spüren. Erzählen Sie die Geschichte einer Nuß, die eine kostbare Kraft enthält, die bisher nicht voll, wenn überhaupt, zum Ausdruck gebracht werden konnte. Lassen Sie im Verlauf Ihrer Geschichte ein weises Wesen Worte sprechen, welche die verborgene Macht der Nuß freisetzen. Nachdem sich die Nuß entfaltet hat, könnte es vielleicht eine Feier geben, auf der ein König, eine Königin und ihr ganzes Reich anwesend sind.

DIE GOLDENE SCHALE

Tief im Herzen eines jeden Menschen leuchtet eine unsichtbare Schale. Darin werden alle Geschenke aufgenommen, die uns von anderen zufließen: alle ihre Worte, Gesten und liebevollen Gedanken. Die Suche nach einer goldenen Schale ist eine uralte und heilige. Vielleicht ist das weise Wesen, das diese Schale übergibt, eine alte Mutter, ein Bettlerkind, eine an die Oberfläche tauchende Schildkröte. Vielleicht wird sie in einem hohlen Baum oder in einem Burgverlies gefunden, und auch wenn sie abgewetzt ist oder Risse aufweist, kann man spüren, daß sie das innere Herz der Empfänglichkeit darstellt. Wer ohne Schale wandert, ist unter Umständen nicht in der Lage, die Geschenke anderer zu empfangen, und wird infolgedessen krank. Vielleicht ist die Empfänglichkeit verlorengegangen oder achtlos beiseitegeworfen worden und so zu einer rauhen, ramponierten Schale geworden. Doch auch eine Schale, die verloren war, kann wiedergefunden werden. Vielleicht ist eine schwarz angelaufene, von Rissen zerfurchte Schale insgeheim eine goldene, vergleichbar mit einem in Lumpen gekleideten Prinzen.

In den Mysterien des heiligen Grals wird der König, sobald er die Fähigkeit, Güte und Überfluß zu empfangen, zurückgewonnen hat, von der Krankheit geheilt, und seine strahlende Gesundheit leuchtet in sein ganzes Reich und weit ins Land hinaus. Die Burg des Gralskönigs ist wie das Schloß im Märchen *Dornröschen*, das durch die Macht der Liebe wieder zum Leben erwacht. Die trockene Verzweiflung des greisen Gralskönigs und der völlige Rückzug der jugendlichen Prinzessin aus dem Leben sind Aspekte unseres Selbst. Wenn wir wahre Liebe erleben, lösen sich beide in freudige Lebendigkeit auf.

In meinem runden Korb voller Handpuppen schlummern Könige und Königinnen, Bettler und Dienstmägde, Prinzessinnen und Dummlinge, Schlangen und Bären zusammen mit exotischen Hexen und Schamanen auf einem Haufen. Über den Korb befestige ich Tücher in strahlenden Farben, und dort ruhen die Puppen – Archetypen, schön zugedeckt. Als ich einmal an einem Samstagnachmittag einen Kurs für Erwachsene in meiner eigenen Wohnung abhielt, bat ich alle Teilnehmer, zwei Puppen auszusuchen und sie, je eine auf einer Hand, miteinander kommunizieren zu lassen. Ein Indianerkrieger und ein grimmiger Zauberer gelangten in die Hände eines eingeschworenen *workaholics*. Ein Kampf entbrannte. Der Indianer baumelte frei von einem roten Tuch und jubelte hoch über dem Kopf des Mannes, während die andere Puppe, auf der linken Hand, heftig protestierte und versuchte, den Indianer nach unten zu drücken, indem er sich auf ihn setzte. Auf der anderen Seite des Kreises wurde eine junge afrikanische Prinzessin auf der rechten Hand einer Frau langsam von einem gespenstisch schimmernden Seidenstoff befreit und dann, von der imposanten, verschleierten Präsenz auf der anderen Hand der Frau, immer wieder darin eingewickelt.

Diese beiden Teilnehmer bat ich, sich auf eine Reise an einen Ort der Schönheit zu begeben und alle Hindernisse, auf die sie unterwegs stießen, irgendwie zu meistern. Da sie sich durch diese Vorübung bereits für die Situation geöffnet hatten, hatten sie damit keine Schwierigkeiten und begannen, sofort miteinander einen Dialog zu führen.

Der Indianer verkündete, daß er den starken Wunsch habe, nach einem Kelch zu suchen, von dem er bereits gehört hatte, daß er ein Elixier enthalte, das es ihm erlauben würde, sich ganz zu fühlen.

»Du bist doch ganz. Du siehst ganz aus«, sagte seine Erzählpartnerin.

»Ja, aber ich fühle mich nicht ganz.«

Also zogen sie gemeinsam los. Fast sofort kamen sie in ein Tal der Mutlosigkeit, das sie, während sie noch erzählten, aus dunklen Tüchern auf ihren Knien aufbauten. Gemeinsam fanden sie einen Weg, die Dienste des Hüters dieses Tals in Anspruch zu nehmen. Nachdem sie den Hüter hinter sich gelassen hatten, reisten die beiden weiter (indem sie sich über den Boden meines Wohnzimmers bis zum Rand meiner Couch schleppten). »Ach, ein Meer der Gefahr, des Zorns!« (Ich hatte ein langes, rotes Tuch ausgebreitet, und sie knieten sich, mit den Puppen auf den Händen, hin, um dieser neuen Herausforderung zu begegnen. Sie führten eine Weile einen Dialog mit Stimmen, die wegen der Tiefe ihrer Gefühle fast unhörbar waren.) Die Puppenfigur im Zornesmeer schlug sie nach und nach in die Tiefen ihrer roten Macht ein, bis sie vollkommen darin eingehüllt waren. Nach einer Weile entdeckten sie aber, daß dieses trotz allem nicht ihr Element war, und kletterten heraus.

Dann kamen sie in ein Land der Reinheit. Jetzt waren sie ihrem Ziel viel näher, und der Indianer sagte, daß er das Elixier fast schon auf der Zunge schmecken könne. Die Sonne schien durch das Fenster auf die Puppen. Sie sprachen andächtig und mit der beispiellosen Ehrlichkeit, die solche tiefen Gefühle erforderte, über ihr Verlangen nach Eiskrem und anderen Gaumenfreuden, die sie von diesem Ziel abgehalten hatten.

»Es macht mir Angst«, sagte der Indianer.

»Mir auch«, sagte seine Begleiterin.

»Ohne Eiskrem können wir es schaffen.«

»Ich will aber auch wieder Eiskrem haben.«

»Das verstehe ich. Mit Eiskrem stopft man das Loch zu.« Darüber waren sie sich einig.

»Ich bin bereit, es zu riskieren, wenn du es auch bist.«

»Wenn wir unsere Herzen zusammentun, wird meins zerbrechen, wenn du deins entfernst.«

»Nein. Wenn wir uns zusammentun, werde ich mich selbst verlieren.«

»Ist es nicht möglich, gleichzeitig getrennt und eins zu sein?«

Die Puppenabenteurer kamen an ein Fenster und starrten hinaus auf eine leuchtende Vision. Der Kelch winkte ihnen zu. Wie sollten sie zusammen durch das Glas hindurch? »Tun wir unsere Köpfe zusammen und erschaffen wir einen Gedanken, der uns hindurchträgt.«

»Ich glaube, wir müssen mehr als nur unsere Köpfe, unsere Herzen, vielleicht sogar unsere Körper zusammentun.« Sie ließen die Puppen sich gegenseitig umschlingen. Sie lehnten sich in das Licht und tranken davon.

Lassen Sie eine symbolische Schale im Verlauf Ihrer Geschichte starke Risse bekommen oder zerbrechen. Durch welchen Prozeß des Reparierens wird Ihre Schale wieder ganz?

Schicken Sie die Figuren in einer Geschichte eine nach der anderen erfolglos auf die Suche nach der Schale oder dem Kelch, die einem kalten, gefühllosen Land das warme, gesunde Gefühl zurückgeben werden. Lassen Sie die Schale am Ende Ihrer Geschichte von einem Kind finden, das Einblick in geheime Orte hat. Wer hütet und lenkt dieses Kind? Wie wird diese Schale von anderen empfangen, nachdem sie gefunden wurde?

LANZE, SCHWERT UND STAB

Seit den allerersten Anfängen des Geschichtenerzählens haben Waffen stets eine Rolle gespielt, indem sie sowohl für Aufregung, Überraschung und Kummer gesorgt haben als auch als Mittel zum Schutz und zum Gegenschlag angesehen wurden. Geschichten, die den intelligenten Gebrauch von Macht veranschaulichen, erfüllen junge wie alte Herzen mit Frieden und Wohlbefinden.

Von den alten Mysterienschulen von Chartres und anderen Zentren weiser Unterrichtung ging die Geschichte eines großen

Engel-Helden aus, der die Menschen zur Wahrheit führen könne. Seine Macht wurde als Schwert gesehen, das, ob aus seinem Mund oder aus seiner Hand, goldenes, glänzendes Licht ausstrahlte. Dieses Schwert ist konzentrierte Energie, die Verdichtung großer körperlicher Kraft und durchdringender Einsichten. Es ist wie ein Auge oder ein kosmischer Arm des inneren Selbst, das seinem Träger erlaubt, sogar bis in den Himmel hinauf Dinge wahrzunehmen und Macht auszuüben. Mit diesem Auge und diesem Arm kann man sehen und die guten und bösen Absichten des Universums, ausgedrückt durch die Figuren in Geschichten, erkennen.

Die Geschichte vom »Heiligen Georg und dem Drachen« hat sich in tausend-und-eins subtilen Variationen durch viele Jahrhunderte hindurchgerettet. In der alten englischen Geschichte ist der Heilige Georg ein Emblem dieser edlen, wahrheitbringenden Gestalt. Manchmal wird er dargestellt, wie er mit seinem Schwert in den gierigen Rachen eines Drachens eindringt und unter Umständen bis zu dessen dunklem Herzen vordringt. Wenn er den Drachen gebändigt hat, quillt neues Leben voller Freude und frischer, veredelnder Entschlossenheit hervor.

Ein abgerundetes Schwert tötet nicht. Es stellt die Bereitschaft dar, dem Feind zu begegnen, ohne Leben, Glieder oder Besitz zu verlieren. Seine tötende Spitze sitzt innen, um den destruktiven Impuls im eigenen Innern und in anderen zu verwandeln. Dieses »Schwert« des wahren Mitgefühls, das im Verlauf der Geschichte der Menschheit von Mahatma Gandhi und unzähligen anderen geführt wurde, gehört jenen, welche die Fähigkeit besitzen, mit ihrer Geschichte im Rücken völlig aufrecht dazustehen, nachdem sie ihr eigenes Bedürfnis besiegt haben, sich hinter Waffen und anderen Mitteln der Geheimhaltung und Aggression zu verstecken. Ihr ganzer Körper wurde von diesem Schwert des Lichts durchdrungen.

Im Mythos der Suche nach dem heiligen Gral versucht der Gralsritter, eine Lanze zu finden und in sein Bewußtsein aufzunehmen, die dem König und seinem ganzen Reich die Gesundheit zurückgeben wird. Die mythische Lanze des Lebens kann als jedem Menschen innewohnend gesehen werden. Die Lanze ist ein Ast vom Baum des Lebens, der, obwohl er abgerissen wurde, wieder in die Hände seines Besitzers zurückgelangen kann. Manchmal wird die Lanze als Waffe gegen eine böse Macht eingesetzt. Sie kann auch als Gehstab dargestellt werden, in dessen Holz Knospen und Früchte hineingeschnitzt wurden. Wenn er zertrümmert wird oder verlorengeht, sind Kummer, Schwäche und Entbehrung die Folgen. Jeder, der ihn gut hält und führt, wird aufrichtigen Frieden und große Fülle erfahren.

In den traditionellen Geschichten bestimmter amerikanischer Indianerstämme werden Stäbe der Kraft den Riten der Gemeinschaft entsprechend aus heiligen Steinen und Kräutern hergestellt und mit Pflanzenfasern oder Sehnen von Tieren zusammengebunden. Sie können zu Stäben der Macht werden, die viele Arten von Veränderungen bewirken können. Als Geschichtenerzähler haben Sie die Macht, Ihren Figuren solche Instrumente in die Hände zu legen, mit denen sie Gutes oder Böses verrichten können. Im Reich Ihrer Geschichten können Sie Schwert, Lanze und Stab und deren Weisheit und Kraft finden und für sich in Anspruch nehmen, damit das Gute die Oberhand gewinnt.

Ein zehnjähriges Mädchen erfand eine Geschichte über eine Königin, die einen Zauberstab besaß. Wenn sie in die Spitze dieses Stabs hineinblicke, erzählte die junge Geschichtenerzählerin, könne die Königin »alle schlechten Dinge sehen, die in ihrem Reich vorfielen, und auch erkennen, wie sie sie berichtigen könne.« Als dieser Stab verlorenging, wurde ihr Leben von einer »grausamen Schicht von Zorn und Bitterkeit überzogen.« Am Ende der Geschichte wurde der magische Stab des Lebens jedoch mit großem Jubel zurückgegeben, und die visionären Kräfte der Königin florierten wieder.

Beschreiben Sie im Verlauf einer Geschichte die Taten, die vollbracht werden müssen, um Angst in Liebe zu verwandeln.

Erzählen Sie die Geschichte eines wandernden Stabmachers, der verschiedene Jahrhunderte und verschiedene Länder durchwandert und eine endlose Vielfalt dieser glitzernder Instrumente der Verwandlung herstellt.

KAPITEL 8

Wie man das Geschichtenerzählen fördern kann

Erzähl' die Geschichte für alle Zeiten, damit jedes Sandkorn und jeder Wurm, den es je geben wird, sie hört.

Brother Blue, Meister des Geschichtenerzählens

Da jedem Menschen ein natürlicher Impuls und eine natürliche Fähigkeit zum Geschichtenerzählen innewohnen, kann es, wenn man diesen Impuls auch nur im geringsten Maße hegt, erstaunliche Folgen haben. Kinder, die durch die Geschichten der Erwachsenen ermutigt werden, können selbst, oft sogar in sehr jungem Alter, entzückende und tiefsinnige Geschichten erfinden. Eltern, die in ihrer Kindheit und Jugend keine Tradition des Geschichtenerzählens erfahren haben, können wunderbare Fähigkeiten entdecken, die vielleicht seit Jahren in ihnen schlummern und nur darauf warten, zum Leben erweckt zu werden. Kinder können unsere besten Geschichten inspirieren, besonders kurz nachdem sie aufgewacht sind oder kurz bevor sie einschlafen. In ihnen strömen die Quellen der Imagination frei und ungehindert. Indem wir ganz nah bei einem Kind sitzen und ihm tief in die Augen blicken, können wir oft genau den richtigen Anfang und genau die richtigen Energien für die Geschichten finden, die es in dem Moment braucht.

Seit neun Jahren erzählt ein Wissenschaftler seinem Sohn fast jeden Abend eine Geschichte. Sein Sohn ist jetzt zwölf und sehr sensibel, doch bei einer Reihe von Aktivitäten auch sehr selbstbewußt. Einmal sprach der Vater über die Bedeutung des Geschichtenerzählens in seiner Familie. »Während ich erzähle«, sagte er, »entfaltet sich die Geschichte immer weiter.«

»Es ist ganz verblüffend zuzusehen, wie sich das Ganze vor meinen Augen abspielt. Ich stelle fest, daß es in meinen Geschichten immer etwas über mich selbst gibt, einen Faden der Erinnerung, vielleicht mit einer überraschenden Wendung. Meistens mische ich auch ein bißchen Magie bei, und ich versuche auch einen Schuß Humor hinzuzufügen. Meine Geschichten sind nicht unbedingt wilde Höhenflüge der Phantasie. Als unser Sohn klein war, erzählte ich einfach Geschichten über ganz konkrete Dinge, die ihm im Lauf des Tages widerfahren waren, aber in Geschichtenform gebracht. In den Geschichten gab ich ihm den Namen Joey. Merkwürdig, genau die gleichen Dinge, die meinem Sohn passierten, passierten in ähnlicher Weise auch Joey! Keine großartigen Botschaften. Aufstehen. Aktivitäten mit der Familie. Mahlzeiten. Einfach nur eine Bestätigung seiner Erlebnisse. Ich machte die Erfahrung, daß meine Geschichten in seinen Augen niemals ein Mißerfolg waren.

Jeden Abend stellten wir eine Verbindung zueinander her. Er war bei mir. So entdeckte ich, welche Bindung zwischen einem Vater oder einer Mutter und einem Kind entstehen kann. Eines meiner größten Argumente gegen das Fernsehen ist, daß es Eltern dieser Art von schöpferischer Zeit mit ihren Kindern beraubt. Wir wollen, daß unser Sohn seiner eigenen Phantasie, seiner Fähigkeit, Entscheidungen zu treffen und zu handeln, vertraut. Bis jetzt war das Geschichtenerzählen das Mittel, über das ich ihm das mitteilte.

Für das Kind wird das phantasierte Ereignis zu einem machtvollen Werkzeug in seinem späteren Leben. Das sehe ich in meiner eigenen Arbeit. Niemand sollte den Wert der Phantasie und der Intuition für die Steuerung von Aktivitäten herabsetzen. Die Welt würde zu einem Stillstand kommen, wenn wir darauf warten müßten, daß uns die Wissenschaft alle Antworten auf die Frage gibt, wie wir leben sollten.«

Die Frau dieses bemerkenswerten Mannes hat schon immer ein tiefes und lebendiges Interesse an seinen Geschichten gezeigt, aber sie mischt sich nicht in die Beziehung zwischen Vater und Sohn ein, die das Geschichtenerzählen als eine kleine Oase der Ruhe und Erquickung für beide ermöglicht. Manchmal arbeitet sie jedoch mit ihrem Mann zusammen, um irgendeinen Aspekt der Geschichte in den Tagesablauf ihres kleinen Sohnes hineinzuweben.

Ob Sie Geschichten für Ihre Kinder oder für Fremde erzählen, eine der nützlichsten Richtlinien besteht darin, die Sprache und Bilderwelt der Geschichte an die vorherrschende Stimmung der Zuhörer anzupassen. Ein feuriger Mensch wird sich nicht von einer schleppenden Handlung beeindruckt fühlen. In ähnlicher Weise wird sich eine leicht erregbare Gruppe, die voller Energie steckt, nicht so leicht beruhigen lassen, bis einige Elemente, die ihrem eigenen Temperament entsprechen, ihre Aufmerksamkeit gewonnen haben: ein feueratmendes Ungeheuer, ein wilder Sturm, ein befehlender, fordernder Herrscher. Wer Licht, Gelächter und verspielten Unsinn liebt, wird sich nicht zu tiefschürfend-tragischen Episoden hingezogen fühlen. Ein zufriedener Zuhörer bevorzugt wahrscheinlich eine langsam dahinfließende, wohl geordnete Erzählung. Ein trauriger Zuhörer wird wahrscheinlich von mindestens einer Gestalt hören wollen, die gegen belastende Probleme ankämpft.

Als Geschichtenerzähler können Sie auch ganz alltägliche Ereignisse, Menschen und Dinge in vielschichtige, facettenreiche Symbolbilder verwandeln. Eine Gruppe von Eltern, die aus ihren eigenen Idealen heraus eine Schule für ihre Kinder gründen wollte, traf sich einmal, um das Geschichtenerzählen gemeinsam zu erforschen. Eines Abends arbeiteten wir mehrere Stunden lang mit dem Märchen *Dornröschen*. Zunächst lasen wir das Märchen langsam laut vor und gaben dabei das Buch immer in der Runde weiter. Nachdem wir uns eine Weile mit dem Bild der Dornenhecke befaßt hatten, welche die Prinzessin in ihrem tiefen Schlaf beschützte, bat ich die Mitglieder der Gruppe, selbst etwas zu schreiben. Ich sagte:»Stellen Sie sich vor, daß Sie selbst eine Dornenhecke sind. Treten Sie in die Dornenhecke der jugendlichen Verwirrung. Beginnen Sie mit einer ›Ich-bin‹-Aussage wie etwa: ›Ich bin eine dornige Rose.‹«

Eine besonders pragmatische Mutter überraschte sich selbst sehr, als sie schrieb:

Ich bin ein stattliches Dornengestrüpp.
Ich kann niemanden berühren,
noch kann irgend jemand mich berühren.
Es ist schwer, Liebe ohne Stachel zu schenken.
Es ist schwer, Liebe ohne Pikser zu empfangen.
Wie komme ich an die liebevolle Schönheit, von der ich weiß,
daß sie existiert?
Was kann das Nadelkissen voller Spitzen verwandeln, das ich
geworden bin?
Unsensibel für andere. Unsensibel für mich selbst.
Wann werde ich erwachen und die willkommene Weichheit
spüren?

Jeder las sein Stück mit sanfter Stimme vor. Wir arbeiteten eine
Weile mit Wachsmalstiften. Dann sagte ich:»Schreiben Sie ein
Stück, das mit den Worten beginnt: ›Ich bin eine Rose‹«. Am Ende des Stückes schrieb dieselbe Mutter diese Worte:»Meine Blütenblätter und meine Essenz überdauern in der goldenen Schatulle bis ans Ende der Zeit.« Irgend etwas hatte sich in ihr weit
geöffnet. Sie hatte sich selbst in einer völlig neuen Art gefunden.

Einige Jahre später erinnerten wir uns beide an diese Sitzung.
Die Schule war erfolgreich gegründet und nach einer dort wach-
senden wilden Rosenart benannt worden. Diese Frau sagte, daß
sie vom Bild der Rosenhecke, welche die zarte, aber verletzliche
Schönheit im Märchenschloß beschützte, tief berührt worden
war. Plötzlich war ein Buch voller lebendiger Bilder in ihr
erwacht. Sie stellte fest, daß sie nun sehen und Verbindungen
herstellen konnte, wo sie vorher nur geschlafen hatte. Für sie als
homöopathische Heilpraktikerin wirkte sich das außerordentlich
stark auf ihre Fähigkeit aus, mit ihren Patienten zu kommunizieren und für deren zahlreiche Probleme empfänglich zu sein. Ich
hatte sie zum Malen und Zeichen animiert, um die Geschichten,
die sie erzählte, zu illustrieren, damit die Kinder und deren
Eltern die Heilmittel, die sie ihnen gab, visuell erfahren konnten.
Es machte ihr Freude, in dieser Weise zum Wohl ihrer Patienten
kreativ tätig zu sein. Sie fand sich nicht besonders künstlerisch.
In Wirklichkeit war sie, wie so viele, die es nicht ahnen, erstaun-

lich begabt. Während sich diese Gaben entfalteten, fühlte sie sich immer sicherer bezüglich ihrer Fähigkeit, die Sprache der Symbole zu verstehen und zum Ausdruck zu bringen. Später sagte sie mir:
»Ich glaube, daß ich vor langer, langer Zeit mit Bildern zu tun hatte. Ich entdecke neu, was sich für Botschaften hinter ihnen verbergen. Als wir einen Namen für unsere Schule suchten, konnte ich sehr klar und selbstsicher darüber sprechen, was die Rose für uns bedeuten könnte. Durch die Bilder des Geschichtenerzählens fühlte ich mich jetzt so, als könnte ich aus allem heraustreten und dann wieder hineintreten. Was ist eine Rose wirklich? Weshalb sieben Vögel? Weshalb drei Aufgaben? Der Dummling öffnet die Tür und entzaubert das ganze Schloß. Die großen Wahrheiten, die sich dahinter verbergen, sind ewig.«

Symbole erwachen, wenn Sie sie als lebendigen Teil Ihres Selbst erleben. Sie werden durch eine Tür des Geistes entdeckt, die Sie tief in formende Prozesse hineinführt. Ihr Körper will naturgemäß Gesundheit zum Ausdruck bringen; Ihre Seele trachtet auch danach, sich in einer gesunden Weise auszudrücken. Heilsame Kräfte sind ständig am Werk, um das Gleichgewicht wiederherzustellen. Immer dann, wenn Sie Ihre persönliche Verbindung zu großen Geschichtenbildern aktivieren, entstehen tief in Ihrem Innern neue Lebenskräfte.

»Ich bin ein vertrocknetes Land.«
»Ich bin Hänsel im Käfig der Hexe.«
»Ich bin ein Spinnrad, das Stroh zu Gold spinnt.«
»Ich bin Aschenputtel am dunklen Kamin.«
»Ich bin ein Eselein, das himmlische Musik machen will.«

Unter dem »vertrockneten« Land liegen wunderbare Samen und Quellen. In dem Moment, in dem Sie sich mit Hänsel identifizieren, wissen Sie, daß Ihre Schwester Sie befreien wird. Sie spüren in sich das Rad, das sich im Notfall dreht und ein Wunder bewirkt. Ihre eigene reine Seele beugt sich wie die des Aschenputtels in der Asche. Das Eselein in Ihnen wird nicht nachgeben, bis es ihm gelingt, die Schönheit auszudrücken, die es empfindet.

Die Welt der Phantasie ist, auch wenn sie keinen festen Standort hat, auf entschiedene Weise echt. In ihr stecken immerwährende Bewegung und Verwandlung – wie in Kindern, die spielen. Nach und nach können Sie sich orientieren und das deuten, was sich dort abspielt. Sie können sich an der Entdeckung der neuen Grenzen erfreuen, welche die machtvollen Konfigurationen umgeben, die aus den verträumten Tiefen Ihrer Phantasie hervortreten und wieder darin verschwinden, und diese mit Ihrem Alltagsbewußtsein verflechten.

Wenn Sie regelmäßig einen Zeitpunkt mit Ihrer Familie vereinbaren, um diese Kräfte der erzählerischen Imagination zu erforschen, können Sie Ihren Fähigkeiten einen festen Stand geben. Es hilft auch, sich mit Menschen außerhalb der eigenen Familie zusammenzutun, die den gleichen oder einen ähnlichen Wunsch haben, die große Märchen- und Erzähltradition zu erforschen. Sobald Sie in einer Märchengruppe ein Märchen laut vorgelesen haben, wirkt dessen übergeordneter Plan bereits in Ihnen.

Fast alle großen alten Märchen können in relativ kurzer Zeit erzählt werden. Das kann Ihnen als Richtlinie für Ihre eigenen Geschichten dienen. Eine Geschichte, die fünfzehn Minuten mit gekonnt gewählten Worten und einer wahrhaft befriedigenden Zusammenstellung von Figuren und Ereignissen füllt, kann ein ganzes Leben lang Freude spenden. Wenn Sie prüfen wollen, ob ein Bild in einer Geschichte tatsächlich wirkt, müssen Sie nur darauf achten, ob sich Ihr Herz leicht fühlt und eine Flamme der Freude darin aufflackert. Dieses Bild kommt Ihnen womöglich spontan in den Sinn und verleiht dem besondere Bedeutung und besonderes Gewicht, was sonst vielleicht ein unbefriedigender oder auch bedeutungsloser Augenblick gewesen wäre.

Alle Mühen, die Sie sich machen, um ein großes Märchen nachzuerzählen, indem Sie mit Ihrem geistigen Auge das innere Bild der Geschichte verfolgen und sie vielleicht mit neuen Worten anstatt in der bewährten Sprache des Originals formulieren, werden Ihre schöpferische Kraft verstärken. Wenn Sie lernen, mindestens eines der großen alten Märchen wortwörtlich zu erzählen und dabei Ihr ganzes Herz für seine innere Bedeutung zu öffnen, wird Ihnen das Mut geben für Ihre zukünftigen

Geschichten, ob alt oder neu, die Sie zu besonderen Anlässen erzählen.

Da Geschichten aus einer Reihe von Bildern bestehen und diese Bilder manchmal äußerst bedeutsam sind und gleichzeitig auf mehreren Ebenen existieren, ist es oft hilfreich, anstatt sie zu analysieren, mit Wachsmalstiften, Farben oder bunten Stiften ein Bild oder eine Episode aus der Geschichte zu illustrieren, die in irgendeiner Weise verblüffend oder sonst irgendwie faszinierend ist. Künstlerisches Können ist nicht erforderlich, damit solche Bemühungen heilsam wirken. Geschichten erwecken einen Sinn für Bewegung und Farbe und Muster, der dem bewußten Verstand hilft, mit der Essenz einer Szene oder einer Figur in Verbindung zu treten. Die Bemühung, die Schichten der Bedeutung in einem Augenblick in einer Geschichte zu zeichnen oder malen, kann zu anderen Formen der Kreativität inspirieren. Vielleicht sprudelt ein spontanes Lied oder Gedicht oder ein kleines Psycho-Drama hervor. Eine Gruppe kann in der folgenden Woche oder zu irgendeinem regelmäßig angesetzten Zeitpunkt zusammentreffen, um sich die Ergebnisse solcher inneren Forschungsreisen gegenseitig mitzuteilen.

Ihre Phantasie liebt es, spezielle Aufgaben zugewiesen zu bekommen. Sie blüht auf, wenn sie sich daran machen kann, durch einen Fluß von Bildern Veränderungen zu bewirken. Manche Themen, die Sie sich allein oder mit anderen vornehmen können, sind im folgenden angeführt.

VERWANDLUNGEN IN GESCHICHTEN

Von		zu	
	Passivität		Hoffnung
	Faulheit		Fleiß
	Einsamkeit		Einigkeit
	Starrsinn		Güte
	Ungeduld		Geduld
	Krankheit		Gesundheit
	Behinderung		Begabung
	Armut		Reichtum/Zufriedenheit

von	Unbeholfenheit	zu	Anmut
	Wut		Liebe
	Eitelkeit/Stolz		Verständnis
	Hyperaktivität		Ruhe
	Machtlosigkeit		Kraft
	Verwirrung		Klarheit
	Sucht		spiritueller Erleuchtung
	Lügen		Mut zur Wahrheit
	Gewalt		Sanftheit
	Besessenheit		Offenheit
	Bitterkeit		gutem Geschmack
	Leere		Fülle
	Angst		Mut
	Stein		Musik
	Tier/Bestie		Mensch
	Stab		allsehendem Auge
	Oberflächlichkeit		Tiefe
	Tod		neuem Leben

Durch ein transformatorisches Ziel stimuliert, ob allein oder in einer Erzählgruppe, können Sie einen oder mehrere der Aspekte der Geschichtenwelten heraufbeschwören, die in diesem Buch dargestellt wurden. Wenn Sie zum Beispiel eine »Morast«-Stimmung ergründen, wollen Sie vielleicht diese Stimmung gründlicher zum Ausdruck bringen – und mittels der Phantasie Auswege finden, die den Gefühlen der einzelnen Gruppenteilnehmer Rechnung tragen. In ähnlicher Weise könnte das Gefühl der Dankbarkeit über Geschichtenbilder oder über das Thema des Wünschens erforscht werden. Als Gruppenleiter könnten Sie das Thema in Geschichtenform darstellen und die Bemühungen der anderen in der Gruppe entsprechend lenken. Als Gruppe können Sie sich gegenseitig helfen, die wunderschönen und kraftvollen Bilder anzunehmen, die in Ihnen leben.

Wenn Sie sich selbst, und sei es auch nur für einen Augenblick, als Schöpfer erleben, berühren Sie die schöpferische Kraft, durch die alle Dinge ins Leben treten, dort genährt werden und in andere Dimensionen übergehen. Geschichten, die eine tiefe

Befriedigung vermitteln, bringen einen gesunden Kreislauf zum Ausdruck; sie haben einen tiefen und freudigen Atem. Eine Handlung, der Ihr Pulsschlag zugrundeliegt – eine regelmäßige Abfolge von Viererrhythmen – entfaltet sich in einem regelmäßigen Muster. Die zentrale Figur begibt sich auf eine Reise. Zuerst wird ein Hindernis überwunden, dann ein zweites und schließlich ein drittes, wonach die zentralen Figuren zu einem strahlenden Gefühl der Einheit mit dem Ursprung des Wohlbefindens gelangen. Zu diesem Grundmuster gibt es unzählige Variationen. Indem Sie bei der Arbeit mit verschiedenen Themen, Figuren, Landschaften und Stimmungen eine offene, experimentierfreudige Einstellung zur Geschichtenkomposition einnehmen, kann diese, dem Herzen nachempfundene Richtlinie, die Äonen von Geschichtenerzählern und Geschichtenschreibern gedient hat, auch Ihnen dienen.

Wenn Sie den grundlegenden Viererrhythmus verdoppeln, dann wird Ihr Held oder Ihre Heldin mit sieben Prüfungen oder Hindernissen und vielleicht auch mit sieben Belohnungen konfrontiert. In diesem großen Plan können sich Ihre Figuren durch die sieben Töne der Dur- oder Moll-Tonleiter, durch die Farben des Regenbogenspektrums, durch die Wochentage oder sogar durch die sieben Chakras unseres Körpers bewegen, bis sie ein Gefühl der Einheit und des Friedens erlangen. Eine andere bewährte Geschichtensequenz besteht aus drei Vierergruppen. Geschichten, die auf der Kraft der Zwölf beruhen, können Ihre Charaktere auf eine Reise durch den Tierkreis führen. In den Tagen vor einer Geburtstagsfeier können zum Beispiel Vertreter aller anderen Tierkreiszeichen dem Symboltier des Geburtszeichens begegnen, das als Hüter und Führer dient. Oder vielleicht begegnet man den zwölf Monaten als Gestalten in einer Geschichte, die jeweils ihre Kraft und Weisheit anbieten.

Indem Sie Ihre erzählerische Phantasie mit der Kraft der Eins, Zwei und Drei vereinen und sie sich dann in der Vier auflösen lassen, formt und festigt sich aus der komplexen numerischen Weisheit, die Sie ständig durchflutet, ein erzählerischer Urgrund. Jede Bemühung, die Sie unternehmen, um diese Pulsschlagrhythmen in Ihren Geschichten in Umlauf zu bringen, bekräftigt einige der grundlegenden Gesetze Ihrer Natur, die, auch wenn sie Ihren Verstand verblüffen mögen, das Fundament unserer aller Leben bilden.

Ganz gleich, welchen Zweck Sie beim Erfinden einer Geschichte verfolgen – wenn Sie die Muster aufrufen, die aus der erzählerischen Phantasie vergangener Äonen in Ihnen gespeichert sind, und sorgfältig damit arbeiten, wird Ihre Geschichte transformatorische Energien enthalten. Ihr Gefühl dafür, wer Sie sind und wie Sie anderen und der Welt begegnen, das sich durch jede Art von menschlicher Kreativität weiter entfaltet, wird an Herz und Tiefe gewinnen.

Literatur

Alavi Kia, Romeo: *Stimme – Spiegel meines Selbst*, Aurum Verlag, Braunschweig, 1992 (2. Aufl.)

Andersen, Hans Christian: *Märchen*, 3 Bände, Insel Verlag, Frankfurt 1975

Bettelheim, Bruno: *Kinder Brauchen Märchen*, Deutsche Verlags-Anstalt, Stuttgart 1990 (5. Aufl.)

Dante Alighieri: *Die Göttliche Komödie*, Manesse Verlag, Zürich 1990 (3. Aufl.)

Dieckmann, Hans: *Gelebte Märchen · Lieblingsmärchen der Kindheit*, Kreuz Verlag, Zürich 1991

Englische Volksmärchen, Diederichs Verlag, München, o. J.

Franz, Marie Luise von: *Erlösungsmotive im Märchen*, Knaur TB, München 1991

Franz, Marie Luise von: *Psychologische Märcheninterpretation*, Knaur TB, München 1989

Franz, Marie Luise von: *Der Schatten und das Böse im Märchen*, Kösel Verlag, München 1985

Franz, Marie Luise von: *Das Weibliche im Märchen*, Bonz Verlag, Fellbach 1988 (8. Aufl.)

Green, Marian: *Naturmagie*, Aurum Verlag, Braunschweig 1992

Grimm, Brüder: *Kinder- und Hausmärchen*, 3 Bände, Insel Verlag, Frankfurt 1984

Jung, C. G.: *Die Archetypen und das Kollektive Unbewußte*, (GW Bd. 9/I) Walter Verlag, Olten 1992 (8. Aufl.)

Meyer, Rudolf: *Die Weisheit der deutschen Volksmärchen*, Verlag Urachhaus, Stuttgart 1981 (8. Aufl.)

Rätsch, Christian/Guhr, Andreas: *Lexikon der Zaubersteine*, Akademische Druck- und Verlagsanstalt, Graz 1989

Spriggs, Ruth: *Fabeln des Aesop*, Tessloff Verlag, Nürnberg 1975